पेंगुइन स्वदेश

पीपल की छाँव में

स्वामी प्रेम परिवर्तन, जिन्हें प्यार से लोगों ने 'पीपल बाबा' नाम दिया, देश के प्रमुख पर्यावरणविदों में से एक हैं। उनके स्वयंसेवी कार्यकर्ताओं ने भारत के 21 राज्यों और 226 ज़िलों में 2 करोड़, 64 लाख से अधिक पौधों का रोपण और संरक्षण किया है।

ग्यारह वर्ष की आयु में शुरू हुई उनकी वृक्षारोपण यात्रा ने 2011 में 'गिव मी ट्रीज़ ट्रस्ट' की स्थापना के साथ एक बड़े पर्यावरण आंदोलन का रूप ले लिया, जो आज भी पर्यावरण संरक्षण के लिए सक्रिय है।

ओशो की शिक्षाओं से प्रभावित होकर उन्होंने नव-संन्यास अपनाया और दीक्षा में 'स्वामी प्रेम परिवर्तन' नाम दिया गया।

आज वे सोशल मीडिया पर अपने अनुभवों, विचारों और संदेशों के माध्यम से लाखों लोगों को प्रकृति से जुड़ने, वृक्षारोपण करने और पर्यावरण के प्रति संवेदनशील होने के लिए प्रेरित करते हैं।

पीपल की छाँव में

जीवन, प्रकृति और चेतना पर संवाद

पीपल बाबा

पेंगुइन स्वदेश
पेंगुइन रैंडम हाउस इंप्रिंट

पेंगुइन स्वदेश

पेंगुइन बुक्स, पेंगुइन रैंडम हाउस समूह की कंपनियों का एक प्रकाशन है, जिनके पते global.penguinrandomhouse.com पर देखे जा सकते हैं।

पेंगुइन रैंडम हाउस इंडिया प्रा. लि.,
चौथी मंज़िल, कैपिटल टावर-1, एमजी रोड,
गुरुग्राम 122 002, हरियाणा, भारत

पेंगुइन
रैंडम हाउ
इंडिया

प्रथम अंग्रेज़ी संस्करण एबरी प्रेस में पेंगुइन रैंडम हाउस द्वारा 2026 में प्रकाशित
प्रस्तुत हिंदी संस्करण पेंगुइन स्वदेश में पेंगुइन रैंडम हाउस द्वारा 2026 में प्रकाशित

10 9 8 7 6 5 4 3 2

ISBN : 9789377303525

टाइपसेटः www.maniworks.com

मुद्रकः थॉमसन प्रेस इंडिया प्राइवेट लिमिटेड

www.penguin.co.in

FSC www.fsc.org
MIX
Paper | Supporting responsible forestry
FSC® C010615

मैं इस पुस्तक को अपनी नानी पुष्पा अमर और अपनी पहली
शिक्षिका मिसेज़ विलियम्स को समर्पित करता हूँ,
जिन्होंने मेरी जड़ों और मेरे पंखों, दोनों को सँवारकर पोषित किया।

उन पीपल के पेड़ों को, जिनकी मैंने देखभाल की है और उन
अदृश्य आत्माओं को, जो मेरे अनदेखे परिवार रहे हैं।
आपके मौन प्रेम और संरक्षण के लिए हृदय से धन्यवाद।

अनुक्रम

‘अधिकांश संस्मरण लेखक आपको बताएँगे कि संस्मरण लिखने का सबसे कठिन हिस्सा यह नहीं है कि उसमें क्या शामिल किया जाए, बल्कि यह है कि उसमें क्या शामिल न किया जाए।’

—कैथलीन फ़्लिन

लेखक की कलम से

यह पुस्तक संख्याओं को नहीं, बल्कि उनके पीछे छिपी आत्माओं को श्रद्धांजलि है। उन अनगिनत स्वयंसेवकों, बच्चों, किसानों, साधु-संतों, छात्रों और घुमक्कड़ों को जिन्होंने धरती को हरा-भरा करने के इस पवित्र कार्य में अपना योगदान दिया। एक पेड़ लगाने वाले से लेकर हज़ारों पेड़ लगाने वालों तक, यह सामुदायिक कार्य की सामूहिक भावना को मेरा प्रणाम है।

मैं यहाँ न तो उन लोगों के नाम गिनाने आया हूँ जिनसे मैं मिला, न ही सड़कों की दूरी या हमारे द्वारा देखी गई हर प्रजाति का वर्णन करने। यह वृक्षों और पर्यावरण की तकनीकी बारीकियों पर आधारित कोई शोध-आधारित विद्वतापूर्ण लेख नहीं है। वर्गीकरण ने मुझे कभी आकर्षित नहीं किया, न ही जीन, उत्परिवर्तन या ऊतक संवर्धन के साथ आधुनिक प्रयोगों ने। मैं साहित्य का विद्यार्थी हूँ और मैंने हमेशा पौधों की दुनिया में कविता देखी है। मैं यहाँ उस आंतरिक हलचल, उस लय को साझा करने आया हूँ जो एक हृदय में शुरू हुई और अनेकों में फैल गई।

हर आंदोलन का बीज विश्वास होता है। इसकी शुरुआत एक संवाद से होती है, कुछ अच्छा करने की इच्छा से, और यह एक जंगल में इसलिए तब्दील हो जाता है, क्योंकि दूसरे भी उसी भावना को महसूस करते हैं।

मैं यही कहानी सुनाना चाहता हूँ।

मेरे मन में इस किताब का विचार 2012 में आया था। इसे पूरा करने के लिए समय और शांति पाने में एक दशक से अधिक का समय लगा और नवंबर, 2024 में एक सड़क दुर्घटना हो गई। अतीत के भूतों को शांत होने में लंबा समय लगा।

मैंने रुक-रुककर लिखा, ख़ुद को, शब्दों को इकट्ठा करने के लिए प्रेरित किया, जैसे गिरे हुए पत्ते। एक बात तो पक्की थी कि मेरे अनुभव मुझे बहुत मुश्किलों से मिले थे और इससे पहले कि बहुत देर हो जाए, उन्हें साझा करना ही सही था। इन पन्नों को लिखते समय मैंने जो कुछ सहा, उसने मानो एक नया इंसान बना दिया। कई ऐसे अनुभव जिन्हें मैंने पहले अनदेखा कर दिया था, वे सब मेरे सामने आ गए।

इनमें सबसे महत्त्वपूर्ण यह एहसास है कि प्रकृति मनुष्यों से कहीं अधिक बुद्धिमान है। हमारा एकमात्र सच्चा उद्देश्य विकास की उस विरासत का सम्मान करना है, जो 45 अरब वर्षों की मौन प्रतिभा ने हमें सौंपी है। फिर भी, अपने संक्षिप्त सत्तर-अस्सी वर्षों में, हम हर चीज़ को बदलने पर तुले रहते हैं। विज्ञान की समझ विस्मय की ओर ले जानी चाहिए, अहंकार की ओर नहीं। इसके बजाय, हम प्रयोग करते हैं, सिद्धांत गढ़ते हैं और यह भूल जाते हैं कि हम इस नीले ग्रह पर क्षणिक अतिथि हैं।

लगभग पाँच दशकों तक ज़मीनी स्तर पर काम करने, 2.70 लाख हेक्टेयर में वनस्पति को पुनर्स्थापित करने, ढाई करोड़ पेड़ और उतनी ही झाड़ियाँ लगाने के बाद, मैं स्वीकार करता हूँ : मैंने नाममात्र का ही बदलाव किया है, लेकिन मैंने कोशिश तो की है। यही मायने रखता है।

'पीपल की छाँव में' केवल कहानियाँ नहीं हैं। ये हमारी भारतीय मानसिकता की प्रतीक हैं, जो हमारी संस्कृति, शास्त्रों, मिथकों और स्मृतियों में रची-बसी हैं। कुछ मान्यताएँ तो संस्था का रूप ले चुकी हैं, पवित्र और अछूत। ये हमारे सामूहिक डीएनए का हिस्सा हैं।

पीपल के पेड़ ने मुझे बचपन से ही आकर्षित कर रखा था। मैंने इस महत्त्वपूर्ण प्रजाति के पौधारोपण, संरक्षण और प्रचार-प्रसार में अड़तालीस वर्ष व्यतीत किए हैं। यह पुस्तक उस लंबे साथ को साझा करने का मेरा तरीका है, जो कड़वे-मीठे और पवित्र दोनों है।

आइए, उन सरल बातों के बारे में बात करें जो हमारे जीवन को आकार देती हैं। आइए, अपने मानवीय दृष्टिकोण से नीचे उतरें और दुनिया को उसके वास्तविक स्वरूप में देखें : रहस्यमय, चमत्कारी, जीवंत। आइए, अपने शिक्षकों, अपनी दादी-नानी, अपने दोस्तों और उन मोहल्लों के बारे में बात करें जिन्होंने हमें पाला-पोसा है।

यह समर्पण के बारे में है। मैं बस यह दिखाना चाहता हूँ कि हरियाली और जैव विविधता से प्रेम करना कितना आसान है, छोटे-छोटे, सुंदर कदम उठाना कितना मायने रखता है। मैंने हमेशा अपने लिए लिखा है। मुझे अपनी डायरी पढ़ना और पुरानी यादों को ताज़ा करना अच्छा लगता था। संपादकों के प्रोत्साहन के बाद ही मैंने अपने निजी सुखों को दुनिया के साथ साझा करने का फैसला किया।

यह खोज का संस्मरण है, भूतों और देवदूतों का, पेड़ों और शिक्षकों का, अस्तित्व के शांत चमत्कार का। यह पीपल बाबा का संस्मरण है, जैसा कि मैंने उन्हें जाना है।

यह मिट्टी के बारे में है, पौधों के बारे में है, उन मुस्कुराते चेहरों के बारे में है जिन्होंने मुझे आगे बढ़ने की प्रेरणा दी। यह एक ऐसे जीवन के बारे में है जो अपने आप ही पनपा, एक जंगल की तरह।

मैं ये सब इसलिए साझा कर रहा हूँ ताकि आप भी इन कहानियों में अपनी शुरुआत पा सकें। मुझे उम्मीद है कि आप भी वही देखेंगे जो मैंने देखा, कविता, हँसी और जीवन को सार्थक बनाने वाले छोटे-छोटे नेक काम।

इस संस्मरण को लिखते हुए मैंने ख़ुद को खोजा। मुझे यह प्रक्रिया बहुत अच्छी लगी; मुझे उम्मीद है कि आपको भी यह यात्रा अच्छी लगेगी।

आइए, पीपल के वृक्षों के साम्राज्य में आपका स्वागत है।

प्यार सहित
पीपल बाबा

1

प्रारंभिक वर्ष

मेरा जन्म सन् 1966 में चंडीगढ़ में हुआ, एक ऐसे शहर में जो अभी अपनी लय पा रहा था। उस समय मेरे पिता जी एक सेना चिकित्सक थे और कैप्टन के पद पर कार्यरत थे। जब मैंने भारत के सबसे हरे-भरे इलाकों में से एक पीजीआई अस्पताल में अपनी आँखें खोलीं, तब मेरे पिता जी लाहौर सेक्टर में सीमावर्ती क्षेत्र में तैनात थे। अगले दिन वे मुझसे मिलने आए, अभी भी अपनी ये वर्दी में, उनके जूतों में लड़ाई के मैदान की गंध थी। इस बीच, मेरी माँ पंजाब विश्वविद्यालय से हिंदी साहित्य में स्नातकोत्तर की पढ़ाई पूरी कर रही थीं।

मेरे जीवन के शुरुआती कुछ दिन लड़कियों के छात्रावास में बीते, जहाँ हँसी-ख़ुशी का माहौल था और सूखने के लिए लटकी हुई साड़ियाँ थीं। बेशक, इस फ़ैसले में मेरी कोई भूमिका नहीं थी, लेकिन यह एक ऐसी कहानी है जो मुझे हमेशा मुस्कुराने पर विवश कर देती है : महिलाओं के छात्रावास में मेरा पहला बचपन, जहाँ कविता और राजनीति पर चर्चाएँ होती रहती थीं।

इस धरती पर अपने पहले चार वर्षों के दौरान, मैं चार शहरों में रहा और घूमा। मेरे पिता जी ने मुझे नवजात शिशु के रूप में अस्पताल के कपड़ों में लिपटा हुआ देखा और फिर सीमा पर लौट गए। आदेश आया– हमारे छोटे परिवार का तबादला हिमाचल प्रदेश के डलहौज़ी में हो गया। जैसे ही मेरी माँ ने अपनी पढ़ाई पूरी की, हमने अपना सामान पैक किया, काले एल्युमिनियम के ट्रंक जिन पर सफेद रंग से रैंक लिखे थे, बर्तनों के डिब्बे, सेना के बिस्तर के रोल और एक ख़ूबसूरत शहर से दूसरे ख़ूबसूरत शहर की ओर चल पड़े। सबसे स्वच्छ और हरा-भरा : मानो यही मुझे ईश्वर का आशीर्वाद लगा।

डलहौज़ी, देवदार और धुंध में जड़ा एक अनमोल रत्न था। पिता जी को छावनी क्षेत्र में एक घाटी के नज़ारे वाला एक विशाल बंगला आवंटित किया गया था। उन दिनों, बहुत कम लोग इस पहाड़ी इलाके में जाने की हिम्मत करते थे। पठानकोट से सड़क टूटे पत्थरों की एक पतली-सी पट्टी थी जो चीड़ के जंगलों और बादलों के बीच से होकर गुज़रती थी। माँ ने बाद

में मुझे बताया कि वे मुझे ऊनी शॉल ओढ़ाकर उन ऊँचे देवदार के पेड़ों के नीचे घुमाती थीं और रास्ते में बंदरों तथा अभ्रक की चमक की ओर इशारा करती थीं। शायद इसीलिए शंकुधारी वृक्षों की महक हर जगह मेरा पीछा करती है। उन पेड़ों की राल मेरे मुँह से पहले ही मेरी साँसों में समा गई थी॥

तबादलों का सिलसिला फिर चल पड़ा। पहले कलकत्ता और फिर देहरादून, फिर 1970 में पिता जी का तबादला कोलकाता के स्थानीय सैन्य अस्पताल में हो गया। ऐसा लगा जैसे मेरा बचपन पहियों पर चल रहा हो। मुझे ऐसी कोई दीवार याद नहीं जो हिलती न हो, या ऐसे कोई बक्से जो भरे न हों। मेरी सबसे शुरुआती तस्वीरें ट्रेन, रेलवे प्लेटफ़ॉर्म और दोपहर की धूप में गर्म होती लोहे की पटरियों की धातु जैसी गंध की हैं। मुझे गति याद है, सीटी की आवाज़, डिब्बे का झटका, माँ का दूध की बोतल को थामे हुए हाथ, हुक पर टँगी पिता जी की टोपी, खिड़की की सलाखों से दिखाई देने वाला आसमान।

ये शहर महज़ जगहें नहीं थे; ये प्रकाश और हरियाली के सबक थे। बाद के वर्षों में मैं बार-बार वहाँ लौटता रहा, मानो मेरी जड़ें उन्हीं रास्तों पर बिखर गई हों। लेकिन अंततः देहरादून ही वह जगह थी जहाँ हमने पूरे तीन साल बिताए — तीन अनमोल साल जिन्होंने चुपचाप मेरे बचपन की दिशा तय की और मेरे भविष्य के स्वरूप को आकार दिया। मेरा स्कूल, मेरे शिक्षक, नानी के साथ सैर, पहाड़ियाँ, पेड़ और मसूरी, ऋषिकेश, हरिद्वार, उत्तरकाशी, बद्रीनाथ तथा केदारनाथ की हमारी तीर्थयात्राएँ, ये सब आज भी मेरी यादों में बसे हुए हैं।

माँ ने एक बात जल्दी ही देख ली थी : मैं घर के अंदर रोता था, लेकिन खुले आसमान के नीचे शांत हो जाता। यह आदत मुझमें हमेशा बनी रही। दशकों बाद भी, महामारी के दौरान लगे लॉकडाउन में भी, मैं दीवारों के अंदर नहीं रह सकता था। मैं पौधों को पानी देता, अपनी पीठ पर धूप महसूस करता, हवा से ऐसे बात करता जैसे वह मेरी कोई पुरानी दोस्त हो।

प्रकृति ने हमें कैद में रहने के लिए नहीं बनाया। उसने खुला आसमान बनाया और उसे घर कहा। सत्तर के दशक की शुरुआत में देहरादून पहाड़ियों और बारिश का एक शांत दिल था। यह शिक्षकों और सैनिकों का शहर था, साइकिल की घंटियों और छायादार सड़कों का शहर था। हवा में मानो ज्ञान की झलक थी। पिता जी, जो अब मेजर थे, सैन्य अस्पताल के बाल रोग विभाग में कार्यरत थे। साल 1971 का युद्ध, जिसने बांग्लादेश को जन्म दिया, ख़बरों में छाया हुआ था, लेकिन हमारी छोटी-सी दुनिया शांति का एक द्वीप बनी रही।

कैंब्रियन हॉल स्कूल मेरी पहली औपचारिक कक्षा बनी। उससे पहले, मैंने कोलकाता, डलहौज़ी और चंडीगढ़ में एक-एक साल पढ़ाई की थी, जो एक छोटे लड़के के लिए बहुत ही चुनौतीपूर्ण पाठ्यक्रम था। कैंब्रियन के शिक्षकों की शिकायत थी कि मैं बहुत बेचैन और जिज्ञासु हूँ। मुझे अकसर दंड मिलता था और कक्षा से बाहर भेज दिया जाता था, जो मुझे अपने लिए बिलकुल ठीक लगता था। बाहर का वातावरण ही मेरा असली पाठ्यक्रम था। द्वार के पास बरगद का पेड़, छज्जे के नीचे गौरैयों के घोंसले, आसमान को प्रतिबिंबित करने वाले पोखर, ये सब मेरे अध्याय थे। जब शिक्षकों को पता चला कि मुझे सज़ा में सबसे ज़्यादा ख़ुशी मिलती है, तो उनका गुस्सा और बढ़ गया।

मुझे याद है एक दोपहर मैं अपने घर की छत पर बैठा था, हाथ में सैंडविच लिए हुए, तभी एक चील झपट्टा मारकर हाथ से सैंडविच छीनकर ले गई। अधिकतर लोगों के लिए यह एक चौंकाने वाली घटना होती; लेकिन मेरे लिए यह एक अद्भुत अनुभव था। मैंने शिकारी पक्षियों, चीलों, बाज और गिद्धों के बारे में जितना हो सका, पढ़ना शुरू कर दिया। चोरी की उस एक घटना ने आकाश के साथ मेरी आजीवन दोस्ती का द्वार खोल दिया।

साल बीतते गए, पोस्टिंग बदलती रहीं, लेकिन देहरादून मेरे दिल का शहर बना रहा। आज भी, जब मैं अपनेपन की याद करता हूँ, तो दून घाटी

मेरी आँखों के सामने आ जाती है। मिट्टी पर बारिश की ख़ुशबू, गंगा की चाँदी जैसी चमक, शाम ढलते साल के जंगलों की परछाइयाँ। वहीं मैंने धैर्य, अवलोकन और जीवन की शांत लय सीखी।

जून 2012 में, कई वर्षों बाद, मेरी मुलाकात रस्किन बॉन्ड से मसूरी के मॉल रोड स्थित कैंब्रिज़ बुक डिपो में हुई, उन्हीं पहाड़ियों में जहाँ मेरा बचपन बीता था। हमने पवित्र वृक्षों के बारे में छोटी-सी बात की। वे मुस्कुराए और उस किताब पर कुछ लिखा जो मैंने उस शाम ख़रीदी थी : 'प्रिय पीपल बाबा को'। वह शिलालेख पहाड़ों की ओर से मिले आशीर्वाद जैसा लगा। अगली सुबह, मैं लैंडौर में सेंट पैट्रिक चर्च के पास चाय की दुकान पर बैठा और चाय के दाग लगे एक नैपकिन के पीछे मैंने उन चार वाक्यों को लिखा जिन्होंने आगे चलकर इस पुस्तक का रूप लिया।

तब मुझे एहसास हुआ कि चंडीगढ़ के हॉस्टल के बचपन से लेकर देहरादून के खाद के गड्ढों तक, पूरा वातावरण मुझे शुरू से ही तैयार कर रहा था। बचपन के दिन कभी पीछा नहीं छोड़ते; वे खून में घुल जाते हैं। चंडीगढ़, डलहौज़ी, देहरादून, ये केवल वे जगहें नहीं थीं जहाँ मैं रहा; ये अलग-अलग परिवेशों में लिपटे मेरे शिक्षक थे।

जब मैं पीछे मुड़कर देखता हूँ, तो मुझे समझ आता है कि कैसे दुनिया धीरे-धीरे मुझे ढाल रही थी। पिता जी, अपने अनुशासन और कर्तव्यनिष्ठा से; माँ, अपनी कला और धैर्य से; और प्रकृति, अपनी सुंदरता तथा विनम्रता से।

और नानी, अपनी बुद्धिमत्ता और भूतों से बातचीत करने की आदत के साथ।

2

नानी ने संभाली कमान

मेरी नानी मेरे जन्म के समय मेरी माँ की मदद करने आई थीं, लेकिन सच तो यह है कि वे हमारे घर की बागडोर संभालने आई थीं। सफेद पंजाबी सलवार-कमीज़ में एक मज़बूत स्तंभ की तरह, वे अगले बीस वर्ष तक हमारे साथ रहीं, डलहौज़ी, कोलकाता और देहरादून होते हुए, अंत में अपने सबसे छोटे बेटे के साथ रहने के लिए इलाहाबाद चली गईं। उनके साथ

बिताए बीस साल मेरे चरित्र की नींव रखने के लिए पर्याप्त थे। जैसा कि लोग कहते हैं, पहले बीस साल अगले साठ साल तय करते हैं। मेरे जन्म से लेकर स्नातक होने तक (1966-1986), मैं हमेशा उनकी उपस्थिति में रहा।

नानी अपने-आप में एक जीवंत पारिस्थितिकी तंत्र थीं। जब नानी किसी घर में आतीं, तो वे केवल रसोई पर ही नहीं, बल्कि हर उस चीज़ पर अपना अधिकार जमा लेतीं, जिसे वह छू लेती थीं। बर्तन उनकी आज्ञा मानते, दरवाज़े ताज़ा हवा के लिए हमेशा खुले रहते और यहाँ तक कि उनकी उपस्थिति में दीवारें भी गर्म हो उठतीं। नानी में वातावरण को शांत करने, साधारण कमरों को जीवंत बनाने का एक अनूठा तरीका था। पीछे मुड़कर देखने पर मुझे एहसास होता है कि वे अपने-आप में कितनी परिपूर्ण थीं, आत्मनिर्भर, रचनात्मक, दुनिया के प्रति असीम धैर्यवान, फिर भी अव्यवस्था से चिढ़ने वालीं। उन्होंने मुझे उपदेशों से नहीं, बल्कि अपने व्यवहार से आकर्षित किया। छह साल की उम्र में उन्होंने मुझे रसोई के बचे हुए खाने से खाद बनानी सिखाई। 'कुछ भी बर्बाद मत करो' वे मुझे सब्ज़ियों के छिलकों से भरा हुआ कटोरा देकर बोलती हैं कि कुछ भी बर्बाद मत करो। जो कुछ भी हम फेंकते हैं उसमें भी जान होती है, उसका भी प्रयोग किया जा सकता है, उसको भी नया जीवन दिया जा सकता है। इसलिए उसकी पहचान मत छीनो और उसे नया जीवन दो।

हर सुबह, रसोई के बचे हुए खाने को घर के पीछे तक ले जाना मेरा काम था, जहाँ दो साफ-सुथरे गड्ढे खामोश मुँह खोले मेरा इंतज़ार कर रहे होते थे। मैं पत्थर से दबी हुई टीन की चादर का ढक्कन उठाता और कटोरा ख़ाली कर देता। गड्ढे के अंदर चल रही धीमी प्रक्रिया को देखता। मेरे लिए यह जादू जैसा था; नानी के लिए यह एक रोज़मर्रा की बात। कचरे से वह नई ज़िंदगी की शुरुआत करती थीं। मिट्टी का वह टुकड़ा पर्यावरण के बारे

में मेरी पहली शिक्षा थी। वहाँ मैंने सीखा कि धरती सुनती है, पानी के भी अपने मिजाज़ होते हैं और बीज एक ऐसा वादा है जो कभी नहीं भूलता।

'मिट्टी को नम रखना, पानी से लथपथ मत करना', नानी पानी देने वाले डिब्बे के किनारे को थपथपाते हुए चेतावनी देती थीं। 'जी नानी,' मैं उनकी सख़्ती की नकल करने की कोशिश करते हुए जवाब देता।

'अगर आप ध्यान से सुनें, तो पौधे आपको बता देंगे कि उन्हें क्या चाहिए।' और सचमुच, उन्होंने बताया भी। अधिक पानी देने पर फलियाँ मुरझा जाती थीं और पालक ख़ुश होने पर चमक उठता था। मैंने उनके पत्तों को देखकर जवाब ढूँढ़ना सीख लिया।

देहरादून में हमारा घर एक नेपाली परिवार के लीची के बाग से सटा हुआ था, जिनके बारे में कहा जाता था कि वे शाही खानदान के वंशज थे। मई में जब लीची पक जातीं, तो उनकी ख़ुशबू शामों को महका देती थी। मैं नीची डालियों पर चढ़ता, घुटनों पर ख़रोंच लगाता और चिपचिपी उँगलियों के साथ गर्व से घर लौटता। नानी हँसतीं। 'मीठे के लिए थोड़ा दर्द सहना पड़ता है,' नानी मेरे घावों पर एंटीसेप्टिक लगाते हुए धीरे से कहतीं। ये शब्द मेरे जीवन में एक कहावत बन गए।

हम रोज़ सैर पर जाते थे। हमारी सैर भी जीवन का एक महत्त्वपूर्ण सबक बन गई थी। हम हर रविवार पलटन बाज़ार, चकराता रोड, राजपुर रोड और कभी-कभी मसूरी की तलहटी तक जाते थे। वहाँ पर बनी सभी दुकानों को नानी नाम से जानती थीं। उन्हें सब जानकारी थी कि सबसे मीठे अमरूद कौन बेचता है और कौन रिक्शाचालक आज भूखा है। मुझे ऐसा लगता था मानो उनके पास दयालुता का एक अदृश्य नक्शा हो। वे आवारा कुत्तों से बात करने के लिए रुकतीं, बच्चों को आशीर्वाद देतीं, मंदिर के पास चिड़ियों के लिए मुट्ठी भर अनाज डालतीं। वे कहतीं, 'सभी को खाना चाहिए।'

उन्हीं की बदौलत मेरा उत्तराखंड के जंगलों, कॉर्बेट, राजाजी, हरिद्वार, ऋषिकेश, नरेंद्र नगर, टिहरी, उत्तरकाशी, नैनीताल और अल्मोड़ा से परिचय हुआ। हम पुरानी जीप और सेना की बसों में यात्रा सफर करते थे। ऐसे विश्राम गृहों में रुकते थे जिनमें केरोसिन और मानसून की गंध आती थी। मुझे याद है हरिद्वार में गंगा में स्नान करना, जब उसका पानी एकदम स्वच्छ होता था, और लक्ष्मण झूले पर चलना, जब वह एकदम शांत पुल जैसा लगता था। संत, विक्रेता, माली, भूत, नानी सबको जानती थीं। वह हर जगह से जुड़ी हुई थीं।

मैं अभी भी उन दिनों को याद करता हूँ कि वो दिन भी क्या दिन थे जहाँ पीपल के पेड़ों के नीचे मिट्टी के बर्तनों का होना, साधुओं के उपदेशों की जगह कहानियाँ सुनना, गलियाँ भी ऐसी होती थीं जहाँ अपने कदमों की आहट सुनाई देती थी। नानी तो मानो हर भगवान को नाम से जानती थीं। पीपल के पेड़ के नीचे दीपक जलाते हुए वे कहतीं, 'जब फुसफुसाकर बोलते हैं तो लोग बेहतर सुनते हैं।'

उन्होंने मुझे सिखाया कि जड़ें एक जगह से दूसरी जगह जा सकती हैं, कि आस्था ख़ुद को खाद बनाकर विकास में बदल सकती है, और हर पीपल के पेड़ के नीचे ज्ञान की एक आत्मा उन लोगों के कान में फुसफुसाने के लिए इंतजार करती है जो उसे सुनते हैं।

नानी का अधिकार क्षेत्र मानवीय मामलों से परे वृक्षों, भूतों, मछलियों और रसोई के बगीचों तक फैला हुआ था। उनका शासन सर्वोपरि था और उनकी प्रजा जीवित, साँस लेने वाली, बढ़ने वाली वस्तुएँ थीं; मिट्टी, पौधे, सूर्य का प्रकाश। जब तक हम पुणे पहुँचे, मेरा भाग्य पूरी तरह से उनके नियंत्रण में था।

3

पेड़ के भूतों के बारे में सीखना

जब पिता जी का तबादला देहरादून से पुणे हुआ, तो हमें रेंज हिल्स रोड पर एक विशाल बंगला आवंटित किया गया। यह शहर के बाहर स्थित उपग्रह सैन्य स्टेशनों में से एक था, जिसे व्यापक रूप से महाराष्ट्र की सांस्कृतिक और साहित्यिक राजधानी माना जाता था।

रेंज हिल्स रोड एक ऐसी सड़क थी जिसे देखकर लगता था मानो किसी धैर्यवान हाथ ने इसे बनाया हो, पुणे शहर के ठीक बाहर स्थित शांत उपनगर खड़की से होकर गुज़रने वाली एक साफ-सुथरी, सुंदर रेखा। उन दिनों शहर को पुणे कहा जाता था। यह पथरीली भूरी पहाड़ियों के एक समूह से शुरू होती थी और वहाँ समाप्त होती थी जहाँ रेलवे की पटरियाँ दूर से आती मधुर ध्वनि की तरह गूँजती थीं।

सड़क मुश्किल से एक किलोमीटर लंबी थी, जिसके किनारे विशाल सैन्य बंगले बने हुए थे, उनके बगीचे बोगनविलिया और पुरानी यादों से भरे हुए थे। हर घर का अपना एक छोटा-सा जीवन साम्राज्य था, सैन्य शैली में करीने से कटे हुए लॉन, क्रोटन की कतारें और कुछ आम के पेड़ जो सदियों से हरे-भरे थे।

यहाँ की शाम की हवा का अपना एक अलग ही अंदाज़ था, वह समय पर बहती थी, न ज़्यादा तेज़, न ज़्यादा धीमी। मानो गुज़रते समय को सलाम

कर रही हो। बंगला टी-23 के हमारे बरामदे से पहाड़ियों पर सूर्यास्त की अंतिम नारंगी आभा छाई हुई और दूर से आतीं ट्रेन, मंदिर की घंटियों की तरह समय की घोषणा कर रही होती थीं।

हमारा बंगला दो एकड़ ज़मीन पर बना था, जो ब्रिटिश काल का एक अमिट अवशेष था, जिसमें चौड़े बरामदे, ऊँची खिड़कियाँ, चरमराते फर्श और पुरानी लकड़ी तथा मिट्टी के तेल के लैंपों की हल्की ख़ुशबू फैली हुई थी। इसमें आठ कमरे, नौकरों के लिए दो क्वार्टर, एक मछली का तालाब और ऐसे पेड़ थे जो मानो आपको उन सैनिकों की कहानियाँ सुनाते हों जो बहुत पहले भुला दिए गए युद्धों में चले गए थे।

हमारे घर में आने के अगले दिन, नानी ने एक ड्यूटी पर तैनात अधिकारी की तरह पूरे परिसर का निरीक्षण किया। उन्होंने हाथ में छड़ी लिए पूरे परिसर का चक्कर लगाया और ज़ोर-ज़ोर से नोट्स बनाए :

'तीन नीम के पेड़, चार आम, दो पीपल और एक बरगद का पेड़। मछली के तालाब की सफाई करनी है। मिट्टी रेतीली है। हमें खाद की ज़रूरत होगी। रसोई का कचरा, मुन्ना, फेंकना नहीं चाहिए, वह तो सोने के बराबर है।'

मुख्य द्वार के पास स्थित पीपल का वृक्ष दशकों पुराना और भव्य था, जिसकी जड़ें किसी रहस्य की तरह धरती में समाई हुई थीं। मुख्य द्वार से कुछ ही कदम की दूरी पर स्थित वह वृक्ष भव्य और गरिमामय खड़ा था, जिसके हृदय के आकार के पत्ते हवा से निरंतर संवाद करते हुए काँप रहे थे। उसके बगल में एक बरगद था, जो उससे भी पुराना और अनुभवी था, जिसकी हवाई जड़ें किसी प्राचीन ऋषि की दाढ़ी की तरह लटक रही थीं। वह अपने-आप में एक जंगल जैसा था, जिसकी शाखाएँ, जड़ें और पक्षी मिलकर एक संपूर्ण संसार बना रहे थे, मानो नीचे खड़े हम मनुष्यों पर ध्यान ही न दे रहे हों। वे दोनों मिलकर परिसर पर जुड़वाँ रक्षकों की तरह विराजमान थे। एक दिन की निगरानी करता, दूसरा रात पर राज करता और दोनों ही मेरी कल्पना पर राज करते।

नानी ने कहा कि दोनों पेड़ पवित्र हैं। माली ने कहा कि दोनों में भूत-प्रेतों का वास है। मैंने दोनों की ही बात मान ली।

आस-पड़ोस के लोग अकसर हमारे द्वार पर आकर इन वृक्षों को जल, फूल या प्रार्थना अर्पित करते थे। कुछ लोग इनके तनों पर लाल धागे बाँधते थे। कुछ मन में मनोकामनाएँ व्यक्त करते थे। कुछ चुपचाप सिर झुकाकर चले जाते थे। वृक्ष इन सबको धैर्य से ग्रहण करते, एक ऐसा धैर्य जिसे सीखने में मैंने अपना पूरा जीवन व्यतीत किया है।

सप्ताह के अंत तक, घर के पीछे एक सब्ज़ी का बगीचा तैयार हो गया था। इसमें टमाटर, पालक, लौकी, मिर्च, बैंगन, सभी को परेड में सैनिकों की तरह करीने से कतारों में लगाया गया। सामने का लॉन भी नानी का ही था। नानी पूजा के लिए गेंदा, गर्व के लिए गुलाब, जूतों की पॉलिश के लिए हिबिस्कस और सपनों के लिए चमेली लगाती थीं।

हर चीज़ के लिए उसका एक नियम था : 'तेज़ धूप में कभी पानी न दो। पौधों की छँटाई करने से पहले उनसे बात करो। माली की प्रशंसा करो, बकरियों को डाँटों।'

माली को हम 'काका' कह कर पुकारते थे, सतारा के एक शांत स्वभाव के व्यक्ति, जो नानी की आज्ञाओं का अक्षरशः पालन करते थे। और मैं, घर में उनका इकलौता धेवता, नानी के सहायक के रूप में नियुक्त हो गया। मेरा काम था पानी देने वाला डिब्बा उठाना, केंचुए लाना और पाठों पर ध्यान देना।

उसी बगीचे में नानी ने मुझे मेरी पहली उपाधि दी थी। 'अब तुम एक "माली" हो।' नानी ने घोषणा की और मुझे एक खुरपी ऐसे थमा दी मानो वह कोई शाही तलवार हो। मैं ग्यारह साल का था, नंगे पाँव और थोड़ा उलझन में। लेकिन उन्होंने जिस अधिकार से यह कहा, वह सच लगने लगा। हर सुबह गीली मिट्टी और उबले दूध की ख़ुशबू से शुरू होती थी। नानी पालक काटते हुए पुराने हिंदी गीत गुनगुनाती थीं और मैं उनके पास बैठकर रातभर बचे पौधों की गिनती करता था। वह बागवानी को एक पवित्र अनुष्ठान की तरह बताती थीं।

वे कहती थीं, 'विश्वास के साथ पौधे लगाओ, धैर्य से पानी दो। उनसे अपने बच्चों की तरह बातें करो।' दोपहर तक, वे रसोई में चली जातीं, जहाँ वह उसी कुशलता से काम करतीं जैसे फूलों की क्यारियों में करती थीं। दोपहर का भोजन सादा लेकिन यादगार होता था–दाल, चावल, कद्दू की सब्ज़ी, दही और साथ में एक कहानी भी।

कुछ सप्ताह बाद, बरगद के पेड़ पर एक नया मेहमान आ गया, एक किंग कोबरा। माली ने उसे सबसे पहले पेड़ की जड़ों के पास कुंडली मारकर बैठे देखा। फिर एक दिन, वह किंग कोबरा हमारी रसोई की सीढ़ियों पर दिखाई दिया। सप्ताह के अंत तक, वह माली के कमरे, मछली के तालाब और एक यादगार शाम को हमारे बरामदे में भी नज़र आ चुका था।

घबराहट तर्क से कहीं अधिक तेज़ी से फैल गई। पड़ोसियों ने तुरंत घर ख़ाली करने की सलाह दी। नानी ने मना कर दिया। उन्होंने शांत भाव से

कहा, 'साँप बिना किसी कारण नहीं आते। वे हमें सही व्यवहार करने की याद दिलाते हैं।'

नानी ने पास की सैन्य कार्यशाला से मेजर राजीव भाटिया को फोन किया और हमारे नए निवासी को स्थानांतरित करने के लिए उनकी इंजीनियरिंग विशेषज्ञता का अनुरोध किया। मेजर दो सैनिकों, एक बोरी और असीम धैर्य के साथ पहुँचे। शाम तक, मिशन पूरा हो गया।

नानी ने संतुष्टि से कहा, 'मेहमान को विश्वविद्यालय के जंगल के पास छोड़ दिया गया है। वहाँ उसे अच्छी संगत मिलेगी।'

उस दिन से सभी प्राणी नानी की सुरक्षा में आ गए। साँप सम्मानित अतिथि थे, मछलियाँ शुभ मानी जाती थीं, कुत्ते बुद्धिमान और मनुष्य, ख़ैर, सहन किए जाते थे।

हमारी शामों की अपनी एक अलग लय थी। जब माता-पिता जी सेना की पार्टियों में जाते थे, तो मैं और नानी घर पर ही रहते थे। हम अपने सबसे प्यारे ब्लैक एंड व्हाइट टेलीविज़न को चालू करते और दूरदर्शन पर जो कुछ भी आता था, उसे देखते थे — कृषि दर्शन, चित्रहार। नानी शास्त्रीय संगीत सुनती थीं, फिर रात आठ बजे हिंदी समाचार और उसके बाद अंग्रेज़ी समाचार देखती थीं। समाचारों के दौरान वह बुनाई करतीं, विज्ञापनों के दौरान सरकारी नीतियों की आलोचना करतीं और राष्ट्रगान के दौरान प्रार्थना करती थीं। टीवी बंद होते ही वह अपने असली काम में जुट जातीं : कहानी सुनाना।

उनकी कहानियाँ लोरी की तरह मधुरता से शुरू होतीं और नाटकीय अंत करती थीं, जिनमें अकसर भूत, राजा या नैतिक संकट शामिल होते थे। भूत उनके पसंदीदा पात्र थे, कुछ दयालु, कुछ शरारती, सभी किसी न किसी उद्देश्य से भरे हुए। उन्होंने कहा, 'पेड़ों पर रहने वाले भूत अच्छे भूत होते हैं। वे धरती की रक्षा करते हैं। सड़कों पर भटकने वाले भूत अपना घर खो चुके होते हैं।'

चाँदनी रात में सुनाई जाने वाली उनकी कहानियों के दौरान ही मैंने पारिस्थितिकी (प्रकृति के संतुलन) के अपने पहले पाठ सीखे, उस समय से बहुत पहले जब मुझे इस शब्द का पता भी नहीं था।

अगर आप भारत में पले-बढ़े हैं, तो मुमकिन है कि किसी ने आपको पीपल के पेड़ के बारे में चेतावनी दी हो। पीपल मात्र एक पेड़ नहीं, बल्कि भूतों का अड्डा था। नानी ने भी इस बात की पुष्टि की थी।

वे फुसफुसाती थीं, 'अंधेरा होने के बाद कभी भी पीपल के पेड़ के पास मत घूमना। बाबूराम और उसके दोस्त तुम्हारा पीछा करते हुए घर तक आ सकते हैं!'

'बाबूराम' हमारे घर का भूत था, मशहूर, डरावना और अजीब तरह से सम्मानित। कहा जाता था कि वह पीपल के सबसे ऊँचे हिस्से में रहता था और आधी रात को दूसरी आत्माओं से बैठकें करता था। मैं बहुत उत्सुक था। आख़िर पीपल ही क्यों? बरगद, नीम या आम का पेड़ क्यों नहीं?

शायद ऐसा इसलिए क्योंकि पीपल का पेड़ रात में भी साँस लेता है, मानो किसी संत की तरह ऑक्सीजन छोड़ता हो। या शायद उसके दिल के आकार के पत्ते, जो शांत हवा में भी काँपते रहते थे, निरंतर जीवन का भ्रम पैदा करते थे। या शायद, जैसा कि नानी ने एक बार आँखों में चमक के साथ कहा था, 'भूतों को अच्छी संगति पसंद होती है, और पीपल सबसे बुद्धिमान वृक्ष है।'

कारण चाहे जो भी हो, यह व्यवस्था पूरी तरह असरदार साबित हुई। भूतों ने पीपल के पेड़ की रक्षा की और पीपल ने भूतों की। और हम इंसानों ने दख़ल न देना सीख लिया। पीछे मुड़कर देखें तो, यह एक शानदार पर्यावरणीय रणनीति थी। मैं अकसर अब कहता हूँ, 'वन कानूनों से बहुत पहले, हमारे पास भूतों के कानून थे।'

एक गर्मी की शाम, नानी के साथ टहलते हुए हम एक श्मशान घाट के पास से गुज़रे वहाँ एक भव्य पीपल का पेड़ खड़ा था, जिसकी छतरी धूप

में हरे काँच की तरह चमक रही थी। मैंने पूछा, 'यहाँ पीपल के पेड़ इतने अच्छे से क्यों उगते हैं?'

उन्होंने कहा, 'क्योंकि यहाँ कोई उन्हें परेशान नहीं करता। यहाँ पेड़ अंतिम यात्रा पर निकली आत्माओं का साथ देते हैं। आत्माएँ सच बोलती हैं। आत्माएँ रोती हैं, याद करती हैं और अंत में ख़ुद को छोड़ देती हैं। पेड़ उनकी बातें सुनते हैं।'

उनके लिए श्मशान घाट भय का स्थान नहीं, बल्कि ईमानदारी का स्थान था। उन्होंने कहा, 'शमशान ही एकमात्र ऐसा स्थान है जहाँ सभी समान रूप से सिर झुकाते हैं। यही असली मंदिर है। कोई पुजारी नहीं, कोई झूठ नहीं।' उन्होंने इसे एक बच्चे के लिए भी सरल शब्दों में समझाया, 'मंदिर तो श्मशान होता है और शोर-शराबा बस्ती में होता है।' उन्होंने कहा कि मंदिर श्मशान घाटों की तरह शांत होते हैं, जबकि सारा शोर मानव बस्तियों का होता है। और वास्तव में, उन घाटों के किनारे स्थित पीपल के पेड़, भव्य, जड़े हुए, शांत, मौन के सच्चे रक्षक थे। वर्षों बाद, जब मैंने राजमार्गों और श्मशान घाटों के किनारे पीपल के पेड़ लगाए, तब मैंने देखा कि उनके शब्द कितने सत्य थे। वे पेड़ फले-फूले, मौन से सींचे गए, स्मृति से संरक्षित।

पीछे मुड़कर देखने पर मुझे एहसास होता है कि नानी के भूत कभी डर पैदा करने वाले नहीं थे। वे तो उनका हमें उन चीज़ों के प्रति आदर सिखाने का तरीका था जिन्हें हम समझ नहीं पाते। उनके लिए पीपल का पेड़ मंदिर और दहलीज़, दोनों था। एक ऐसी जगह जहाँ दृश्य और अदृश्य एक साथ विराजमान होते थे।

वह कहती थीं, 'डर आपको शिष्टाचार सिखाता है। पीपल के पेड़ के नीचे ज़ोर से बात नहीं करनी चाहिए, नदी के किनारे नहीं लेटना चाहिए, रसोई में खाना बर्बाद नहीं करना चाहिए। भूत तो बस सही व्यवहार करने की याद दिलाते हैं।' उनकी यह समझ किसी भी नैतिक विज्ञान की कक्षा से

कहीं अधिक कारगर थी। और उनका हास्य, वही तो उनकी सफलता का राज था।

जब तक हम रेंज हिल्स रोड से निकले, छावनी क्षेत्र में दो हज़ार पेड़ लग चुके थे। वे सड़कों के किनारे, ख़ाली ज़मीनों में और बंगलों के पीछे शांति से खड़े थे। जब हम जीप से निकले, तो मैंने बाहर देखा और उदासी और गर्व का एक अजीब-सा मिला-जुला एहसास हुआ। छोटे-छोटे पौधे हवा में ऐसे लहरा रहे थे जैसे किसी बोर्डिंग स्कूल में छोड़े गए बच्चे, चिंतित, लेकिन आशा से भरे हुए। नानी ने मेरा हाथ दबाया और कहा, 'चिंता मत करो, मुन्ना! भूत-प्रेत इनका ध्यान रखेंगे।' तब मुझे उनकी बात पर विश्वास हो गया था। आज भी होता है।

आज भी, जब मैं किसी पुराने पीपल के पेड़ के पास से गुज़रता हूँ, तो उसकी पत्तियाँ यादों की छोटी-छोटी हरी जीभों की तरह झिलमिलाती हैं। मैं रुकता हूँ, थोड़ा झुकता हूँ और सुनता हूँ। उस सरसराहट में कहीं मुझे नानी की आवाज़ सुनाई देती है, जिसमें स्नेह, शरारत और आदेश का मिला-जुला भाव होता है।

मानो वो कह रही हों, 'पौधे लगाते रहो, मुन्ना! भूत तुम पर भरोसा कर रहे हैं।' और मैं मुस्कुरा देता हूँ। क्योंकि इतने सालों बाद, मुझे एक बात समझ आ गई है, भूत कभी सच में जाते नहीं। वे बस अपनी जड़ें जमा लेते हैं।

4

नानी से और भी सबक

नानी ने कहानियों से मेरी दुनिया भर दी। वह देवी-देवताओं और भूतों के बारे में ऐसे बात करती थीं मानो वे पड़ोसी हों, कभी दूर नहीं, कभी अमूर्त नहीं।

मेरे लिए भूत कभी डरावने नहीं थे। वे रात के रहस्यमय मेहमान नहीं थे। वे साथ और सुकून देने वाली उपस्थिति थे। मैं उन्हें शाखाओं पर बैठे रक्षकों के रूप में देखते हुए बड़ा हुआ, अदृश्य होते हुए भी मौजूद। जब भी मैं खोया हुआ महसूस करता, मैं एक पीपल के पेड़ के नीचे, उसकी छाँव में, शांति के घेरे में जाकर, बिना किसी रुकावट के उनसे खुलकर बातें करता। वे मेरे मौन सलाहकार थे। उन्होंने कभी न्याय-अन्याय नहीं किया, कभी मुझे जवाब नहीं दिया, लेकिन हमेशा मेरे दिल के बोझ को हल्का कर दिया। वह स्थान किसी भी पूजा स्थल से अधिक पवित्र था, क्योंकि वह पूरी तरह से मेरा अपना था। मुझे विश्वास हो गया कि भूत पेड़ों पर नहीं रहते; वे हमारे भीतर, हमारे विचारों में, हमारे संदेहों में, हमारी मार्गदर्शक आवाज़ों में रहते हैं। हम उन्हें भूत कहते हैं क्योंकि हम उन्हें किसी और नाम से पुकार नहीं सकते।

नानी ने उन्हें आकार और अर्थ दिया। उन्होंने ज़ोर देकर कहा कि उनसे डरने की नहीं, बल्कि मित्रता करने की आवश्यकता है। वे फुसफुसातीं, 'वे हमारे पूर्वज हैं, जो देख रहे हैं, मार्गदर्शन कर रहे हैं, रक्षा कर रहे हैं।'

गाँव के बुज़ुर्गों की अपनी-अपनी कहानियाँ थीं : फूलदार पेड़ों में देवता, फलदार पेड़ों में देवता, आत्माएँ अपनी छतरी ख़ुद चुनती हैं।

नानी ने सारी उलझन दूर करते हुए मुझसे कहा, 'पीपल के पेड़ पर ही टिके रहो।'

यह सबसे प्रिय और सबसे टिकाऊ पेड़ था। मुझे उनकी बात पर भरोसा था। समय के साथ, मैंने देखा कि उनकी बुद्धिमत्ता व्यावहारिक थी। मंदिर और पवित्र स्थान पीपल के पेड़ों की रक्षा करते थे। जहाँ आस्था उन्हें आश्रय देती थी, वहाँ वे जीवित रहते थे। आस्था, अपने अंधविश्वास में भी, संरक्षण की भावना को अपने भीतर समेटे रखती थी।

मैंने उन मान्यताओं पर कभी हँसी नहीं उड़ाई। भले ही तर्क जादुई लगता हो, परिणाम वास्तविक था— पेड़ जीवित थे। उनके चारों ओर परिक्रमा, लाल धागे, जल अर्पण, दीपक और दबी आवाज़ में की जाने वाली प्रार्थनाओं की रस्में भी चलती रहीं। लोग अपनी आशाओं को शाखाओं से बाँध देते थे और बदले में, पेड़ चुपचाप उनके दुखों को सह लेते थे।

नानी का मानना था कि भ्रमण ही मनुष्य के भ्रम को दूर करता है। और वह सत्य के अधिक निकट पहुँच पाता है। यही समझ जीवन की यात्रा में आगे बढ़ने में सहायक होती है। इसलिए उन्होंने मुझे जीवन भर भ्रमण करते रहने की सलाह दी, ताकि मैं संसार को बेहतर ढंग से समझ सकूँ।

विश्वास के वे शुरुआती वर्ष, जो आधे स्मृतियों और आधे मिथकों पर आधारित थे, मेरे लिए केवल कहानियाँ सुनने के व्यर्थ घंटे नहीं थे। वे मेरे भीतर पीपल के वृक्ष जैसी भक्ति की प्रारंभिक शिक्षा का आधार बने।

नानी की कहानियाँ और उनकी सीख मेरे लिए खेत में काम करने की पहली शिक्षा थीं। नानी ने खेती को कभी केवल श्रम का कार्य नहीं माना; उनके लिए यह प्रेमपूर्वक वह सब करना था, जो आवश्यक हो। जब वे दीपक जलाने या दहलीज़ पर पानी छिड़कने के लिए झुकतीं, तो वे मुझे एकाग्रता, विनम्रता और देखभाल की लय सिखा रही होतीं। तब मुझे पता नहीं था, लेकिन वे मुझे पेड़ लगाना सिखा रही थीं।

जब मैंने रेंज हिल्स रोड के किनारे छोटे-छोटे गड्ढे खोदने शुरू किए, तो मैंने ख़ुद को नानी के हाव-भाव दोहराते हुए पाया। हर पौधा जिसे मैं छूता, वह नानी की दुनिया का ही एक हिस्सा, नानी की प्रार्थनाओं की जीवंत प्रतिध्वनि जैसा लगता था। धरती नानी की वेदी थी; मैं नानी का शिष्य पुजारी था। हर गड्ढा एक प्रार्थना बन गया, पानी की हर बूँद एक भेंट।

मेरी लाल साइकिल पास ही खड़ी थी, मानो दो पहियों पर मंदिर की घंटी हो उसकी चेन की आवाज़ मुझे उनकी उस पुकार की याद दिलाती थी, जब वे मुझे खाने के लिए बुलाती थीं। मेरी उँगलियों पर लगी मिट्टी ने चंदन के उस

लेप की जगह ले ली थी जो कभी नानी मेरे माथे पर लगाती थी। रस्में बस रूप बदल चुकी थीं; भक्ति वही थी।

कुछ दिन मैं पिघले हुए पीतल की तरह चमकती हुई भीषण गर्मी में साइकिल चलाता रहा। तारकोल की सड़कों से थकावट की गंध आ रही थी; पीछे लगे छोटे पौधे घबराए हुए यात्रियों की तरह काँप रहे थे। मैंने उन्हें नाम से पुकारा, 'चलो, पीपल, पानी आने से पहले बेहोश मत हो जाना!' पानी की बोतलों को संतुलित रखना एक कलाबाज़ी जैसा था। अगर मैं बाईं ओर अधिक झुकता, तो बोतलें गिर जातीं; ज़्यादा दाईं ओर झुकता, तो साइकिल चरमराती। एक बार तो ढक्कन खुल गया और मेरे पहुँचने से पहले ही सारा पानी गायब हो गया। मैं रोना चाहता था, लेकिन नानी की आवाज़ मेरे दिमाग में गूँज रही थी : 'धैर्य ही पहली प्रार्थना है।' इसलिए मैंने ख़ाली बोतल उठाई और पौधों से वादा किया कि मैं उन्हें वापस लौटाऊँगा, और मैंने ऐसा किया।

हर शाम, जब हवा शांत होती, मैं उन्हें देखने जाता। कुछ पौधे मुरझाए हुए थे, कुछ डटकर खड़े थे। जो पौधे डटकर खड़े थे, वह हर जीवित पौधा मुझे मेरी एक जीत जैसे लगते थे। मुझे नानी की बात समझ आने लगी थी जब वह कहती थीं, 'आप जीवन को बढ़ने के लिए विवश नहीं करते, आप उसके साथ चलते हैं।'

लोगों का ध्यान मुझ पर जाने लगा। बच्चे गिलहरियों की तरह मेरे पीछे-पीछे चलने लगे। बूढ़ी औरतें प्यार से मुस्कुराने लगीं। कुछ संशयवादी बुदबुदाए, 'बकरियाँ सुबह तक इन्हें खा जाएँगी।' एक तो खुलकर हँस पड़ा। उसने कहा, 'तुम समय बर्बाद कर रहे हो!' मैं मुस्कुराया और कहा, 'तो मैं बकरियों के लिए भी बीज बो दूँगा।'

दुकानदार मुझे पहचानने लगे। साइकिल की दुकान पर एक पारसी अंकल ने आँख मारते हुए कहा, 'अरे, माली लड़के! तुम तो सरकार से भी अधिक तेज़ी से सड़क को हरा-भरा कर रहे हो!' दूसरे ने मुझे मुट्ठीभर मिट्टी थमा दी। तभी मुझे समझ आया कि नानी ने क्या किया था — उन्होंने

देवताओं और भूतों के बीच, सजीव और अदृश्य के बीच की रेखाओं को धुंधला कर दिया था। मेरा खेत इन दोनों से भरा हुआ था, छोटे-छोटे पौधे आत्माओं की तरह फुसफुसा रहे थे, मानो उन्हें याद किए जाने का इंतज़ार हो।

जब बारिश आई, तो मैं कीचड़ भरे गड्ढों से ऐसे गुज़रा मानो मानसून ही मेरा साथी बन गया हो। साइकिल विरोध में चरमरा रही थी, लेकिन मुझे अपने साथ ले जा रही थी। कभी-कभी मैं उससे ज़ोर से कहता : 'संभल कर रहो, साथी, हमें जंगल उगाना है।' लोग घूर रहे थे, पर मैंने परवाह करना बहुत पहले ही छोड़ दिया था। आस्था कभी पूरी तरह से तर्कसंगत नहीं लगती। नानी के लिए, यह कृष्ण द्वारा मक्खन चुराना था। मेरे लिए, यह एक लाल साइकिल थी जो भूतों को ले जा रही थी जो पेड़ों में बदल जाते थे।

हर नया पत्ता जो खिलता था, ऐसा लगता था मानो नानी की मुस्कान डालियों से लौटकर आ रही हो। जितना अधिक मैं पौधे लगाता गया, उतना ही मैं नानी की अदृश्य दुनिया को समझने लगा। वे पीपल के पेड़ में आत्माओं को देखती थीं; मैं धरती से फूटती हर हरी कली में आत्मा को देखता था। हम एक ही भाषा बोल रहे थे, बस अंतर इतना था कि उनकी भाषा मंत्रोच्चारण में थी, मेरी क्लोरोफ़िल में; लेकिन हमारा उद्देश्य एक ही था।

जब पिता जी का जालंधर तबादला हुआ, तब तक रेंज हिल्स रोड पूरी तरह बदल चुका था। कभी धूल से भरी रहने वाली वह सड़क अब सुबह की प्रार्थना में बैठे स्कूली बच्चों की तरह चमक रही थी। उस दृश्य ने मुझे वह संतोष दिया जो किसी रिपोर्ट कार्ड से कभी नहीं मिल सकता था।

पुणे छोड़ने से पहले अपनी अंतिम शाम को, मैंने आख़िरी बार साइकिल चलाई। हवा में गीली धूल की तेज़ गंध फैली हुई थी। मैं अपने लगाए पहले पीपल के पेड़ के पास रुका। अब वह मेरे कंधे तक पहुँच गया था, उसकी पत्तियाँ छोटे हरे झंडों की तरह काँप रही थीं। 'तुम ठीक रहोगे,'

मैंने फुसफुसाते हुए कहा। 'मुझे याद मत करना।' जवाब में हवा सरसराती, और मुझे लगभग नानी की हँसी सुनाई दी। आपने आस्था के बीज बोए, पेड़ नहीं।

जब हम जालंधर पहुँचे, तो मैंने उस आस्था को अपने साथ एक गुप्त बीज की तरह रखा। नानी की आस्था मेरे मन में गहराई से बस चुकी थी, लेकिन उस नई मिट्टी में उसे पानी की ज़रूरत थी। और हमेशा की तरह, जीवन ने मुझे उसे विकसित करने का तरीका सिखाने के लिए एक शिक्षक भेजा।

पीछे मुड़कर देखने पर, जिसे लोग मासूमियत कहते थे, वह कभी कमज़ोरी नहीं थी, बल्कि ताकत थी। मेरे पास कोई बड़ी योजना या पदवी नहीं थी, बस दृढ़ विश्वास और सादगी थी। इसी ने लोगों को प्रभावित किया। वे उस लड़के को मना नहीं कर सके जो अपने लिए नहीं, बल्कि एक पेड़ माँग रहा था।

मासूमियत संक्रामक होती है। एक-छोटा सा सिक्का गायब नहीं होता, वह एक जड़ बन जाता है। पानी की एक बाल्टी छाया में बदल जाती है। जब लोगों ने यह देखा, तो वे मदद करते रहे। इसी तरह मैंने छोटी-छोटी मददों की ताकत को समझा, हर छोटा काम भरोसे के एक बड़े जाल का हिस्सा बनता गया।

कई वर्षों बाद लौटकर, मैं उन पीपल के पेड़ों के नीचे खड़ा था जिन्हें मैंने बचपन में लगाया था। जो बच्चे कभी मेरी पानी देने में मदद करते थे, वे अब माता-पिता जी बन चुके थे और उनकी छाँव में विश्राम कर रहे थे। यह काम मेरे बस से कहीं अधिक बड़ा हो गया था, जिसे धैर्य, मासूमियत और विश्वास ने बनाए रखा था।

हमारे पुरस्कार और इनाम इंसानों या संस्थाओं से नहीं मिलते। ये पक्षियों और कीड़ों से मिलते हैं, जो हमारे काम के असली परीक्षक हैं। उनका दिया हुआ प्रतिफल ही हमारी सफलता का प्रमाण पत्र है।

नानी की उपस्थिति केवल कहानियों से कहीं बढ़कर थी; यह स्नेह के आवरण में छिपी अनुशासन की शिक्षा थी। उन्होंने मुझे बच्चों के बिस्तर लगाना सिखाया, सादगी का महत्त्व समझाया, लोगों पर विशेषकर महिलाओं पर, उनकी शक्ति और उदारता के लिए भरोसा करना सिखाया। उन्होंने मुझे दिखाया कि स्वच्छता केवल घर के लिए ही नहीं, बल्कि मन के लिए भी आवश्यक है। वह कहा करती थीं, 'अपनी साइकिल को साफ़ रखो, वे तुम्हारी जीवन साथी हैं। वे तुम्हें ढोती हैं, तुम्हारी सेवा करती हैं। उनका सम्मान करो।'ये सभी सीख बचपन के बाद भी मेरे साथ बनी रहीं।

उनका जीवन सादगीपूर्ण था, फिर भी राजसी था। वे न्यूनतम सामान के साथ रहती थीं, लेकिन उनका हृदय विशाल था। उन्होंने मुझे सिखाया कि उदारता धन के बारे में नहीं, बल्कि उपस्थिति के बारे में है। अपनी सादगी में भी, उन्होंने दूसरों के लिए जगह बनाई। उस भावना ने मुझे उस समय जितना मैंने महसूस किया, उससे कहीं अधिक प्रभावित किया।

नानी के साथ रहना मानो दो दुनियाओं में एक साथ रहने जैसा था : एक दुनिया प्रत्यक्ष, घरेलू काम, स्कूल, भोजन और मेहमानों से भरी थी।

दूसरी दुनिया अदृश्य, देवी-देवताओं, भूतों और दबी आवाज़ में दिए गए मार्गदर्शन से भरी थी। ये दोनों दुनिया कभी एक-दूसरे का विरोध नहीं करती थीं; बल्कि एक-दूसरे की पूरक थीं। उन्होंने मुझे दिखाया कि भूत भी देवदूत हो सकते हैं, अंधविश्वास भी सुरक्षा का साधन हो सकता है और आस्था उतनी ही व्यावहारिक हो सकती है जितनी किसी के कंधे पर हाथ रखना।

जब मैं पीछे मुड़कर देखता हूँ, तो मुझे एहसास होता है कि नानी ही वह कड़ी थीं। उन्होंने मुझे सिखाया कि अदृश्य से संपर्क खोए बिना लोगों के बीच कैसे रहना है। उन्होंने एक हाथ देवताओं की दुनिया में और दूसरा धरती की दुनिया में रखा, और मुझे बड़ी कोमलता से इन दोनों के बीच स्थापित किया।

जबकि अन्य लोग दूरदराज़ की गुफाओं में गुरुओं की तलाश करते थे, मैंने अपना गुरु फ़ाइकस (Ficus) के पत्तों के नीचे पाया। नानी की शिक्षाओं ने मुझे यह एहसास दिलाया कि भीतर का गुरु जब हम मौन के लिए जगह बनाते हैं, तब जागृति आती है। गांधीजी के चरखे ने मुझे सिखाया कि छोटे-छोटे काम, जब ईमानदारी से किए जाते हैं, तो एक बड़ा ताना-बाना बुनते हैं। रजनीश जी ने मुझे दिखाया कि साहस प्रश्न पूछने में निहित है। इन दोनों के बीच, मैंने कर्म और चिंतन के बीच संतुलन सीखा। नानी जिन भूतों की बात करती थीं, वे मेरे मन में कोमल मार्गदर्शक बन गए, जो धैर्य और विश्वास का संदेश देते थे।

मैंने जो भी पौधा लगाया, उसमें एक बीज छिपा हुआ था। मुरझाए पौधे ने मुझे उपेक्षा करना सिखाया; फलते-फूलते पौधे ने मुझे सहनशीलता सिखाई। ऋतुएँ मेरे लिए उपदेश बन गईं। वर्षा मेरे लिए धर्मग्रंथ बन गई।

समय बीतने के साथ, मुझे समझ आया कि सच्चा शिक्षक हमारे भीतर ही होता है। किताबें, संत और कहानियाँ केवल मार्ग को रौशन करती हैं। वास्तविक यात्रा तो भीतर ही करनी पड़ती है। भीतर का गुरु यह वही बुद्धि

है जो नदियों को प्रवाहित करती है, जंगलों को उगाती है और जीवन को आगे बढ़ांती है।

मेरे फील्ड नोट्स ही मेरे मार्गदर्शक बन गए। मैं यात्राओं और सड़क किनारे ठहरावों के दौरान डायरियों में लिखता था, विचार दीवारों के अंदर नहीं, बल्कि पेड़ों के नीचे से आते थे। उत्साह से ज़्यादा निरंतरता मायने रखती थी। नारों से ज़्यादा धैर्य मायने रखता था। मेरी जवाबदेही पवित्र थी; हर पेड़ मेरे लिए ख़ास था।

कई वर्षों बाद राजमार्गों पर लौटकर मैंने उन वृक्षों को मज़बूती से खड़ा पाया, कुछ की अब पूजा की जाती थी, कुछ यात्रियों को छाया प्रदान करते थे। काम मेरे बस से बाहर हो गया था। वृक्षों पर अब मेरा नाम नहीं था; वे समुदाय की स्मृति को सँजोए हुए थे।

5

मिसेज़ विलियम्स की कक्षा

अगर मैं अपनी आँखें बंद कर लूँ, तो भी मुझे राम नदी के किनारे पत्तों की सरसराहट के बीच मिसेज़ विलियम्स की आवाज़ सुनाई देती है। यह महज़ एक शिक्षिका की आवाज़ नहीं थी। यह ऐसी आवाज़ थी जो आपको लिखते-लिखते बीच में ही रुककर सुनने पर विवश कर देती थी, मानो हवा भी कुछ कहना चाहती हो। उस आवाज़ ने मुझे अदृश्य को देखना सिखाया, धरती की गुनगुनाहट को सुनना सिखाया, पत्तों की फुसफुसाहट को सुनना सिखाया, जड़ों और पत्थरों के बीच की शांत कूटनीति को समझना सिखाया।

पुणे के स्पाइसर एलीमेंट्री स्कूल में उनकी कक्षा में ही मैंने पहली बार पाठ्य-पुस्तक से परे जीवन की भाषा पढ़ना सीखा।

मैंने चौथी कक्षा में स्पाइसर स्कूल में दाखिला लिया था। मेरे पिता जी ने रक्षा रियायत के तहत मेरा प्रवेश करवाया और कुछ ही हफ्तों में मुझे पाँचवीं कक्षा में पदोन्नत कर दिया गया। कई महीनों तक मैं एक प्रतिभाशाली छात्र की तरह इतराता रहा।

मुझे लगता था कि शिक्षकों ने मेरी प्रतिभा, वर्णमाला पर मेरी असाधारण पकड़ और गुणा सारणी की मेरी उत्कृष्ट समझ को पहचान लिया था। लेकिन सच्चाई मुझे बाद में पता चली, यह तो बस एक सेना अधिकारी का बच्चा होने का सौभाग्य था।

उस उम्र में तो भ्रम भी इंसान को खास महसूस कराते थे। मैं अपने भ्रम को पदक की तरह पहनता था।

1974 से 1978 तक के वर्ष मेरे स्पाइसर विश्वविद्यालय के वर्ष थे, जो मेरे लिए रचनात्मक, स्वतंत्र और खोजों से भरपूर थे। यह विद्यालय उस समय वाशिंगटन स्थित एंड्रयूज विश्वविद्यालय की एक छोटी शाखा, स्पाइसर विश्वविद्यालय का हिस्सा था। यह पुणे के औंध गाँव के हरे-भरे इलाके में स्थित था, जहाँ सड़कों पर बैलगाड़ियों का बोल-बाला था और दोपहर के समय गन्ने और सूखती घास की महक फैली रहती थी।

शांत राम नदी परिसर से होकर कविता की पंक्ति की तरह धीरे-धीरे, चाँदी की तरह चमकती हुई, आत्मविश्वास से भरी बहती थी। पूर्व में पुणे

विश्वविद्यालय था, जिसके गुंबद सूर्य के प्रकाश में जगमगा रहे थे; पश्चिम में सुनहरे खेत क्षितिज तक आलस्य से फैले हुए थे। विद्वता और मिट्टी के इन दो संसारों के बीच हमारा छोटा-सा विद्यालय खड़ा था, मज़बूत और सरल, जिज्ञासा का एक आश्रय स्थल।

हमें बताया गया कि वे श्रीलंका से आई थीं, जंगल में रहने वाले एक आदिवासी समुदाय से। वे लंबी और दुबली-पतली थीं, उनके घुँघराले बाल छोटे-छोटे कटे हुए थे, मानो अनुशासन का प्रतीक हों, उनकी गहरी आँखें ऐसी थीं जो आपकी नोटबुक और आपके विचारों, दोनों को पढ़ सकती थीं। उनकी लंबी, नुकीली उँगलियाँ ऐसी थीं मानो दुनिया के रहस्यों को उजागर

करने के लिए ही बनी हों। उसकी त्वचा धूप और मेहनत से चमक रही थी; उनकी चाल ऐसी थी मानो उन्होंने कभी थकना न सीखा हो।

हमारे लिए, वह एक अजूबा थीं, एक अधूरी शिक्षिका, एक अधूरी जादूगरनी, एक अधूरा तूफ़ान।

मिसेज़ विलियम्स कभी किताबें नहीं रखती थीं। ऐसा लगता था मानो उन्हें सब कुछ पता हो : भूगोल, इतिहास, विज्ञान, व्याकरण, मौसम, यहाँ तक कि खेल के मैदान में दोस्ती की अनकही राजनीति भी। अगर वह आज के ज़माने में होतीं, तो हम उन्हें यही कहते— मिसेज़ गूगल, लेकिन उन्हें सर्च बार की ज़रूरत नहीं थी; उनकी स्मृति एक वर्षावन की तरह थी, विशाल, जीवंत और अनंत काल तक जीवित रहने वाली।

उनकी हँसी बहुत कोमल थी, बारिश के बाद सूखे पत्तों की सरसराहट जैसी, और उनका हास्यबोध इतना अद्भुत था कि कठोर से कठोर प्रधानाचार्य भी मुस्कुरा उठते थे। वे कभी ऊँची आवाज़ में बात नहीं करती थीं। उनका अधिकार हमारी जिज्ञासा से उपजा था। हम उनकी बात मानते थे क्योंकि हम आगे क्या होगा यह जानने से चूकना नहीं चाहते थे।

जब वे अर्जेंटीना की बात करतीं, तो मानो टैंगो संगीत सुनाई देता था; जब वह अंटार्कटिका की चर्चा करतीं, तो कक्षा का तापमान एक डिग्री बढ़ जाता था। उनके शब्द हवाई जहाज़ से भी तेज़ गति से यात्रा करते थे, और पासपोर्ट मिलने से बहुत पहले ही वे हमारे मन में बस गई थीं।

जंगल में बिताए उनके जीवन ने उनकी विचित्रताओं को समझाया, जैसे कि साँपों को संभालने में उनकी सहजता, गंध से बारिश का पूर्वानुमान लगाने की उनकी आदत, और 'बेहतर सीखने की क्षमता' के लिए नंगे पैर चलने पर उनका ज़ोर। उनका कहना था कि ज्ञान तलवों के माध्यम से तेज़ी से फैलता है।

उन्होंने हमें जूते उतारकर नंगे पैर ज़मीन पर खड़े होने को कहा। वे कहती थीं, 'ज़मीन को महसूस करना सीखो। ज्ञान स्पर्श से शुरू होता है।'

एक सुबह उन्होंने हमसे घर से साफ जैम की बोतलें लाने को कहा। उन्होंने कहा कि हम इन बोतलों के अंदर अपने पाठ रखेंगे। अगले सप्ताह तक, हमारी कक्षा एक छोटे चिड़ियाघर जैसी लग रही थी। बच्चे भृंग, टिड्डे, घोंघे और कभी-कभी एक डरी हुई छिपकली से भरे जार लेकर आते थे।

उन्होंने हमें सिखाया कि उन्हें धीरे से कैसे पकड़ना है, उनका निरीक्षण कैसे करना है और उन्हें बिना नुकसान पहुँचाए कैसे छोड़ना है। मेरे माता-पिता तो भयभीत हो गए। लेकिन मेरी नानी ने ताली बजाकर अपनी सहमति जताई। उन्होंने कहा, 'आख़िरकार, तुम्हें अपना ग्रुप मिल गया है!'

मिसेज़ विलियम्स हमें अकसर कक्षा से बाहर ले जातीं, राम नदी के पथरीले मोड़ों पर, उन खेतों में जहाँ ड्रैगनफ़्लाई रंगीन काँच की तरह झिलमिलाती थीं, और उन लंबी घासों के पास जो रहस्य फुसफुसाती थीं।

वह नदी का किनारा हमारा दूसरा कक्षास्थल बन गया। हमने सीखा कि कैसे मेंढक के बच्चे बड़े होकर मेंढक बन जाते हैं, कैसे घोंघे गर्मियों में ख़ुद को समेट लेते हैं और कैसे कैटफ़िश मानसून का इंतज़ार करते हुए कीचड़

में छिप जाती हैं। स्कूल की घंटी की जगह पक्षियों का मधुर गीत गूँजने लगा हमारी पाठ्यपुस्तकें अनिश्चित तितलियों की तरह हवा में लहराने लगीं।

माता-पिता स्वाभाविक रूप से आक्रोशित थे। कुछ ने शिकायत करने के लिए प्रधानाचार्य से मुलाकात की। स्वयं श्रीलंकाई मूल की प्रधानाचार्य ने बस मुस्कुरा दिया। उन्होंने कहा, 'धरती उन्हें सबक सिखाएगी।' शिकायतें बारिश में चूने की तरह गायब हो गईं।

हम अपने राज़ चुपचाप घर ले जाना सीख गए थे। हमारी जेबों में कंकड़, बीज के छिलके और कभी-कभी रेंगने वाली चीज़ें होती थीं जो बाद में खाने के दौरान निकल जाती थीं। एक बार एक मेंढक मेरे लंच बॉक्स से कूदकर सीधे खाने की मेज पर आ गिरा। नानी ने इसे ईश्वर का संकेत समझा। मेरी माँ तो लगभग बेहोश हो गईं। पिता जी ने मुझे राजस्थान के एक बोर्डिंग स्कूल में भेजने की धमकी दी, 'जहाँ कुछ भी हरा-भरा नहीं बचता।'

मिसेज़ विलियम्स के मार्गदर्शन में, हम छोटे किसान बन गए। हमारा होमवर्क था — कुछ उगाना और उसकी देखभाल करना, जैसे टमाटर, पालक, फलियाँ और उसकी प्रगति की रिपोर्ट देना। तीन साल के अंत तक, हर बच्चे के पास बालकनी में या घर के पीछे एक छोटा-सा बगीचा था। हममें से कुछ शायद बीजगणित में असफल रहे हों, लेकिन अंकुरण में कोई असफल नहीं हुआ।

मेरे पिता जी, जो शिक्षा को लेकर हमेशा गंभीर रहते थे, उन्होंने एक बार 16 खंडों वाली पुस्तकों का एक सेट ख़रीदने के लिए 13,000 रुपए का ऋण लिया था *मानक ब्रिटानिका विश्वकोश* । मिसेज़ विलियम्स ने ज़ोर देकर कहा था कि मैं पाठ्यपुस्तकों से आगे भी पढ़ूँ और मेरे पिता जी, जिन्हें पूरा विश्वास था कि मैं भविष्य में एक वैज्ञानिक बनूँगा, ने उनकी बात मान ली। वे भारी-भरकम किताबें शेल्फ़ पर धैर्यवान साधुओं की तरह पड़ी रहीं, मानो पढ़े जाने की प्रतीक्षा कर रही हों।

हालाँकि, मुझे मिट्टी का विश्वकोश अधिक पसंद था, जहाँ प्रत्येक केंचुआ एक पैराग्राफ था और प्रत्येक कंकड़ एक विराम चिह्न।

मिसेज़ विलियम्स से पहले जीवन शांत और अनुमानित था। उनके बाद, यह भागदौड़ भरा, हलचल से भरा और बहुत अव्यवस्थित हो गया। उन्होंने मुझे जैव विविधता का रक्षक बना दिया था। मेरे स्कूल बैग में नोटबुक और जैम के जार भरे रहते थे; मेरे कमरे से जंगल की ज़मीन जैसी गंध आती थी।

हमने बचपन में ही बड़े-बड़े शब्द सीख लिए थे। परस्पर निर्भरता, पारिस्थितिकी तंत्र, सड़न—

हम हमेशा उनके शब्दों को सही ढंग से नहीं लिख पाते थे, लेकिन हम उन्हें कीड़ों के उदाहरण से समझा सकते थे। वह कहती थीं, 'हर चीज़ दूसरी चीज़ पर निर्भर करती है। दुनिया इसी तरह चलती है।'

वे शब्द पारिस्थितिकी, समाज और यहाँ तक कि भाग्य के बारे में मेरे बाद के सभी विश्वासों की जड़ बन गए।

मिसेज़ विलियम्स लिखावट को लेकर बेहद सजग थीं। उन्हें एकदम सही लिखावट चाहिए होती थी। वे कहती थीं, 'अगर तुम्हारे अक्षर प्रवाहमय नहीं हैं, तो तुम्हारे विचार भी प्रवाहमय नहीं होंगे।' शुरू में, हमारे पन्ने घायल सैनिकों की तरह दिखते थे। लेकिन छह महीने के भीतर, हमारी नोटबुक कलाकृतियों में तब्दील हो गईं। यही अनुशासन मेरी डायरियों की नींव बना, स्याही के उन अनगिनत पन्नों पर जहाँ अब मैं पौधों की जगह यादें बोता हूँ।

कभी-कभी वे पाठ के बीच में ही दार्शनिक बातें कह देती थीं, 'प्राकृतिक चयन हमारे द्वारा किए गए विकल्पों तक भी फैला हुआ है,' वे चश्मा ठीक करते हुए कहतीं। 'सृष्टि का कोई उद्देश्य नहीं है, यह केवल अभिव्यक्ति है।' हम गंभीरता से सिर हिलाते, मानो समझ गए हों। दशकों बाद, वे पंक्तियाँ

मेरे भीतर गहरे दबे बीजों की तरह अंकुरित होती रहीं, जो कभी भी अजीब समय पर उभर आती थीं।

हमारी सबसे प्रिय वस्तुओं में से एक आवर्धक लेंस था, मेरे वाले लेंस का किनारा लाल रंग का था और उसकी कीमत दस रुपए थी। इसके माध्यम से मैंने चमत्कारों की ज्यामिति को खोजा : एक पत्ते की नसें जो एक परिपूर्ण वास्तुकला का निर्माण करती हैं, रेत की क्रिस्टलीय संरचना, घोंघे के खोल के सर्पिल आकार। इसके प्रकाश के घेरे में, दुनिया ने दिव्य समरूपता प्रकट की। यदि कहीं पूर्णता थी, तो वह सृष्टि के इन छोटे, अनदेखे कोनों में ही निवास करती थी।

एक सुबह, संरक्षण पर एक कहानी सुनाने के बाद, मिसेज़ विलियम्स ने चारों ओर देखा और कहा, 'बच्चों, पेड़ सजावट की वस्तुएँ नहीं हैं। वे आपके घर की साँस हैं। आपमें से हर कोई इस सप्ताह एक पेड़ लगाएगा।' मेरे अंदर एक अजीब-सी ख़ुशी दौड़ गई। मैं पहले से ही चुपके से यह काम कर रहा था, समय निकालकर, पौधे इकट्ठा कर रहा था, नालियों और मंदिर के प्रांगणों के पास छोटे-छोटे गड्ढे खोद रहा था। अब, अचानक, इसे एक नाम मिल गया। मिसेज़ विलियम्स मुस्कुराईं, मानो वह इसी बात का इंतज़ार

कर रही थीं। हम अपने समूह को 'गिव मी ट्रीज़' कहेंगे। और बस इसी तरह, एक बीज अंकुरित होकर एक आंदोलन बन गया।

हमारी कक्षा एक नर्सरी में बदल गई। गमले, पॉलीथीन की थैलियाँ, फेंके हुए डिब्बे, सब कुछ इस्तेमाल किया हुआ था। चूने की धूल की जगह गीली मिट्टी की महक ने ले ली। गलियारा हिबिस्कस, गेंदा, नींबू और अमरूद के फूलों से खिल उठा। बागवानी एक साथ विज्ञान, धैर्य और कविता का पाठ बन गई। उन्होंने कहा, 'जब आप मिट्टी को छूते हैं, आप इतिहास को छूते हैं। जब आप किसी पौधे को पानी देते हैं, तो आप कल लिख रहे होते हैं।' उनके शब्द नानी के शब्दों से मिलते-जुलते थे, हालाँकि लहजा अलग था। नानी पेड़ों में आत्माओं की बात करती थीं; मिसेज़ विलियम्स व्यवस्थाओं और चक्रों की बात करती थीं। एक ने मुझे जड़ें दीं, दूसरी ने मुझे दिशा। एक ने मुझे आस्था सिखाई, दूसरी ने मुझे भाषा दी।

बात कुछ इस तरह थी 'गिव मी ट्रीज़' इसका जन्म किसी ग़ैर सरकारी संगठन या संस्था के रूप में नहीं हुआ बल्कि बच्चों द्वारा स्कूल की प्रार्थना के रूप में शुरू किया गया। कारवाँ ऐसे ही आगे बढ़ता गया और ग्यारह साल की उम्र में नानी की सीख कक्षा में ली गई प्रतिज्ञा में बदल गई।

आज भी, दशकों बाद, मैं कभी-कभी पौधे लगाते समय रुक जाता हूँ और नदी के किनारे नानी की आवाज़ सुनता हूँ : 'धरती को महसूस करना सीखो। ज्ञान स्पर्श से शुरू होता है।' मुझे एहसास होता है कि उसने हमें केवल विषय ही नहीं पढ़ाए। उसने हमें श्रद्धा सिखाई। उसने हमें जिज्ञासा दी, मिट्टी को पवित्र ग्रंथ बना दिया और हर जैम की बोतल को एक मंदिर में बदल दिया।

उन्होंने कभी इसका श्रेय ख़ुद नहीं लिया। उन्होंने कभी सफलता के बारे में उपदेश नहीं दिए। उन्होंने बस चुपचाप, दृढ़ता से और ख़ुशी-ख़ुशी वही किया जो वह सिखाती थीं। अगर नानी ने बीज बोया, तो मिसेज़

विलियम्स ने उसे सींचा। एक ने मेरी प्रस्तावना लिखी; दूसरी ने मेरी कहानी की शुरुआत की।

तो जब लोग पूछते हैं कि कैसे मैंने 'गिव मी ट्रीज़' की शुरुआत की। मैं मुस्कुरा उठता और राम नदी के किनारे उस सुहावनी सुबह को याद करने लगा, नंगे पैर वाली, घुँघराले बालों वाली और हवा को भी रोक देने वाली आवाज़ वाली शिक्षिका ने एक पत्ते को रोशनी में दिखाते हुए कहा, 'बच्चों, ध्यान से देखो। धरती की अपनी लिखावट है।'

वह मिसेज़ विलियम्स की कक्षा थी, जहाँ प्रकृति ने पहली बार बोलना शुरू किया और मैंने पहली बार सुनना सीखा।

6

सड़क किनारे का माली

यह जनवरी 1977 का अंतिम सप्ताह था। 26 जनवरी, मेरा ग्यारहवाँ जन्मदिन। मेरी नानी ने मेरे बपतिस्मा (प्रकृति-दीक्षा) की योजना तब बना ली थी जब मुझे इस शब्द का अर्थ भी नहीं पता था। पवित्र जल से किया जाने वाला बपतिस्मा नहीं, बल्कि मिट्टी और पौधों से। जब मैं स्कूल में गणतंत्र दिवस परेड से लौटा, तिरंगे पकड़े और राष्ट्रगान गुनगुनाते हुए, तो वह द्वार पर मेरी प्रतीक्षा कर रही थीं।

उन दिनों जन्मदिन बहुत ही सादे होते थे। न केक था, न गुब्बारे, न ही कान फाड़ने वाला संगीत। बस हलवा-पूरी की एक थाली, कुछ दोस्त और रसोई से आती नानी की मधुर गुनगुनाहट। उस दिन घर पर बनी कोल्ड कॉफ़ी और आलू के टुकड़े भी थे, जो हमारे लिए एक विशेष उपहार थे।

हमारे माली सुनील काका मुझे अपनी पुरानी साइकिल पर बिठाकर खड़की छावनी के बाहरी इलाके में स्थित एक छोटी नर्सरी में ले गए। नर्सरी में नम मिट्टी और गोबर की गंध आ रही थी। नर्सरी के मालिक ने हमारा गर्मजोशी से स्वागत किया। मराठी में कुछ ख़ुशनुमा बातचीत के बाद, जिसे मैं आधा-अधूरा समझ पाया, उन्होंने मुझे नौ पौधे दिए— दो पीपल, दो नीम, दो बरगद, दो जामुन और एक गूलर। मैंने उन्हें ऐसे पकड़ा जैसे वे कोई जीवित रहस्य हों।

हम रेंज हिल्स रोड पर स्थित अपने बंगले टी-23 पर वापस लौटे, जहाँ नानी एक सेनापति की तरह अपनी टुकड़ियों का निरीक्षण कर रही थीं। उन्होंने पहले ही हमारे पड़ोस में छह बंगलों तक फैले रोपण स्थलों को चिह्नित कर रखा था। उस शाम हम सड़क के किनारे टहल रहे थे, सूरज की रोशनी सुनहरी होती जा रही थी और बारिश से भीगी धूल की महक हवा में अभी भी फैली हुई थी। उन्होंने मुझे बताया कि कहाँ खोदना है, कितनी गहराई तक पौधा लगाना है और मिट्टी को कितना दबाना है। मैंने अपना पहला पेड़, एक बरगद का पेड़, बंगला नंबर टी-20 के सामने लगाया।

अड़तालीस साल बीत चुके हैं। वे नौ पौधे आज भी ऊँचे खड़े हैं, भव्य छत्र की तरह पक्षियों, गिलहरियों और यादों को आश्रय देते हैं। मैंने जो बरगद और पीपल के पेड़ लगाए थे, वे अब अपने-आप में पहचान बन चुके हैं। उनकी जड़ें समय की नसों की तरह सड़क को जकड़े हुए हैं। जब भी मैं वहाँ जाता हूँ, मैं उनके तनों को छूने के लिए रुक जाता हूँ। वही हाथ जो कभी उनकी जड़ों को मिट्टी में दबाते थे, अब उनकी परिपक्व खुरदरी छाल को छूते हैं। वही मेरा पहला अनुभव था। वही दिन था जब मैं सड़क किनारे का माली बना।

सड़क का किनारा एक और कक्षा बन गया। वहाँ न बेंच थीं, न ब्लैकबोर्ड, बस बसों की गूँज, ड्राइवरों की गालियाँ और धरती का शांत धैर्य। मेरी पढ़ाई 1977 में शुरू हुई, जिस साल एक लाल साइकिल मेरे जीवन में आई। वह एक स्पीडकिंग साइकिल थी, जो पुणे की धूप में हँसी की तरह चमक रही थी। पिता जी ने उसे कोहिनूर कैफ़े के सामने ब्रिटिश साइकिल कंपनी से ख़रीदा था, एक ऐसी दुकान जहाँ ग्रीस, तेल और पारसी उदारता की महक आती थी। मैं ग्यारह साल का था और उस साइकिल ने मुझे पंख दे दिए।

नानी ने मेरे लिए पुराने पर्दों से मोटे सूती थैले सिले और पानी के लिए पुराने तेल के डिब्बे साफ किए ताकि मैं हर बार दस लीटर पानी ले जा सकूँ। मैं कपड़े के थैलों को साइकिल के हैंडल से बाँधता, दीवारों, नालियों और मंदिर के प्रांगणों से बचाए गए छोटे पौधों से उन्हें भरता और रेंज हिल्स रोड पर निकल पड़ता। नन्हे पेड़ों को साथी की तरह लिए, सुनसान मिट्टी की तलाश में। उस उम्र में, शायद ही कोई माता-पिता अपने बच्चे को राजमार्गों पर अकेले साइकिल चलाने की अनुमति देते, लेकिन मेरे माता-पिता और दादा-नानी ने ऐसा किया। वह अलग समय था, सुरक्षित, धीमा, दयालु। सड़कों पर रिक्शा और साइकिलों का राज था, गति का नहीं। तब मुझे पता नहीं था, लेकिन मैं पहले से ही अपने जीवन के उद्देश्य की तलाश में था, एक योजना के रूप में नहीं, बल्कि एक सहज प्रवृत्ति के रूप में।

ज़ाहिर है, पैसे बहुत कम थे। मेरी जेब ख़र्च सुबह की ओस की तरह गायब हो जाती थी। नानी ज्ञान देती थीं और कभी-कभार दस रुपए का नोट

भी। माँ अपनी पुरानी साड़ियाँ देती थीं, जिन्हें हम फाड़कर पौधों को बाँधने के लिए इस्तेमाल करते थे। जब वह भी ख़त्म हो गया, तब मुझे धरती की सबसे पुरानी मुद्रा का पता चला : सद्भावना।

अजनबियों ने कुदालें दीं, बागवानों ने खाद दी, दुकानदारों ने फेंकी हुई बोतलों में पानी दिया। एक बार किसी ने मुझे आम का एक टुकड़ा देते हुए कहा, 'आपके पेड़ के लिए भी।' मुझे एहसास हुआ कि जब उदारता को उद्देश्यपूर्ण तरीके से सींचा जाता है, तो वह घास से भी तेज़ी से बढ़ती है।

मैंने ज़्यादातर पौधों को मंदिरों, अखाड़ों और धर्मशालाओं के पास लगाया, ऐसी जगहें जहाँ श्रद्धा और सम्मान के कारण पौधे जीवित रहते थे। पहले तो पुजारियों ने आपत्ति जताई : 'बेटा, पीपल का पेड़ बहुत बड़ा हो जाता है!' लेकिन जब उन्होंने मेरी लगन देखी, तो वे मान गए। एक पुजारी ने कहा, 'ठीक है, मैं पानी दे दूँगा।' बस इतना ही बहुत था।

कई वर्ष बाद, वे पौधे ऊँचे खड़े हो गए और हर एक के नीचे एक छोटा-सा मानवीय समुदाय बस गया। चाय की दुकानें, रिक्शा चालक, भिखारी, प्रेमी जोड़े, उपदेशक, सभी को वहाँ छाया मिलती थी। तब मुझे समझ आया कि एक पेड़ कभी अकेला नहीं उगता। वह पूरी सभ्यता को अपनी ओर खींच लेता है।

नुकसान भी हुआ॥ बकरियाँ कुतरती रहीं, बच्चे बिछड़ गए, तूफ़ान सब कुछ बहा ले गए। हर मौत दर्द देती है। लेकिन नानी ने मुझे अपने चिरपरिचित नुस्ख़े से दिलासा दिया : 'अगर एक मर जाए, तो दो लगाओ। गिनती तो भगवान पर छोड़ दो।' वे सही थीं। मैंने शोक त्यागकर और पौधे लगाने शुरू कर दिए।

मेरी लाल स्पीडकिंग साइकिल मेरी आज़ादी का आधार बन गई थी। घुटनों पर कीचड़, स्कूल बैग में पत्ते और हाथों में गीली मिट्टी की महक, यही मेरे बचपन की पहचान थी। पिता जी को शिकायतें मिलती थीं : 'तुम्हारा

बेटा फिर से छावनी खोद रहा है!' लेकिन वे बस आह भरते और मुस्कुराते। वे कहते, 'कुछ बीमारियों का कोई इलाज नहीं होता।'

खेतों में काम करना कभी भी आकर्षक नहीं था। यह पसीने से लथपथ, कीचड़ भरा, मच्छरों से भरा और दिल टूटने की आशंकाओं से भरा होता था। कभी-कभी तालियों की गड़गड़ाहट के अलावा और कुछ नहीं होता था। लेकिन हँसी-मज़ाक से भरपूर होता था। एक बार एक बकरी मेरा नापने वाला टेप लेकर भाग गई। एक बार एक पुलिसवाले ने पूछा, 'क्या आपके पास इसके लिए अनुमति है?' मैंने कहा, 'सर, मैं सरकार को हरियाली बढ़ाने में मदद कर रहा हूँ।' वह घूरने लगा, फिर बुदबुदाया, 'अगली बार अपना नर्सरी लाइसेंस साथ लेकर आना।' मैंने सिर हिलाया, मानो ऐसा कोई लाइसेंस होता ही न हो।

धीरे-धीरे, सड़क किनारे बागवानी करने का मेरा मिशन अपने-आप ही गति पकड़ने लगा। महिलाएँ अपने पर्स में पौधे लेकर चलने लगीं; दुकानदार पानी के बर्तन रखने लगे; स्कूली बच्चे पेड़ों की देखभाल करने के लिए आगे आए। साइकिल या स्कूटर पर दस पौधे लिए दो लोगों का दिखना आम बात हो गई। हम ख़ुद को 'सड़क किनारे का माली' कहने लगे।

मेरी डायरियाँ ही मेरी दिशा बताने वाली बन गईं। तारीख़, प्रजाति, मौसम, टिप्पणियाँ। सूखी पत्तियाँ, मिट्टी के नमूने, यहाँ तक कि आने वाली चींटियों पर भी नोट्स। नानी कहती थीं, 'ऐसे लिखो जैसे मिट्टी पढ़ रही हो।' वे पन्ने मेरी डिग्रियाँ बन गए, जो मैंने मिट्टी से हासिल की थीं, संगमरमर से नहीं।

भोर होते ही, जब मैं चाय की चुस्की ले रहा था, हवा में नानी की आवाज़ सुनाई दी : 'खिड़कियाँ खुली रखना; विचारों को हवा चाहिए।' और तब मुझे एहसास हुआ कि खिड़कियाँ भी कक्षाएँ होती हैं। वे नज़रिया और धैर्य सिखाती हैं। मुझे हमेशा से खिड़की वाली सीट चाहिए थी, ट्रेन में, बस में और ख़ुद ज़िंदगी में भी। बाहर की दुनिया हमेशा से मेरी शिक्षक रही है।

लोग अकसर मुझसे कहते हैं, 'तुम्हें गर्व होना चाहिए, लाखों पेड़, हज़ारों स्वयंसेवक।' लेकिन गर्व नाज़ुक होता है। मैं कृतज्ञता को प्राथमिकता देता हूँ; इसकी जड़ें कहीं अधिक मज़बूत होती हैं। मेरी असली ख़ुशी इस बात में है कि कहीं कोई अजनबी उस पेड़ के नीचे आराम कर रहा है जिसे मैंने कभी लगाया था। वह मेरा नाम नहीं जानता; मुझे उसका नाम जानने की ज़रूरत नहीं है। छाँव साझा की जाती है। लोकतंत्र चुपचाप हासिल हो गया। नानी ने मुझे सिखाया कि बागवानी एक पेशा नहीं है; यह एक दर्शन है। पौधा लगाना कल में विश्वास करना है। पानी देना निरंतरता में आस्था का इज़हार करना है। खाद बनाना क्षय के साथ सामंजस्य स्थापित करना है।

और इसलिए, मैं आगे बढ़ता रहता हूँ, उम्रदराज और धीमा, लेकिन दिल से अभी भी एक सड़क किनारे का माली। मैं अब पौधों की गिनती नहीं करता; मैं सुबहों की गिनती करता हूँ। हर भोर एक नया पौधा लगाने का अवसर है। मुझे अब भी विश्वास है कि धरती सुनती है, धूल याद रखती है और भूतों को भी छाया की ज़रूरत होती है।

जब मैं मर जाऊँ, तो मुझे आशा है कि कोई सड़क किनारे की उपेक्षित जगह ढूँढ़े और चुपचाप, बिना नाम बताए, एक पौधा लगा दे। न कोई पट्टिका, न कोई नाम। पेड़ को पता होगा। वह बढ़ेगा, छाया देगा, पक्षियों और आत्माओं को आश्रय देगा। और उस शांत उदारता में, मैं जीवित रहूँगा।

7

एक विचार के बीज - गिव मी ट्रीज़

हालात अच्छे दिख रहे थे और फसल काटने का समय आ गया था। पौधों को देखकर मेरा आत्मविश्वास बढ़ रहा था। मेरी नानी मेरे साथ थीं। माता-पिता मेरा साथ देने के लिए तैयार थे। मेरा स्कूल मेरा हौसला बढ़ा रहा था। पूरा पड़ोस ख़ुशी से झूम रहा था और यहाँ तक कि नर्सरी मालिक भी मेरे उत्साह से ख़ुश थे। मुझे बस एक ऐसे मिशन की ज़रूरत थी जो मुझे दिशा और गति प्रदान करे।

मिसेज़ विलियम्स ने मुझे यह उपहार हमारी नई पोस्टिंग से पहले दिया था। मेरे पिता जी ने पुणे के सशस्त्र बल चिकित्सा महाविद्यालय से बाल रोग में डॉक्टरेट की उपाधि प्राप्त की थी। उन्हें पदोन्नति मिली और उनका तबादला जालंधर में हो गया। मेरे जाने से पहले, मिसेज़ विलियम्स ने हमें एक अनमोल उपहार दिया, जब उन्होंने हमारी कक्षा के लिए एक पर्यावरण क्लब बनाया और उसका नाम 'मुझे पेड़ दो' रखा।

यह विचार सरल था : पौधे उगाना, उन्हें लगाना, उनकी देखभाल करना, अपने घरों को हरा-भरा बनाना और यहाँ तक कि होमवर्क के रूप में सब्ज़ियाँ उगाना। मुझे यह तुरंत पसंद आ गया। मैं अपने सहपाठियों से बहुत आगे था और मिसेज़ विलियम्स यह जानती थीं।

जब पिता जी का स्थानांतरण जालंधर सैन्य अस्पताल में हुआ, तो हम सब उनके पीछे-पीछे चले गए। मैं, नानी और हमारे छोटे से घर का सारा सामान। मैं अपने साथ यह विचार लेकर गया था कि मुझे पेड़ दो। वह मेरे साथ एक पवित्र बीज की तरह था। मिसेज़ विलियम्स कहीं और चली गईं, मेरे दोस्त अपनी पढ़ाई में मग्न हो गए, लेकिन 'गिव मी ट्रीज़' मरा नहीं था, यह मेरे भीतर जीवित था। मैंने इसी नाम से पेड़ लगाने शुरू किए। लोगों को यह समझाना आसान था कि मैं क्या कर रहा हूँ और मुझे उनके समर्थन की आवश्यकता क्यों है। नाम ही सब कुछ कह देता था : गिव मी ट्रीज़ (जीएमटी)।

और फिर 'गिव मी ट्रीज़' ने कभी पीछे मुड़कर नहीं देखा। जैसे-जैसे मेरी लंबाई बढ़ती गई, वैसे-वैसे मेरे पौधे भी बढ़ते गए। जब मैं किशोरावस्था में पहुँचा, तो जीएमटी फला-फूला, और पेड़ भी। आज भी उस विचार का आशीर्वाद हमारे साथ है, और मुझे यकीन है कि मिसेज़ विलियम्स स्वर्ग से मुस्कुरा रही होंगी।

जल्द ही पीपल और नीम के पौधों का रोपण जीएमटी के अंतर्गत आ गया। हमने पोस्टर बनाए, छोटे-छोटे पर्चे तैयार किए और सरल संदेश वाले पैम्फलेट छापे जिनमें लोगों से पक्षियों के लिए छाया और आवास बनाने के हमारे मिशन में शामिल होने का आग्रह किया गया था।

'गिव मी ट्रीज़' ने मुझे बहुत कुछ सिखाया है। इसने मुझे दिखाया कि हर यात्रा का एक बाहरी मार्ग और एक आंतरिक मार्ग होता है। सड़क के किनारे, छतों पर और छोटे-छोटे पेड़ मेरी बाहरी यात्रा का हिस्सा थे; लेकिन धीरे-धीरे, लोगों, किताबों और मौन के बीच से गुज़रते हुए, मैंने आंतरिक यात्रा पर चलना शुरू किया।

मैंने सीखा कि शिकारी जीव जंगल के रक्षक होते हैं। उनके बिना पारिस्थितिकी तंत्र नष्ट हो जाता है। जो मानवीय तर्क के लिए क्रूर प्रतीत

होता है, वह प्रकृति के नियमों में पवित्र संतुलन है। इस बात को समझने से मेरे काम करने का तरीका बदल गया।

मैंने यह भी सीखा कि समय मिलने पर जंगल स्वयं ही ठीक हो जाते हैं। तीन साल तक किसी क्षेत्र को चराई से बचाने के लिए बाड़ लगाने से वहाँ अद्भुत हरियाली फिर से उग सकती है। धैर्य ही पुनर्जीवन का असली बीज है। इमारतें सदियों तक टिक सकती हैं, लेकिन जंगल शाश्वत हैं। वे हमसे लाखों साल पहले यहाँ थे और हमारे जाने के बाद भी बने रहेंगे।

'मुझे पेड़ दो' (गिव मी ट्रीज़) यह महज़ एक संगठन नहीं है, बल्कि आस्था, आंदोलन और सादगी से जन्मा एक दर्शन है। इसने मुझे सिखाया कि एक पौधा, एक विचार की तरह, प्रतिदिन पोषण मिलने पर ही सबसे अच्छी तरह बढ़ता है। हर पौधा लगाना एक प्रार्थना है। हर छाया एक लौटाया गया आशीर्वाद है। 'जो छोटे-छोटे दान के रूप में शुरू हुआ था, वह लोगों और पेड़ों के बीच भरोसे की एक व्यापक कहानी बन गया।'

लाल साइकिल से लेकर स्कूटर, काइनेटिक, एक्टिवा, रॉयल एनफील्ड क्लासिक और बाद में मेटियोर तक, मैंने दो पहियों पर ही अपना जीवन व्यतीत किया है। इन्होंने मुझे, मेरे औज़ारों, पौधों, पानी के डिब्बों, खाद और यादों को पूरे भारत में ढोया है।

स्कूटर मेरे शांत साथी थे। उन्हें कम रख-रखाव की आवश्यकता होती थी और उन्होंने मुझे ग्रामीण इलाकों में घूमने की आज़ादी दी। सड़कें मेरे बगीचे बन गईं। एक पेड़ यहाँ, एक पेड़ वहाँ, भारतीय सड़कें एक कैनवास की तरह हैं जो हरियाली से भर जाने का इंतज़ार कर रही हैं।

सुबह का समय सबसे अच्छा होता था। मैं एक शाम गड्ढे खोदता, अगली सुबह पौधे लगाता। वह नियमित दिनचर्या मेरी ध्यान साधना बन गई। ज़मीन को छाया देना और पक्षियों के लिए आवास बनाना, यही मेरा उद्देश्य था। हमें ऐसे शब्द नहीं पता थे। वहनीयता या लचीलापन उस समय की बात है। हम बस इतना जानते थे कि पेड़ दुनिया को और अधिक दयालु बनाते हैं।

8

मिट्टी के मायने

नानी कहा करती थीं, 'धरती रोती है और धरती ही पोषण देती है।' बचपन में मुझे यह एक पहेली लगती थी। बाद में, बंजर और बंजर मिट्टी पर काम करते हुए, मुझे समझ आया। सब कुछ मिट्टी से शुरू होता है और मिट्टी पर ही ख़त्म होता है। वास्तव में, मिट्टी ही एकमात्र ऐसी चीज़ है जिसे समझना आवश्यक है। खेती, कृषि, पौधारोपण, सामाजिक वानिकी, प्रकृति संरक्षण, घास के मैदान, आर्द्रभूमि, आप जो भी अध्ययन करना चाहें, आपको पहले मिट्टी का अध्ययन करना होगा। इसीलिए कहते हैं, 'मिट्टी से मिट्टी'। मिट्टी ही हर चीज़ की आत्मा है। यह सब कुछ अपने भीतर समेटे हुए है—आँसू, राख, हँसी और दुःख। यह ग्रह की स्मृति, उसका रसायन, उसकी कविता, उसका भाग्य अपने भीतर समेटे हुए है। हर सभ्यता जिसने अपनी मिट्टी का सम्मान किया, वह समृद्ध हुई; जिसने इसकी उपेक्षा की, वह नष्ट हो गई। सिंधु घाटी सभ्यता, मेसोपोटामिया, माया सभ्यता, सभी उपजाऊ बाढ़ के मैदानों पर पनपीं और तब नष्ट हो गईं जब उनकी मिट्टी धूल में बदल गई। आज भी, हमारा भविष्य उपग्रहों पर नहीं, बल्कि मिट्टी के नमूनों पर निर्भर करता है।

फिर भी, मिट्टी हमेशा से ही सृष्टि का सबसे गलत समझा जाने वाला हिस्सा रही है। लोग इस पर चलते हैं, इस पर इमारतें बनाते हैं, इसमें अपने

मृतकों को दफ़नाते हैं, लेकिन शायद ही कभी वे रुककर इसे छूते हैं, इसकी आवाज़ सुनते हैं।

जब मैं छोटा था, तो मैं किसी मिशन पर निकले सैनिक की तरह पौधे लगाता था। मैं गिनती करता था। मिट्टी की सेहत से ज़्यादा पौधों के जीवित रहने की दर मायने रखती थी। मैं जल्दी से हरियाली देखना चाहता था। लेकिन मिट्टी, एक पुराने शिक्षक की तरह, धैर्य से काम लेने लगी। धरती पर जल्दबाज़ी नहीं करनी चाहिए। अगर तुम चाहते हो कि वह खिले, तो पहले उसे पोषण देना होगा।

इसलिए मैंने मिट्टी के साथ काम करने का विज्ञान और कला सीखी, मेरी नानी मेरी पहली मृदा प्रशिक्षक बनीं। मैंने मिट्टी को उसी तरह पोषण देना शुरू किया जैसे एक माँ अपने बच्चे को खिलाती है, धैर्यपूर्वक, प्यार से। मैंने मल्चिंग करना सीखा, छोटे पेड़ों के आधार के चारों ओर सूखी पत्तियाँ फैलाकर नमी को संरक्षित करना और जड़ों को ठंडा रखना सीखा। मैंने गाय के गोबर में गुड़ मिलाकर जीवामृत बनाया। यह सूक्ष्मजीवों का जीवनदायी टॉनिक होता है। मैंने अम्लता को संतुलित करने के लिए लकड़ी की राख छिड़की, जीवाणु संतुलन बहाल करने के लिए कम्पोस्ट चाय डाली और यहाँ तक कि रसोई के कचरे को भी उपयोगी वस्तु में बदल दिया। धीरे-धीरे मिट्टी में बदलाव आया। दरारें नरम हो गईं। केंचुए वापस आ गए। बारिश का पानी बहने के बजाय मिट्टी में समा गया। मैंने मिट्टी को ठीक करना सीखा। और ऐसा करते हुए मैंने एक महत्त्वपूर्ण बात समझी– क्षय मृत्यु नहीं है; यह तो पुनर्जन्म का ही एक छिपा हुआ रूप है।

जब कोई पेड़ अपने पत्ते गिराता है, तो वह उन्हें खो नहीं रहा होता, बल्कि अपनी जड़ों को पोषण दे रहा होता है। जब कोई जानवर मरता है, तो उसका शरीर लाखों सूक्ष्मजीवों के लिए भोजन बन जाता है जो जीवन चक्र को चलाते रहते हैं। मृत्यु मिट्टी का बस एक संदेश है, 'चिंता मत करो, मैं इसका ध्यान रखूँगी।'

इसीलिए कुछ सबसे भव्य पीपल के पेड़ श्मशान घाटों पर उगते हैं। उनकी जड़ें राख से पोषण पाती हैं; उनके पत्ते नए जीवन से जगमगाते हैं। मिट्टी भेदभाव नहीं करती, वह दुःख को सोख लेती है और उसे शक्ति में बदल देती है। क्षय की रासायनिक प्रक्रिया वास्तव में करुणा का विज्ञान है।

मृदा विज्ञान देखने में जटिल लग सकता है, लेकिन असल में यह शुद्ध कविता है। मिट्टी का रसायन ही जीवन का रसायन है। नाइट्रोजन, फ़ॉस्फ़ोरस और पोटेशियम, जो हर किसान के लिए पवित्र त्रिमूर्ति हैं, केवल पोषक तत्त्व नहीं हैं; वे सृष्टि के गीत में संगीत की धुन हैं।

नाइट्रोजन पत्तियों को हरा रंग देता है, फ़ॉस्फ़ोरस जड़ों और फूलों को ऊर्जा प्रदान करता है, पोटेशियम पौधे की रोग प्रतिरोधक क्षमता को बढ़ाता है। इनके चारों ओर कैल्शियम, मैग्नीशियम, सल्फ़र और जस्ता जैसे सूक्ष्म तत्त्व मौजूद हैं, जो तालवादकों की तरह चुपचाप अपना काम करते रहते हैं। कोई इन पर ध्यान नहीं देता, लेकिन हर किसी को इनकी आवश्यकता होती है।

फिर आता है कार्बन, एक मूक अभिलेखपाल। हर गिरा हुआ पत्ता, हर सूखी जड़, हर रेंगता और मरता हुआ कीड़ा, स्मृति के इस विशाल बहीखाते में एक पंक्ति बन जाता है। समय के साथ यह ह्यूमस में परिवर्तित हो जाता है, वह गहरा, सुगंधित चमत्कार जो मिट्टी को जीवित रखता है। विज्ञान इसे जैविक पदार्थ कहता है। मैं इसे क्षमा कहता हूँ।

मैंने किताबों से अधिक रसायन शास्त्र का ज्ञान पेड़ की छालों से प्राप्त किया। जब मैंने गोबर को सूखे पत्तों और रसोई के कचरे के साथ मिलाया और उस ढेर को गर्म होते, भाप छोड़ते और फिर ठंडा होते देखा, तो मुझे एहसास हुआ कि मैं रसायन शास्त्र को अपनी आँखों से देख रहा हूँ। खाद बनाना क्षय की कविता है, बीते कल के कचरे को आने वाले कल की उर्वरता में बदलने की प्रक्रिया है। जिस दिन मैंने अपने घर में बनी खाद के पहले

बैच की गंध सूँघी, उसी दिन मुझे पता चल गया कि सृष्टि की शुरुआत में उसकी गंध कैसी रही होगी।

मुझे पुनर्जीवित मिट्टी की सुगंध की लत लग गई। बंजर पड़ी ज़मीन के एक टुकड़े के पास घुटने टेककर उसे ह्यूमस से भरते देखना किसी भी पदक या उपाधि से बढ़कर है। एक बार पोषित, सिंचित और प्यार मिलने पर, मिट्टी बाकी का काम स्वयं कर लेती है। बीज जानते हैं कि उन्हें क्या करना है। पौधे अपनी लय पा लेते हैं। मिट्टी स्वयं ही अपने आप ठीक हो जाती है।

गहराई तक खोदने पर आपको न केवल जड़ें मिलेंगी, बल्कि रिश्ते भी मिलेंगे। हर पेड़ के नीचे एक सभ्यता छिपी होती है, कवक, जीवाणु, निमाटोड, प्रोटोज़ोआ, सभी जीवित, व्यापार करते और संवाद करते हुए। कवक तंतुओं का निर्माण करते हैं जिन्हें कहा जाता है — सहजीवी संबंध। जड़ों के बीच जुड़ी हुई नन्ही-नन्ही जीवन रेखाएँ, जो पोषक तत्त्वों को पाताल लोक के डाकिया की तरह पहुँचाती हैं। पेड़ इनके माध्यम से संदेश भेजते हैं, पड़ोसियों को सूखे की चेतावनी देते हैं और कमज़ोर जड़ों के साथ

शर्करा बाँटते हैं। विज्ञान इसे जड़ों का भूमिगत जाल कहता है। नानी इसे और भी जटिल नाम देतीं — प्राण, जीवन की लय।

एक चम्मच उपजाऊ मिट्टी में अरबों जीव रहते हैं। अदृश्य, लेकिन अपरिहार्य। जब हम रसायन डालते हैं, तो हम उनका संहार करते हैं। जब हम खाद बनाते हैं और कम्पोस्ट करते हैं, तो हम उन्हें अपने घर में आमंत्रित करते हैं। वे उर्वरता के मूक निर्माता हैं, हमारे जंगलों के सच्चे संरक्षक हैं।

जब मैंने उनकी दुनिया को समझा, तो मैंने अलग तरीके से पेड़ लगाने शुरू किए। मुझे एहसास हुआ कि मैं मात्र पेड़ नहीं उगा रहा था, बल्कि मिट्टी को ठीक कर रहा था और ऐसा करके मैं अपने भीतर भी कुछ बदलाव ला रहा था। मैंने मिट्टी को ज़्यादा छेड़ना बंद कर दिया। मैंने पत्तों को वहीं रहने दिया। मैंने पौधों को समूहों में लगाया ताकि जड़ें ज़मीन के नीचे आपस में जुड़ सकें। मेरे द्वारा किया गया हर सफल पौधारोपण उस अदृश्य समुदाय की सफलता है, न कि केवल मनुष्य के श्रम की। कम उम्र में इस बात को समझने से ही 'गिव मी ट्रीज़' का जन्म और अस्तित्व संभव हो पाया।

मैंने कई क्षतिग्रस्त, जली हुई, संकुचित, खुरची हुई और परित्यक्त भूमि पर काम किया है। हर भूमि की अपनी एक बीमारी थी। वे निर्जीव प्रतीत होती थीं, मानो धूल के रेगिस्तान हों। लेकिन मिट्टी कभी सचमुच मरती नहीं; वह केवल सोती है। आपको बस उसे धीरे से जगाना होता है।

मैं घंटों तक खाद से भरे बोरे और कुछ काँपते हुए पौधों को पीछे बाँधकर सवारी करता था। मैंने मिट्टी को देखकर और सूँघकर पहचानना सीख लिया था। अगर मिट्टी बेजान दिखती है, तो उसे कार्बन की ज़रूरत है। अगर उसमें खट्टी गंध आती है, तो उसे हवा की ज़रूरत है। अगर उसमें दरारें हैं, तो उसे खाद चाहिए। मिट्टी अपनी बनावट और रंगों में बोलती थी और मेरा काम उसे सुनना बन गया था। ज़मीन के हर टुकड़े का अपना स्वभाव होता है — रेतीली मिट्टी जो आसानी से मिट्टी छोड़ देती है; जिद्दी काली कपासी मिट्टी जो यादों की तरह चिपकी रहती है; लाल लेटराइट मिट्टी

जिससे जंग और लोहे की गंध निकलती है। मैं उन सभी को जान गया था। मैंने उनके साथ काम किया, उनसे बहस की और अंततः उनके स्वभाव से प्यार करना सीख लिया। मिट्टी धैर्यवान और चिकित्सक, दोनों होती है। इसने मुझे सिखाया कि हम धरती को आदेश नहीं दे सकते, हम केवल उसके साथ सहयोग कर सकते हैं; कि हर पौधा लगाना एक तरह से समर्पण भी है। एक बार मिट्टी ठीक हो जाती है, तो वह बाकी सब कुछ ठीक कर देती है, पानी, हवा, पौधे, यहाँ तक कि इंसान भी।

अगर हम मिट्टी को उपजाऊ बनाते हैं, तो हम जलवायु को उपजाऊ बनाते हैं। अगर हम धरती को पोषण देते हैं, तो हम ख़ुद को पोषण देते हैं। धरती को और अधिक विकासकर्ताओं की नहीं, बल्कि अपघटनकर्ताओं (सूक्ष्मजीवों) की ज़रूरत है। अंततः, मिट्टी केवल पदार्थ नहीं है। यह एक रूपक, एक दर्पण और एक माँ है। यह चुपचाप क्षमा करती है और हमारे लौटने की प्रतीक्षा करती है। जब हम मिट्टी के पास घुटने टेकते हैं, तो कुछ प्राचीन जाग्रत हो उठता है। बारिश के बाद नम मिट्टी की सुगंध, मिट्टी की पहली महक, केवल ख़ुशबू नहीं है यह लंबे समय तक नींद से जागने वाले सूक्ष्मजीवों की आवाज़ है, धरती की साँस है जो बहुत देर तक साँस रोके रखने के बाद बाहर निकलती है।

अब जब मैं गड्ढा खोदता हूँ, तो मुझे यह काम नहीं, बल्कि प्रार्थना लगता है। मेरे हाथ मिट्टी में जाते हैं और बदले में मिट्टी मुझमें समा जाती है। मिट्टी को समझना ही सब कुछ समझना है— पेड़, नदियाँ, ऋतुएँ और मानवीय भावना। और एक दिन, जब मैं भी इस मिट्टी का हिस्सा बन जाऊँगा, तो मुझे आशा है कि कोई वहाँ एक पौधा लगाएगा, ताकि यह संवाद जारी रहे।

9

खाद से चमत्कार

वर्षों से मैंने पृथ्वी को हर चीज़ को आत्मसात करते देखा है—पत्ते, यादें, गलतियाँ, यहाँ तक कि दुःख भी—और फिर इन सबको पोषण के रूप में लौटा देती है। मैंने जीवन को ही खाद बनाने की एक लंबी प्रक्रिया के रूप में देखना शुरू कर दिया है। जन्म के दिन से ही अपघटन शुरू हो जाता है, गिरावट के रूप में नहीं, बल्कि रूपांतरण के रूप में। शरीर, पृथ्वी की तरह, नवीनीकरण का एक जैव रासायनिक प्रयोग है।

जब मैं खाद के गड्ढे को खोदता हूँ, तो मैं केवल कचरे को ही नहीं पलट रहा होता; मैं समय को भी पलट रहा होता हूँ। जैसे ही जैविक पदार्थ सड़ना शुरू होता है, लाखों अदृश्य जीव जाग्रत हो उठते हैं : जीवाणु, एक्टीनोमाइसीट्स, कवक, प्रोटोज़ोआ, निमाटोड और केंचुए। परिवर्तन के इस रंगमंच में प्रत्येक की अपनी भूमिका होती है।

कार्बन से भरपूर पदार्थ जैसे सूखे पत्ते, लकड़ी का बुरादा, कागज़, नाइट्रोजन से भरपूर पदार्थों जैसे सब्ज़ियों के छिलके और घास खाद के साथ मिलते हैं। कार्बन ऊर्जा प्रदान करता है; नाइट्रोजन प्रोटीन प्रदान करता है। ऑक्सीजन और नमी मिलाने पर, क्रियाशील प्रक्रिया शुरू हो जाती है।

सूक्ष्मजीवों के पनपने से तापमान बढ़ता है, कभी-कभी 60 डिग्री सेल्सियस तक पहुँच जाता है, जिससे रोगजनक नष्ट हो जाते हैं और ह्यूमस में नए जीवन का निर्माण होता है।

खाद कहलाने वाला वह गहरा, भुरभुरा पदार्थ किसी चमत्कार से कम नहीं है। रासायनिक रूप से, यह एक स्थिर कोलाइडल कॉम्प्लेक्स है, जो कार्बन शृंखलाओं, कार्बनिक अम्लों और खनिजों का एक आणविक मोज़ेक है। यह मिट्टी के कणों को आपस में बाँधता है, सरंध्रता और पोषक तत्त्व अवशोषण क्षमता को बढ़ाता है, और नमी को स्मृति की तरह धारण करता है।

एक चम्मच उपजाऊ मिट्टी में पृथ्वी पर मौजूद मनुष्यों की संख्या से भी अधिक सूक्ष्मजीव समाहित हो सकते हैं। इसके पास घुटने टेकना, आँखों से अदृश्य एक संपूर्ण सभ्यता को स्पर्श करने के समान है।

जब मैंने पहली बार खाद बनाना सीखा, तो मुझे लगा कि यह सफाई का एक तरीका है। बाद में, मुझे एहसास हुआ कि यह प्रार्थना का एक तरीका है। खाद बनाना विनम्रता का विज्ञान है, सचमुच। धरणमूल शब्द है विनम्रता। प्रत्येक छिलका, पत्ता या मुरझाया हुआ फूल कार्बन बंधों में अपनी क्षमता को समेटे रहता है, जो पुनर्व्यवस्था की प्रतीक्षा कर रहे होते हैं। यह प्रक्रिया विशुद्ध रूप से रसायन विज्ञान पर आधारित है।

- C + O2 → CO_2 + ऊर्जा (अपघटन की ऊर्जा)
- प्रोटीन → अमीनो अम्ल → अमोनिया → नाइट्रेट (नाइट्रोजन चक्र का संक्षिप्त रूप)
- लिग्निन + सेलुलोज़ → सरल शर्करा → ह्यूमिक अम्ल (मिट्टी की रासायनिक प्रक्रिया का लंबा धैर्य)

ये महज़ प्रतिक्रियाएँ नहीं हैं; ये रहस्योद्घाटन हैं। धरती अपने भीतर वही करती है जो हमें अपने हृदय में करना सीखना चाहिए—कठोरता को तोड़ना, ऊर्जा को मुक्त करना और पुनः उपजाऊ बनना।

वर्षों से मैंने मिट्टी के स्वभाव को उसी तरह समझा है जैसे कोई अपने दोस्तों को परखता है। पुणे की लाल लेटराइट मिट्टी का मिज़ाज़ बदलता रहता है। यह मिट्टी लौह ऑक्साइड से भरपूर होती है, जल्दी पानी सोख लेती है। नीम व जामुन के लिए आदर्श है। वहीं गंगा के मैदानी इलाकों की जलोढ़ मिट्टी उपजाऊ, महीन बनावट वाली, गाद से भरपूर और जड़ों के लिए अनुकूल होती है।

जालंधर की काली कपास मिट्टी अपनी जगह पर मज़बूती से टिकी रहती है। मानसून में इसके चिकनी मिट्टी के कण फूल जाते हैं और गर्मियों में दरारें पड़ जाती हैं। हर मिट्टी की अपनी एक अलग पहचान और यादें होती हैं। मिट्टी, इंसानों की तरह, आपके व्यवहार के अनुसार प्रतिक्रिया देती है। सीमेंट या रसायनों के नीचे दबने पर यह नाराज़, कठोर या बेजान हो सकती है। लेकिन जैसे ही आप इसे ढीला करते हैं, खाद डालते हैं और इसे साँस लेने देते हैं, यह फिर से जीवंत हो उठती है।

नानी को सूक्ष्म जीव विज्ञान का एक शब्द भी नहीं पता था, फिर भी उन्हें यह सब सहज ज्ञान से समझ आ जाता था। वे अकसर कहती थीं, 'मिट्टी जीती है। जब मैं बचपन में उनके साथ गड्ढे खोदता था, तो वह धीरे-धीरे गोबर और पत्तों की परतें डालती थीं और कृतज्ञता के छोटे-छोटे लोक मंत्र बुदबुदाती थीं। वह अनजाने में ही मुझे कार्बन-नाइट्रोजन अनुपात, लगभग 30:1, यानी अपघटन के सुनहरे संतुलन का पाठ पढ़ा रही थीं।

नाइट्रोजन की मात्रा अधिक होने पर ढेर से बदबू आती है; कार्बन की मात्रा अधिक होने पर वह मुरझा जाता है। जीवन में भी मैंने पाया है कि संतुलन ही सर्वोपरि है : उत्साह और धैर्य का मेल होना चाहिए, कर्म और विश्राम का मेल होना चाहिए।

- खाद असल में ज्ञान का सार है। इसके लाभ काल्पनिक नहीं बल्कि वैज्ञानिक रूप से सिद्ध हैं।

- यह मिट्टी की संरचना में सुधार करती है, जिससे ऐसे समुच्चय बनते हैं जो हवा और पानी को स्वतंत्र रूप से प्रवाहित होने देते हैं।
- यह पीएच को संतुलित करती है, जिससे अम्लीय मिट्टी मीठी और क्षारीय मिट्टी नरम हो जाती है।
- खाद पोषक तत्त्वों को धीरे-धीरे छोड़ती है, जिससे यह सुनिश्चित होता है कि पौधे एक साथ बहुत अधिक मात्रा में ग्रहण करने के बजाय धीरे-धीरे पोषक तत्त्व ग्रहण करें।
- यह सूक्ष्मजीवों की विविधता को बढ़ाती है, जो हमारे पैरों के नीचे छिपी अदृश्य लोकतांत्रिक व्यवस्था है।

यह कार्बन को अवशोषित करती है, जिससे जलवायु संबंधी अपराधबोध धरती की उर्वरता में परिवर्तित हो जाता है।

मैंने जितने भी गड्ढे खोदे हैं, उनमें न केवल कचरे को धन में बदलते देखा है, बल्कि अहंकार को सहानुभूति में बदलते भी देखा है। क्षय को देखने से मुझे कक्षा में मिलने वाली शिक्षा से कहीं अधिक ज्ञान प्राप्त हुआ। मैंने यह समझना शुरू किया कि प्रकृति अपनी अर्थव्यवस्था को कितनी कुशलता से संचालित करती है। कुछ भी व्यर्थ नहीं जाता, सब कुछ रूपांतरित हो जाता है। यहाँ तक कि एक गिरा हुआ पत्ता भी अस्तित्व के हिसाब-किताब को संतुलित करने वाले एक लेखाकार की तरह है। हर बार जब मैं खाद को अपनी उँगलियों के बीच मसलता हूँ, तो मुझे प्रकाश संश्लेषण की प्रक्रिया उल्टी दिशा में चलती हुई महसूस होती है, जीवन का अपने स्रोत की ओर लौटता हुआ एक उल्टा गीत।

वैज्ञानिक धनायन विनिमय क्षमता (सीईसी) और ह्यूमिक पदार्थों, एनपीके अनुपात और सूक्ष्मजीवों की श्वसन दर की बात करते हैं। मैं कृतज्ञता, समर्पण और धैर्य की बात करता हूँ। लेकिन सच तो यह है कि हम एक ही बात कह रहे हैं। मृदा विज्ञान और आध्यात्मिकता भाषा के कारण

अलग हुए जुड़वाँ हैं। दोनों ही सिखाते हैं कि परिवर्तन अंधकार में, अदृश्य रूप से और समय के साथ होता है।

जब मैं पीपल के पेड़ की जड़ों में खाद डालता हूँ, तो मुझे ऐसा लगता है मानो मैं यादों को उनके रचयिता को लौटा रहा हूँ। मिट्टी उन्हें चुपचाप सोख लेती है, अन्य जीवों के अवशेषों के साथ मिला देती है, और कुछ ऐसा समृद्ध उत्पन्न करती है जो किसी एक जीव द्वारा अकेले नहीं बनाया जा सकता। यही पृथ्वी की रासायनिक प्रक्रिया का सार है, क्षय के माध्यम से सहयोग।

एक बार मैंने अपनी मेज़ के बगल में काँच के एक जार में थोड़ी-सी खाद रखी थी। उसकी हल्की और मिट्टी जैसी सुगंध मुझे याद दिलाती थी कि मेरी बनाई हर चीज़ एक दिन नष्ट हो जाएगी, और यह असफलता नहीं, बल्कि पूर्णता है। हम सब एक विशाल चयापचय प्रणाली का हिस्सा हैं। हमारे विचार, कर्म और यहाँ तक कि हमारी कहानियाँ भी विकास की प्रक्रिया में पोषक तत्त्व हैं।

इसलिए जब मैं किसी ठंडी सुबह में हल्की भाप छोड़ते हुए पुराने खाद के ढेर को देखता हूँ, तो मुझे अब उसमें कचरा नहीं दिखता। मुझे उसमें बुद्धिमत्ता का कार्य दिखाई देता है, प्राचीन, सटीक और दयालु। मुझे वही प्रक्रिया अपनी रगों में, अपनी हड्डियों में, अपनी समझ के धीरे-धीरे परिपक्व होने में भी दिखाई देती है।

मैंने सीखा है कि जीना, धीरे-धीरे, परत-दर-परत, गलती-दर-गलती, ख़ुशी-दर-ख़ुशी, खाद बनने जैसा है। और जब अंत में मेरा शरीर सड़ जाएगा, तो मुझे उम्मीद है कि मेरा शरीर उसी मिट्टी को सींचेगा जिसने कभी मेरे पेड़ों को सींचा था। शायद, उस अंधेरी गोद से एक नया पौधा उगेगा। उसकी पत्तियाँ हवा में झिलमिलाएँगी, उस इंसान की यादों को संजोएँगी जिसने यह सीखा कि क्षय ही धरती का यह कहने का तरीका है, 'फिर से उगो।'

10

ज्ञान की नदियाँ

मैं अगर कुंभ एक भव्य आयोजन था, तो छोटी नदियाँ और गाँव के तालाब किसी धारावाहिक की तरह थे, कम नाटकीय नहीं, बस दर्शक कम होते थे।

हर मोहल्ले का अपना एक जलस्रोत होता था, और हमारा तालाब नीम व कीकर के पेड़ों से घिरा हुआ था, जहाँ तितलियाँ पंख फड़फड़ाती रहती थीं। भैंस उसे अपना निजी विश्राम स्थल मानती थीं, उथले पानी में आँखें आधी बंद करके खड़ी रहती थीं, और उनकी पूँछ किसी आलस्यपूर्ण लय की तरह हिलती रहती थीं।

बच्चे, ज़ाहिर है, उनकी चिकनी काली पीठों पर चढ़ गए और तब तक खिलखिलाते रहे जब तक भैंस गहरे पानी में नहीं डूब गई, जिससे हम कीचड़ भरे पानी में फँसते रह गए जबकि बड़े-बुज़ुर्ग चेतावनी देते रहे, जिसे हमने कभी नहीं माना। नानी किनारे पर बैठी रहीं, बेपरवाह, बुदबुदाती रहीं, 'ये भैंसें उन आधे साधुओं से बेहतर ध्यान करती हैं जिनसे तुम मिलोगे।'

मानसून में, छोटे-छोटे नाले अचानक कहीं से निकल आते थे, खेतों के बीच से अस्थायी नदियाँ बनाते हुए। हम अपनी स्कूल की नोटबुक से कागज़ की नावें बनाते थे और उनमें अधूरे गणित के सवाल तथा शिक्षकों की डाँट-फटकार भर कर पानी में बहा देते थे। जब कोई नाव पलट जाती या घास-फूस में फँस जाती तो दौड़ आँसुओं में ख़त्म होती थी। लेकिन जब कोई नाव जीत के साथ आगे बढ़ती थी, तो ख़ुशी से झूम उठते, क्योंकि हमारे सपने इतने छोटे थे कि हम उन्हें नाम भी नहीं दे सकते थे।

मुझे याद है, मैं एक नाव का पीछा करते-करते इतनी दूर नदी में चला गया कि कीचड़ में मेरी चप्पलें खो गईं और मैं पैरों में चोट के निशान लेकर घर लौटा। नानी ने मेरी दयनीय हालत देखकर मुझे डाँटा नहीं। उन्होंने बस इतना कहा, 'बेटा, नदी ने तुम्हें आज़ादी दी और तुम्हारी चप्पलें कर के रूप में ले लीं।'

जैसे-जैसे मैं बड़ा होता गया, मेरी दुनिया तालाबों और नालों से आगे बढ़कर उन नदियों तक फैल गई जिनके नामों ने सभ्यताओं को आकार दिया। गंगा, यमुना, घाघरा, गंडक, सोन, चंबल और बेतवा, ये सभी गंगा नदी बेसिन नामक एक विशाल, जीवंत जलसंधि का हिस्सा हैं। ग्यारह राज्यों

में फैला यह बेसिन भारत के लिए भूगोल का एक जीवंत पाठ है, जो देश की एक-चौथाई से अधिक भूमि को सींचता है और लगभग आधी आबादी का जीवनयापन करता है।

यहाँ नदियाँ नक्शे पर खींची गई रेखाएँ मात्र नहीं हैं; वे जीवन की जीवनरेखा हैं। वे खेतों की सिंचाई करती हैं, जलभंडारों को भरती हैं, गाद को बहाकर ले जाती हैं, मछलियों का घर बनती हैं और साम्राज्यों से भी पुरानी कहानियों को अपने साथ लिए फिरती हैं। विज्ञान इसे जलसंभर कहता है; हमारे पूर्वज़ इसे तीर्थयात्रा कहते थे।

नानी इसे यही कहती— 'गंगा की लीला'। उनके लिए गंगा की हर सहायक नदी उसकी संतान है, हर एक की अपनी अलग मनोदशा और उद्देश्य। वे कहती थीं, 'यमुना संत की तरह शांत है। घाघरा बच्चे की तरह चंचल है और सोन राजा की तरह नखरे वाली।' उनकी कहानियाँ भूगोल से ज़्यादा जल के व्यक्तित्व का अध्ययन थीं।

बाद में जब मैंने नदी पारिस्थितिकी का अध्ययन किया, तो मुझे एहसास हुआ कि वे सही थीं। सचमुच हर नदी का अपना स्वभाव होता है, उसका पीएच, खनिज तत्त्व, मैलापन और प्रवाह पैटर्न अलग-अलग पारिस्थितिक तंत्र तथा स्वभाव बनाते हैं। विज्ञान ने अंततः नानी की लोककथाओं को सही साबित कर दिया।

विश्वविद्यालयों में दाखिला मिलने से बहुत पहले ही नदी के किनारे टहलना मेरी शिक्षा बन गया था। मैंने सीखा कि मिट्टी के प्रकार के अनुसार पानी का रंग कैसे बदलता है– लैटेराइट में लाल, बेसॉल्ट में काला और जलोढ़ में हल्का सुनहरा। मैंने देखा कि जहाँ गाद उपजाऊ होती है वहाँ सरकंडे झुंड में उगते हैं। कीटनाशक नदी में मिलने पर ड्रैगनफ़्लाई गायब हो जाती हैं और बारिश से पहले मेंढक गाते हैं क्योंकि वे आसमान में बूँदों के बनने का आभास कर लेते हैं। ये सबक मुझे बिना कक्षाओं या डिग्रियों के मिले। नदियाँ ही मेरे प्रोफेसर थीं; किनारे उनके ब्लैकबोर्ड थे।

जहाँ कहीं भी नदी बहती थी, वहाँ पीपल का पेड़ अवश्य होता था। कभी उसके नीचे मंदिर होता था, तो कभी सिंदूर से रंगा एक पत्थर ही पर्याप्त देवता का काम कर देता था। समय और काई से लगभग क्षीण हो चुके ये छोटे-छोटे मंदिर निरंतरता, छाया और समर्पण का मौन उपदेश देते थे।

उन पीपल के पेड़ों के नीचे मैंने बूढ़े लोगों को श्लोक पढ़ते, धोबिनों को गपशप करते, संतों को ध्यान करते और बच्चों को मौज-मस्ती करते देखा। पारिस्थितिकी, अर्थव्यवस्था और आस्था, तीनों एक ही छत्र के नीचे मिल रहे थे। यही भारत का वास्तविक खुला विश्वविद्यालय था।

जब मैं इलाहाबाद के घाटों पर टहल रहा था, तो मैंने अकसर देखा कि नदियाँ न केवल भूगोल बल्कि संस्कृति को भी परिभाषित करती हैं। यह शहर स्वयं नदियों, धर्मों और वास्तविकताओं का संगम है। संगम, जहाँ

गंगा और यमुना पौराणिक सरस्वती से मिलती हैं, सह-अस्तित्व का एक उत्कृष्ट उदाहरण है। हर सुबह, पुजारी धोबियों के साथ अनुष्ठान करते हैं, और मेरे जैसे छात्र चाय की चुस्की लेते हुए, विचारों में खोए हुए, उन्हें देखते रहते हैं। वहाँ गंगा थकी हुई लेकिन गरिमामयी प्रतीत होती है, मानो आस्था, परिश्रम और उदासीनता का भार एक साथ ढो रही हो।

बनारस में मैंने एक और सबक सीखा। वहाँ नदी की पूजा नहीं की जाती। अस्सी से दशाश्वमेध तक, हर घाट एक ही ग्रंथ का एक अध्याय है। घिसी हुई सीढ़ियों में इतिहास, मंत्रों में धर्मशास्त्र और कूड़े में समाजशास्त्र समाहित है। लोग स्नान करते हैं, प्रार्थना करते हैं, गाते हैं, रोते हैं और मरते हैं, सब कुछ बहते पानी के एक ही हिस्से में।

नदी किसी के साथ भेदभाव नहीं करती। वह राख और चढ़ावे को समान गरिमा के साथ बहा ले जाती है। सूर्योदय के समय घाटों पर खड़े होकर, मैंने स्वयं को छोटा और अनंत, दोनों महसूस किया, मानो धुंध की हर साँस में एक अदृश्य मंत्र समाया हो। प्रवाह में बहते रहो, भले ही दुनिया तुम्हारे लायक न हो।

नदियों का विज्ञान वास्तव में धैर्य का विज्ञान है। नदी बाधाओं का विरोध नहीं करती; वह उनसे बचकर निकलना सीखती है। यह धरती में समा जाती है, कुओं को भर देती है, फसलों को पोषण देती है और गहरे भूमिगत जल भंडारों को भरती है। अकेले गंगा बेसिन ही चार करोड़ से अधिक लोगों का भरण-पोषण करता है, चमत्कारों से नहीं बल्कि प्रकृति की कुशल रचना से।

इसके बाढ़ के मैदान विशाल स्पंज की तरह पानी जमा करते हैं और सूखे महीनों में धीरे-धीरे छोड़ते हैं। इसकी तलछट हर साल मिट्टी की उर्वरता को बढ़ाती है। जब हम बिना दूरदर्शिता के इन मैदानों पर पक्की सड़कें बनाते हैं या सहायक नदियों पर बाँध बनाते हैं, तो हम उन प्राचीन चक्रों को तोड़ देते हैं जिन्हें पृथ्वी ने हज़ारों वर्षों में विकसित किया है।

फिर भी, हमारे हस्तक्षेपों के बावजूद, नदियाँ हमें विनम्रता का पाठ पढ़ाती रहती हैं। उत्तराखंड और हिमाचल प्रदेश में आई बाढ़ हमें याद दिलाती है कि जल अहंकार को माफ नहीं करता। यदि नदियों को रोका जाए तो वे अपना रास्ता फिर से बना लेती हैं। नानी कहा करती थीं, 'बेटा, कभी सूखी नदी के किनारे मत सोना। नदियाँ अपने घर का रास्ता याद रखती हैं।' बाद में विज्ञान ने इस बात की पुष्टि की कि बाढ़ के मैदान हमेशा बीते हुए जल प्रवाह के निशान छोड़ जाते हैं। उनके गाँव की यह समझ जल विज्ञान की भविष्यवाणी कर चुकी थी।

हर नदी का अपना एक पाठ्यक्रम होता है : भूगोल, भूविज्ञान, जीव विज्ञान और पौराणिक कथाएँ मिलकर जीवन रक्षा का एक संपूर्ण पाठ्यक्रम बनाती हैं। मानसून के दौरान नदी के तटबंधों के ढहने से आप मृदा अपरदन के बारे में जान सकते हैं। किंगफिशरों की उड़ान से वायुगतिकी सीख सकते हैं और भोर में जलधाराओं के बदलते रंगों से रसायन विज्ञान का अध्ययन कर सकते हैं। नदी की हर लहर एक पाठ्य-पुस्तक का पन्ना है जिसे आँखों से नहीं, बल्कि पैरों से पढ़ना होता है।

यमुना और गंगा के किनारे पौधारोपण करते हुए मुझे अकसर यह सवाल पूछा जाता है: यहाँ क्यों, जबकि मिट्टी खारी है, पानी गंदा है और किनारे उपेक्षित हैं? मेरा जवाब सीधा-सादा है। नदियों के किनारे पौधारोपण करना बागवानी नहीं है; यह पश्चाताप है।

हर पौधा एक क्षमा याचना है। पीपल और नीम, जामुन और बबूल, हर एक क्षमा की हरी-भरी प्रार्थना है। कई बाढ़ में बह गए; कई बच गए, गाद को आस्था की तरह थामे हुए। इलाहाबाद में, मैंने उसी पीपल के पेड़ को देखा जिसे मैंने लगाया था। दस साल बाद पानी की ओर झुका हुआ, उसकी जड़ें तटबंध को कृतज्ञता से गले लगा रही थीं। मेरे लिए, यही सच्ची अनुभूति थी। आरती नदी की।

नदियाँ हमारे मन का प्रतिबिंब भी होती हैं। जब वे स्वच्छ होती हैं, तो समाज समृद्ध होते हैं। जब वे प्रदूषित होती हैं, तो सभ्यताएँ पतन की ओर अग्रसर होती हैं। गंगा बेसिन ने कभी साम्राज्यों, कवियों और संतों का पोषण किया था। काशी में कबीर से लेकर घाटों पर तुलसीदास तक, बिहार में अशोक के शिलालेखों से लेकर बंगाल में टैगोर की कविताओं तक। सभी ने एक ही माँ की गोद से पानी पिया।

हमारी कला, कृषि और वास्तुकला सभी नदियों से पोषित थीं। यहाँ तक कि हमारे शास्त्रीय संगीत की लय भी नदियों के उतार-चढ़ाव को प्रतिध्वनित करती है। अति प्रवाह मानसून और शाम के साथ बदलते हुए, जैसे प्रकाश में धाराएँ मुड़ती हैं।

आज जब मैं दिल्ली के पास यमुना के किनारे टहलता हूँ, तो मुझे निरंतरता की वही धीमी आवाज़ सुनाई देती है। दुर्गंध और कचरे के नीचे भी जीवन अभी भी मौजूद है। जब हम किसी जगह की सफाई करते हैं तो मछलियाँ लौट आती हैं, जब पेड़ उगते हैं तो पक्षी उनका पीछा करते हैं। और बच्चे दौड़ते हुए आते हैं जब वे देखते हैं कि पानी इतना साफ है कि उसमें उनके चेहरे की परछाई दिखती है। वह परछाई केवल उनके चेहरे की नहीं, बल्कि संभावनाओं की है।

नदियों का विज्ञान जीवन जीने की कला से अलग नहीं है। प्रवाह को समझना क्षमा को समझना है। नदी किनारे पौधे लगाना यह विश्वास करना है कि गति और जड़ता एक साथ रह सकते हैं। यदि पीपल के पेड़ ने मुझे मौन सिखाया, तो नदी ने मुझे गीत सिखाया। इन दोनों के बीच ही मेरी सारी शिक्षा, नानी की कहानियाँ, जलविज्ञानीय सत्य, पारिस्थितिक सेवा और सांस्कृतिक जुड़ाव समाहित हैं।

अब जब मैं इसके बारे में सोचता हूँ, तो मुझे एहसास होता है: हम नदियों से नहीं, नदियों के साथ सीखते हैं। वे साथी हैं, शिक्षक नहीं; चिंतन हैं, उपदेश नहीं। और जैसे वे धरती पर बहती हैं, वैसे ही स्मृतियों में भी

बहती हैं। गंगा, यमुना, गाँव की अनाम धाराएँ, सभी सुनने वालों को एक ही सबक सिखाती रहती हैं : 'बहते रहो, भले ही कोई न देखे। बहते रहो, भले ही दुनिया भूल जाए।'

11

पक्षी और कीटों के लिए मौन क्रिया

कीड़ों और पक्षियों के भले के लिए जो अच्छा हो, वही करो। उनके लिए प्राकृतिक आवास बनाओ। गिलहरियों को भोजन और छोटे स्तनधारियों को आश्रय देने वाली वनस्पति उगाओ। वे सबसे बेहतर जानते हैं। उन्हें संतुलन की कला में निपुण होने के लिए लाखों वर्षों का समय मिला है। मनुष्य इस ग्रह पर नए हैं, अभी भी भटक रहे हैं, शोर मचा रहे हैं और ख़ुद को इसमें ढालने की कोशिश कर रहे हैं। हमने अभी तक प्राकृतिक दुनिया के साथ तालमेल बिठाना नहीं सीखा है। हमारा दिमाग़ हमारे दिल से तेज़ दौड़ता है, हमारी इच्छाएँ हमारी ज़रूरतों से ज़्यादा हावी हैं। हम अपने ही आविष्कारों, चिंताओं, लालसाओं और कृत्रिम रोशनी के जाल में फँसे हुए हैं।

नानी की सलाह, धरती के अधिकांश सत्यों की तरह, शब्दों में तो सरल थी, लेकिन अर्थ में व्यापक थी। उन्होंने मुझे कभी लोगों के साथ व्यवहार करने का उपदेश नहीं दिया। मुस्कुराते हुए वे कहतीं, 'यह तुम ख़ुद सीख जाओगे। लेकिन पहले पेड़ों और मिट्टी के साथ व्यवहार करना सीखो। उनके शिष्टाचार बहुत पुराने हैं।' उनके वाक्य मानसून की दोपहर की खामोशी लिए होते थे। वे कहतीं, 'पक्षियों और कीड़ों के लिए जो अच्छा हो, वही करो। मिट्टी पर ज़्यादा से ज़्यादा छाया बनाओ। पानी और छाया

बचाने के लिए हर संभव प्रयास करो।' ये निर्देश नहीं, बल्कि मंत्र थे। ये ऐसे मंत्र थे जो उनकी आवाज़ के स्मृति में विलीन हो जाने के बाद भी लंबे समय तक मेरे मन में बसे रहे।

जैसे-जैसे साल बीतते गए, मुझे समझ आया कि वे कितनी सही थीं। पक्षी ही पहले शिक्षक थे। वे किसी भी पाठ्यक्रम के बनने से पहले ही आ गए थे। उन्होंने नीतियों या बजट की मंज़ूरी का इंतज़ार नहीं किया। वे हर सुबह धैर्य से अपने घर बनाते थे, हवा की दिशा में टहनियों और घास को

ठीक से ढालना जानते थे। कीड़े-मकोड़े उनका अनुसरण करते थे, अपनी छोटी-छोटी हरकतों से जीवन के नियम फुसफुसाते थे। मिट्टी सुनती और प्रतिक्रिया देती थी।

लेकिन हम इंसानों ने सब कुछ उलझा दिया। हमने हवा को बाड़ से बाँध दिया, बीजों का पेटेंट करा लिया, पानी को प्रदूषित किया और इसे प्रगति का नाम दे दिया। धर्म ने जंगलों पर कब्ज़ा कर लिया और राजनीति ने नदियों पर अतिक्रमण कर लिया। देखते-ही-देखते जलवायु परिवर्तन पर हर बातचीत टेलीविज़न स्क्रीन पर एक चिल्लाहट भरी बहस में बदल गई। इस बीच, धरती चुपचाप घूमती रही और अपने शोर मचाने वाले मेहमानों को स्वामित्व के लिए लड़ते हुए देखती रही।

मैंने बहस करना बंद कर दिया। मैंने सीखा कि साँस का सबसे अच्छा उपयोग किसी पौधे से धूल झाड़ने में होता है, न कि मंचों पर बहस करने में। जब भी मैं किसी सूखी ज़मीन के सामने खड़ा होता, नानी की आवाज़ गूँज उठती। 'बाधाओं से बचकर निकलो,' वे फुसफुसाती थीं। 'नरम रहो। समझदारी से काम लो। टकराव में अपनी ताकत बर्बाद मत करो। इसका इस्तेमाल जड़ों को पानी देने में करो।'

इसलिए मैंने चुपचाप, धूप में, बारिश में, सूखे और निराशाओं के बीच काम करना सीखा। हमने सरकारों के कदम उठाने का इंतज़ार नहीं किया। हमने दोस्तों, स्वयंसेवकों, घुमंतू लोगों और विश्वासियों को इकट्ठा किया। हमने प्रयास के छोटे-छोटे घेरे बनाए, हर एक घेरा छायादार, हर एक आश्रय स्थल। धीरे-धीरे कीड़े-मकोड़े वापस आ गए, उनके साथ पक्षी भी, और उनके साथ वे छोटे स्तनधारी जीव भी जो सुरक्षा की प्रतीक्षा कर रहे थे। जब वे आए, तो मुझे पता चला कि हम कुछ सही कर रहे हैं।

यह व्यक्तिगत प्रयासों और शांत क्रांतियों का युग है। नेतृत्व अब लताओं की तरह नीचे से पनपता है, ऊपर से नहीं। आपको झंडे या नारों

की आवश्यकता नहीं है। आपको छाया, धैर्य और दृढ़ता की आवश्यकता है। मिट्टी जल्दी नहीं करती, फिर भी उसमें से सब कुछ उगता है।

नीतियों और राजनेताओं पर चर्चा करने का कोई लाभ नहीं। वे तो बस अस्थायी बागों के अस्थायी रखवाले हैं। असली बाग तो हमारे पैरों के नीचे है। जड़ें जानती हैं कि वास्तव में किसकी परवाह है।

जब लोग मुझसे पूछते हैं कि दशकों तक बागवानी करने से मैंने क्या सीखा है, तो मैं उन्हें यही कहता हूँ : कीटों की आवाज़ सुनो। पक्षियों का अनुसरण करो। वे कभी गलत नहीं होते। वे दुनिया को सीमाओं, धर्मों या विचारधाराओं में नहीं बाँटते। उनका एकमात्र सिद्धांत संतुलन है। यह अंतर्दृष्टि, यह शांत ज्ञान, सबसे कठिन समय में हमारा सहारा बना, जब धन मिलना बंद हो गया, जब सूखा पड़ा, जब आलोचनाओं की बौछार हुई। इसने हमें याद दिलाया कि बागवानी करते रहो, छाया बनाए रखो और संरक्षण करते रहो।

नानी बिल्कुल सही थीं। पक्षियों और कीड़ों के भले के लिए जो अच्छा हो वही करो। बाकी सब अपने आप ठीक हो जाएगा।

12

वे भूत जिन्हें हम ढोते हैं

नानी ने मुझे जो दिया था, उसे समझने में मुझे कई साल लग गए। यह सिर्फ कृष्ण, हनुमान या भूतों में विश्वास नहीं था। यह वह दर्शन था कि शक्ति रिश्तों से आती है, देवताओं से, पूर्वजों से, अदृश्य शक्तियों से। यह उनका कहने का तरीका था : तुम कभी अकेले नहीं हो। तुम दृश्य और अदृश्य, दोनों तरह की शक्तियों के सानिध्य में हो। यह दृढ़ विश्वास मेरे मन में बस गया।

बाद में, जब मैं धूल भरी सड़कों पर अकेले यात्रा करता था और वीरान खेतों में पौधे लगाता था, तब भी मुझे उनकी मौजूदगी का एहसास होता था। रास्ता लंबा था, काम थका देने वाला था, लेकिन मुझे कभी अकेलापन महसूस नहीं हुआ। कहीं-न-कहीं, मेरी साँसों की लय और पेड़ों के हिलने-डुलने में, मुझे उनकी आवाज़ सुनाई देती थी : डरो मत, तुम्हें सुरक्षा प्राप्त है।

जैसे-जैसे मैं बड़ा होता गया, मुझे यह एहसास होता गया कि नानी की भूत-प्रेत की क़हानियाँ महज़ कहानियाँ नहीं थीं। वे परछाइयों में छिपी हुई दार्शनिक बातें थीं।

जिन भूतों की उन्होंने बात की, वे न केवल पेड़ों में थे, बल्कि हमारे भीतर भी थे। विश्वास परछाइयों से भी अधिक हठपूर्वक सता सकते हैं,

यादें आत्माओं से भी अधिक अचानक प्रकट हो सकती हैं, और भय हवा में खिड़कियों के दरवाज़े से भी अधिक ज़ोर से खड़खड़ाहट कर सकते हैं।

मुझे हर विश्वास एक तरह के भूत की तरह दिखने लगा। कुछ तो खिलते हुए भूतों जैसे थे, कोमल, सुगंधित, सुकून देने वाले। यही वे विश्वास थे जिनसे मुझे हिम्मत मिलती थी : ये विचार कि दयालुता मायने रखती है, कि सच्चाई की जीत होगी और प्यार घावों को भरता है। मैं उन्हें मानो पृष्ठभूमि में मंडराते हुए देख सकता था, जैसे हमारे आँगन में गिरे कोमल सफेद चंपा के फूल, अपनी सुगंध से हमें आशीर्वाद देते हुए।

जब नानी उन्हें इकट्ठा करके एक छोटा-सा ढेर बनातीं, तो कहतीं, 'हर फूल एक आशीर्वाद है, धीरे से झाड़ो।' उस उम्र में, मुझे लगता था कि उनका मतलब बस इतना है कि फूल कोमल होते हैं, लेकिन वर्षों बाद, जब जीवन ने मुझ पर अपना बोझ डाला, तो एहसास हुआ कि वह मुझे अपने विश्वासों को कोमलता से सँजोना सिखा रही थीं।

नानी हमें कभी भी सूखे पेड़ पर हँसने नहीं देती थीं। वे कहती थीं, 'इसमें अभी भी आत्माएँ निवास करती हैं, बेचैन आत्माएँ जो याद किए जाने का इंतज़ार करती हैं।' बचपन में, मैं उन कंकालनुमा पेड़ों के पास से जल्दी से निकल जाता था, उनकी चरमराती छायाओं से डरता था।

लेकिन बाद में मुझे महसूस हुआ कि वह मुझे उन ज़िद्दी विचारों के बारे में सिखा रही थीं जो तब भी चिपके रहते हैं जब उनमें कोई जान नहीं बची होती। मैं उन्हें वर्षों तक ढोता रहा, ये डर कि मेरा काम अर्थहीन है, ये संदेह कि मेरे पौधे कभी जीवित नहीं रह पाएँगे, ये शंकाएँ कि मेरा अपना विश्वास इतना कमज़ोर है कि टिक नहीं पाएगा।

ये मेरे पत्तों से रहित भूत थे। इन्होंने मुझे कोई पोषण नहीं दिया, फिर भी इन्होंने मुझे छोड़ने से इनकार कर दिया। और केवल इन्हें नाम देकर, इन्हें स्वीकार करके, इनके मूल को याद करके ही मैं इन्हें शांति दे सका।

लेकिन सभी भूत-प्रेत विश्वास मात्र नहीं थे। कुछ यादें थीं, जो मिटने से इनकार करती थीं। वे अजीब समय पर प्रकट होती थीं, जैसे आत्माएँ पेड़ों के खोखले तनों से झाँकती हों। हम उन्हें अपने साथ लिए फिरते हैं : बिछड़े प्रियजनों के चेहरे, लंबे समय से खामोश शिक्षकों की आवाज़ें, यहाँ तक कि बचपन के उन दोस्तों की हँसी भी जो वर्षों के धुंध में खो गए। जब नानी ने हमें बताया कि भूत तब तक मंडराते रहते हैं जब तक उन्हें याद नहीं किया जाता, तो मुझे समझ नहीं आया।

मुझे लगा कि उनका मतलब रीति-रिवाजों, धूपबत्ती जलाने, पूर्वजों के लिए दीपक जलाने से है। बाद में मुझे समझ आया कि वे स्मृति की बात कर रही थीं। भूले हुए जीवन हमारे भीतर बेचैनी पैदा करते हैं। स्वीकारे गए जीवन शांति पाते हैं। इसीलिए याद रखना महत्त्वपूर्ण है, न केवल रीति-रिवाजों में बल्कि कहानियों को आगे बढ़ाने के तरीके में भी।

जब भी मैं पीपल का पौधा लगाता हूँ, मुझे ऐसा लगता है जैसे मैं उन्हें याद कर रहा हूँ। हर पौधा एक दीपक की तरह है, एक ऐसा संकेत जो कहता है : मैं उसे भूला नहीं हूँ। और जब भी मैं छोटे बच्चों को उसकी भूत-प्रेत की कहानियाँ सुनाता हूँ, तो मैं उसकी बेचैन आत्माओं को शांति दे रहा होता हूँ।

वह अब मेरे शब्दों में, मेरे पौधों में, मेरे एकांत में निवास करती हैं। वह आशीर्वाद देने वाले खिलते हुए प्रेतों में, चेतावनी देने वाले फलते हुए प्रेतों में, और स्मरण की गुहार लगाने वाले पत्तोंविहीन प्रेतों में विद्यमान है।

वह पीपल के सरसराहट में है, शाम की हवा में है, उस अदृश्य साथी में है जो आज भी मेरे साथ चलती हैं। नानी और भूत, मेरी यादों में दो अविभाज्य उपस्थिति। एक ने मुझे कहानियाँ दीं, दूसरे ने मुझे रूपक दिए।

उन्होंने मिलकर मुझे दुनिया को देखने का एक ऐसी दृष्टि दी, जहाँ कुछ भी वैसा नहीं होता जैसा दिखता है। हर परछाई एक सबक सिखाती है, हर

ख़ामोशी एक मौजूदगी का एहसास कराती है, और हर भूत एक तोहफ़ा होता है।

मेरे लिए भूतों की शुरुआत हॉरर फिल्मों या सुनसान सड़कों पर हवा के तेज़ झोंकों से नहीं होती। उनकी शुरुआत हमारे पुराने घर के आँगन में, मिट्टी के तेल के दीपक की हल्की सुनहरी रोशनी में, चारपाई पर पालथी मारकर बैठी नानी से होती है। उनकी साड़ी कसकर लिपटी हुई थी, उनका हावभाव उनके अधिकार की तरह दृढ़ था और उनकी आँखों में शरारत और आदेश का एक अनोखा मिश्रण झलक रहा था।

उसके चारों ओर, रात एक थिएटर के पर्दे की तरह फैल गई, दूर की गलियों में कुत्ते भौंक रहे थे, नीम के पेड़ों से उल्लू अपनी उपस्थिति दर्ज करा रहे थे, और हवा जलते हुए गोबर के उपलों के धुएँ से भरी हुई थी।

हम, उनके पोते-पोतियाँ, डर और आस्था दोनों की गर्माहट में लिपटे हुए, एक-दूसरे के करीब दुबककर उनकी भूत-प्रेत की कहानियों का इंतज़ार करते थे। हमारे पास न तो टेलीविज़न था, न ही रेडियो पर प्रसारित होने वाले नाटक जो हमें बाँधे रखते। हमारे पास केवल नानी थीं। और नानी को कभी किसी स्क्रिप्ट की ज़रूरत नहीं पड़ती थी।

नानी भावनाओं की माहिर वैज्ञानिक थीं। उन्हें पता था कि बच्चे का दिमाग जिज्ञासा से सीखता है, आदेशों से नहीं। हर भूत-प्रेत की कहानी एक प्रयोग थी, जिसमें मनोविज्ञान और मनोरंजन, दोनों शामिल थे। वे फूलों वाले पेड़ों की बात करतीं जहाँ कोमल आत्माएँ खेलती थीं, फलों वाले पेड़ों की जहाँ लालची भूत रात में चोरी करने वालों को सज़ा देते थे, और बिना पत्तों के पेड़ों की जहाँ बेचैन आत्माएँ तब तक टिकी रहती थीं जब तक उन्हें याद नहीं किया जाता था। परछाइयों को व्यक्तित्व में बदलकर, उन्होंने हमारी कल्पनाओं को एक सुरक्षित खेल का मैदान दिया। जिसे हम 'डर' कहते थे, वह तो आश्चर्य का शुरुआती अभ्यास मात्र था।

हम काँपते, हँसते, और एक-दूसरे को अंधेरे में बाहर निकलने की चुनौती देते। नानी हमारी घबराहट को चिढ़ातीं, हमारे उछलने पर ताली बजातीं और डर को खेल में बदल देतीं। कहानियों के पीछे अनुशासन छिपा था। हमने सीखा कि चोरी नहीं करनी चाहिए, अनादर नहीं करना चाहिए और लापरवाही से इधर-उधर नहीं भटकना चाहिए।

उनकी कहानियों में हर भूत का एक नाम होता था। हमारी गली में घूमने वाली आवारा गायों और बिल्लियों के भी नाम थे; भला आत्मा का नाम क्यों न हो? और इस तरह हमारे पीपल के पेड़ में रहने वाले भूत का नाम बाबूराम रख दिया गया। उन्होंने कहा, 'बाबूराम उस पीपल के पेड़ पर रहता है। उसकी मृत्यु बहुत पहले अमृतसर के पास कठूनंगल में हुई थी, लेकिन उसने पेड़ कभी नहीं छोड़े।' उस दिन से बाबूराम परिवार का सदस्य बन गया, अदृश्य, अप्रत्याशित, लेकिन हमेशा स्वागत योग्य।

जब दूध गिर जाता, तो बाबूराम का हाथ होता। जब कोई बच्चा ठोकर खाकर गिर जाता, तो बाबूराम उसकी टाँग खींच लेता। जब कोई छींकता, तो नानी बुदबुदातीं, 'बाबूराम यहाँ से गुज़रा था।' वह हर जगह मौजूद था, हमारी रोज़मर्रा की गलतियों का एक अदृश्य गवाह। एक बार, एक साहसी लड़के ने रात में पेड़ के नीचे रोटी रख दी। सुबह तक वह गायब हो गई थी। शायद किसी कुत्ते ने उसे खा लिया होगा, लेकिन हम जानते थे कि वह बाबूराम का खाना था। वह लड़का एक विजेता की तरह इतराया, मानो उसने किसी भूत को खाना खिला दिया हो।

यदि बुद्ध को पीपल के पेड़ के नीचे ज्ञान प्राप्त हुआ, तो हमें बाबूराम हमारे पीपल के पेड़ के नीचे मिले।

वे भूतों की भाषा में बोलती थीं क्योंकि वही उस समय की भाषा थी, लेकिन उसका अर्थ गहरा था : जो आप देख नहीं सकते, वह भी आपका मार्गदर्शन कर सकता है। पूर्वज, यादें, स्वयं प्रकृति, ये सभी उपस्थितियाँ

वास्तविक हैं और इन्हें भूलना अहंकार है। इनका सम्मान करें, और आप अधिक समझदार बनेंगे।

उनकी आवाज आज भी गूँजती है : 'मंदिर तो श्मशान होता है।' यानी श्मशान भूमि ही सच्चा मंदिर है। जहाँ देवी-देवता और प्रेत, जीवन और मृत्यु, भय और हँसी सब एक साथ विराजमान होते हैं, वहीं से ज्ञान का आरंभ होता है।

इसलिए अब जब मैं पीपल का पौधा लगाता हूँ, तो मेरे चेहरे पर मुस्कान आ जाती है। मैं जानता हूँ कि मैं केवल छाया या ऑक्सीजन नहीं बो रहा हूँ। मैं कहानियाँ, हास्य, स्मृति और मिथक बो रहा हूँ। मैं बाबूराम और नानी को फिर से उसी मिट्टी में बो रहा हूँ, एक अदृश्य, एक शाश्वत।

13

पीपल बाबा होना

भारत में नाम कभी मात्र नाम नहीं होते। वे निर्णय, आशीर्वाद और कभी-कभी अभिशाप भी होते हैं। वे अगरबत्ती के धुएँ की तरह चिपके रहते हैं, सूक्ष्म लेकिन अपरिहार्य। कुछ जन्म से ही मिलते हैं, कुछ दोस्तों द्वारा छीन लिए जाते हैं और कुछ भीड़ द्वारा दिए जाते हैं, जो वास्तव में स्थायी होते हैं। पीपल बाबा एक ऐसा ही नाम है, जो किसी बैठक में नहीं गढ़ा गया था, बल्कि गाँव के रास्तों की धूल में, गाय, बच्चों और छोटे पौधों के बीच जन्मा था। इसे मैंने नहीं चुना था; यह उनके द्वारा कहा गया था।

यह अनायास ही शुरू हुआ, लगभग हास्यास्पद ढंग से। प्रार्थना और हास्य के बीच कहीं, किसी ने कहा, 'अरे ये तो पीपल वाले बाबा हैं!' और बस इतना ही। कोई औपचारिक समारोह नहीं, कोई प्रमाण पत्र नहीं, कोई भाषण नहीं। एक ग्रामीण की अर्ध-मज़ाकिया टिप्पणी एक ऐसी पहचान बन गई जो परिवार द्वारा दिए गए नाम से भी बड़ी हो गई।

पहले तो मैंने इसे हँसी में उड़ा दिया। मैं गड्ढे खोदने और पौधों के चारों ओर काँटेदार शाखाओं के सुरक्षात्मक घेरे बाँधने में इतना व्यस्त था कि नामों के बारे में सोचने का समय ही नहीं मिला। लेकिन यह बात किसी भी पर्चे से कहीं ज़्यादा तेज़ी से फैल गई। जब तक मैं अगले गाँव पहुँचा, किसी

न किसी ने उस आदमी के बारे में सुन लिया था जो बिना किसी स्वार्थ के पीपल के पेड़ लगाता था। लोगों के बीच की चर्चा ही मेरी प्रचार विज्ञप्ति बन गई। ग्रामीण भारत के रेडियो, गपशप, मंदिरों की बातें और चाय की दुकानों पर होने वाली बहसों ने अपना काम कर दिया था।

नाम पीपल वाले बाबा में 'पर्यावरणविद' शब्द से कहीं अधिक अधिकारपूर्ण 'बाबा' शब्द का प्रयोग होता था, जो उस समय अधिकांश लोगों के लिए एक अपरिचित शब्द था। 'बाबा' स्नेह का प्रतीक था, त्याग का नहीं, आस्था और निरंतरता की पहचान था। बीस वर्षों में, 'पीपल वाले बाबा' घटकर 'पीपल बाबा' रह गया, ठीक वैसे ही जैसे नदियाँ मैदानों की ओर बहते हुए अपने अक्षरों को खो देती हैं। विनम्रता का प्रतीक, मध्य अक्षर 'वाले', गायब हो गया। शायद वह मिट्टी में विलीन हो गया। शायद नाम पेड़ों की तरह परिपक्व हो गया। तब तक, मेरे दोस्तों ने इसे छोटा करके 'पीबी' कर दिया था। एक व्यक्ति, एक पेड़ और एक आंदोलन, सब कुछ दो अक्षरों में सिमट गया, 'पीबी'।

इस नाम ने मुझे भी बदल दिया। यह अब मात्र एक उपनाम नहीं, बल्कि एक विश्वास बन गया था। जब गाँव वाले 'पीपल बाबा आ रहे हैं' कहकर पुकारते, तो बच्चे पानी लाने दौड़ पड़ते। औरतें पीतल के घड़े लेकर आतीं। मर्द फावड़े लेकर आते। इस उपाधि के साथ एक अपेक्षा जुड़ गई थी— बीज बोना, पालन-पोषण करना, आशीर्वाद देना। अब इसे अस्वीकार करना मेरे बस की बात नहीं रही।

कभी-कभी मुझे आश्चर्य होता था कि क्या मेरा असली नाम अब भी मायने रखता है। पीपल बाबा उसने इसे पूरी तरह से आत्मसात कर लिया था, गर्व से नहीं बल्कि एक उद्देश्य के साथ। पहचान इरादे के साथ विलीन हो गई थी।

भारतीय लोककथाओं में, नाम अकसर किसी व्यक्ति के कर्मों का दर्पण होते हैं। कबीर को 'जुलाहा' कहा जाता था क्योंकि वे बुनाई करते

थे ; 'वाल्मीकि' का अर्थ है चींटियों का टीला, क्योंकि वे एक चींटी के टीले से निकले थे। तुलसीदास ने तुलसी के पत्तों से भी मधुर कविताएँ लिखकर अपना उपनाम अर्जित किया। जनता द्वारा दिया गया नाम एक सामाजिक मान्यता है, न कि कोई ब्रांडिंग प्रक्रिया।

मेरे नाम में भी वही सादगी भरी गरिमा है। यह गरिमा मैंने जानबूझकर नहीं कमाई, बल्कि बार-बार दोहराई जाती थी, जब भी कोई ग्रामीण नए छायादार रास्ते की ओर इशारा करते हुए कहता था, 'बाबा ने यह लगाया था।' उस वाक्य का महत्त्व किसी भी पुरस्कार से कहीं अधिक था। गाँवों में नाम एक कहानी का सार होता है। और यह नाम आस्था, मिट्टी तथा प्रकाश संश्लेषण की कहानी कहता था।

मेरा उपनाम मेरे स्कूटर से भी तेज़ी से फैलने लगा। वो दिन थे जब सड़कें कम थीं, पेट्रोल सस्ता था और आस्था प्रबल। जहाँ भी मेरा स्कूटर जाता, लोग जमा हो जाते। कुछ उत्सुक, कुछ आनंदित, कुछ श्रद्धा से भरे हुए। वे ख़ाली ज़मीन और भरे दिलों के साथ आते थे।

गाँववालों ने मुझे तालाबों, मंदिरों और चरागाहों के पास ज़मीन देना शुरू कर दिया। उन्हें अपने मवेशियों के लिए हरियाली, तीर्थयात्रा मार्गों के लिए छाया और बकरियों के लिए घास चाहिए थी। मैंने बदले में पेड़ों के अलावा कुछ भी नहीं देने का वादा किया। कोई अनुबंध नहीं, कोई समितियाँ नहीं, बस विश्वास और मेहनत। बदले में उन्होंने मुझे वह सब कुछ दिया जो हर किसान को चाहिए होता है — मिट्टी, पानी और अपनापन।

पंचायतें बैठतीं और ऐलान करतीं, 'यह ज़मीन पीपल बाबा के लिए रखी गई है।' न कोई स्टाम्प पेपर, न किराया—सिर्फ विश्वास। वे मुझे संत के रूप में नहीं देखते थे, बल्कि ऐसे व्यक्ति के रूप में, जो इस धरती को थोड़ा-सा ठीक कर सकता है,जैसे कोई डॉक्टर बुख़ार से तपते शरीर को ठीक करता है। और चूँकि मेरे काम से ताज़ी घास और बारिश के पंछी

लौटने लगे, गाँव के बुज़ुर्ग मुझे 'देवता का आदमी' कहने लगे। एक ऐसा इंसान, जिसे ईश्वर ने उनकी रूठी हुई मिट्टी को मनाने के लिए भेजा हो।

शुरुआती साल भागदौड़ और कीचड़ से भरे हुए थे। स्वयंसेवक दर्जनों, कभी-कभी सैकड़ों की संख्या में आते थे। कुछ एक दिन के लिए रुकते थे, तो कुछ दशकों तक। वे खुदाई करते, पानी देते, बहस करते और सीखते रहते थे। पहली बारिश हमेशा अच्छे और बुरे लोगों को अलग कर देती थी; जो लोग केवल तस्वीरें खिंचवाना चाहते थे, वे हल्की बारिश के साथ गायब हो जाते थे, जबकि सच्चे लोग जड़ों को जमते हुए देखने के लिए वहीं रुके रहते थे।

वे मेरे असली परिवार बन गए। किसी ने वर्दी या बैज नहीं पहने थे। उनका इनाम बढ़ती हरियाली थी, और उनका वेतन अगली मानसून की छाया। हम मंदिरों, गुरुद्वारों और पंचायत घरों में रुकते। कुछ रातें मैं पीपल के पेड़ों के नीचे रहकर ग्रामीणों को आश्वस्त करता था कि भूत नुकसान नहीं पहुँचाते हैं। वे कहते थे कि अगर वे पीपल बाबा को शांति से सोते हुए देख सकते हैं, तो शायद आत्माओं ने भी अपनी आदतें बदल ली हों।

भारत के आध्यात्मिक गणराज्य में पीपल का वृक्ष हमेशा से एक विचित्र हिस्सा रहा है। स्त्रियों द्वारा पूजित, पुरुषों द्वारा भयभीत, भूतों का निवास स्थान और देवताओं का आगमन, यह शुद्धतम रूप में लोकतंत्र का प्रतीक है। इसके नीचे पवित्र और रहस्यमय, दोनों ही स्थान एक साथ मौजूद हैं।

मैं गाँववालों से कहा करता था, 'हाँ, इन पेड़ों पर भूत रहते हैं। लेकिन वे मित्रवत हैं। वे तुम्हारी ज़मीन की रक्षा करते हैं।' वे घबराकर हँसते थे, उन्हें यकीन नहीं होता था कि मैं सच कह रहा हूँ। फिर मैं पेड़ के नीचे लेट जाता, आँखें बंद कर लेता और रात की हवा को अपना काम करने देता। जब मैं बिना किसी चोट के उठता, तो वे मुस्कुराते। भूतों ने मुझे स्वीकार कर लिया था।

राजस्थान में किसी जगह पर एक स्थानीय पत्रकार ने हमारे पौधारोपण पर ध्यान दिया। एक दिन उसके अख़बार में एक शीर्षक पढ़ने को मिला, 'एक लड़का जो पीपल लगाता है, पीपल वाला बाबा'। इसके बाद यह नाम और भी पक्का हो गया। जल्द ही दूरदर्शनवाले कैमरा लेकर आ गए, फिर फ्रांस और जर्मनी से रिपोर्टर आए। उन्होंने मुझे पेड़ लगाते, पसीना बहाते और हँसते हुए फिल्माया। मुझे समझ नहीं आया कि उन्हें यह असाधारण क्यों लगा। पेड़ लगाना तो सबसे साधारण काम लगता था। वर्षों बाद, जब दुनिया 'ग्लोबल वॉर्मिंग' की बात करने लगी, तब मुझे एहसास हुआ कि हम जो इतने समय से करते आ रहे थे, अब उसके लिए एक वैश्विक शब्दावली बन गई थी। शब्दकोश आख़िरकार ज़मीनी काम के अनुरूप हो गया था।

ग्रामीणों को उन शब्दों की आवश्यकता नहीं थी। उनके लिए मैं आज भी वही था। पीपल वाले बाबा, वह आदमी जो दोपहिया वाहन पर आया था, अपने साथ पौधे और एक अजीब-सी उम्मीद लेकर।

इस उपनाम ने मेरे लिए कई रास्ते खोल दिए, यह किसी चमत्कार से कम नहीं था। इसकी वजह से नर्सरियों ने मुझे मुफ्त में पौधे दिए, कभी-कभी तो ट्रक भर-भरकर। वन अधिकारियों ने नियमों में ढील देकर मेरी मदद की। पंचायतें, जो पहले कभी किसी बात पर सहमत नहीं होती थीं, अब पौधारोपण के लिए ज़मीन देने को तैयार हो गईं। कोई कहता, 'बाबा के लिए दो बीघा ज़मीन रखो,' और काम हो जाता।

धन की कभी प्रचुरता नहीं थी, लेकिन उदारता भरपूर थी। गाँव का पूरा तंत्र वस्तु विनिमय पर आधारित था; कुछ लोग पौधे लाते थे, कुछ पानी, कुछ श्रम और कुछ लोग खाना पकाते थे। हरियाली को बढ़ावा देने का विचार हमेशा खुला था। कोई परियोजना रिपोर्ट नहीं, कोई बिल नहीं। बस साझा इरादा।

और सबसे अच्छी बात? पशुधन खूब फला-फूला। गाय, बकरियाँ और भैंस नए खेतों में चरने लगीं। ग्रामीणों ने पौधों को नाम देना शुरू कर दिया- 'चरागाहों का आशीर्वाद।'

फिर 1990 और 2000 का दशक आया। भारत ने तेज़ी से विकास करना शुरू किया, राजमार्ग, मॉल, मोबाइल फोन का विकास हुआ। पौधारोपण भी एक व्यवसाय बन गया। कंपनियों ने अपने परिसरों को हरा-भरा बनाने के लिए एजेंसियों को काम पर रखना शुरू कर दिया। किसानों को जल्दी मुनाफ़ा कमाने के लिए सागौन, यूकेलिप्टस और चिनार के पेड़ लगाने के लिए प्रोत्साहित किया गया।

मैं भी इससे बच नहीं सका। पंचायतों ने यूकेलिप्टस के पौधारोपण का अनुरोध किया क्योंकि यमुनानगर और सहारनपुर की लकड़ी मिलें लकड़ी की माँग कर रही थीं। मैंने पहले तो विरोध किया, लेकिन समझौता भी

संरक्षण का एक हिस्सा है। मैंने उनकी नकदी फसलें लगाईं, लेकिन एक अलग तरीके से। किनारों पर, मैंने चुपके से पीपल और नीम के पेड़ लगा दिए। जब एक दशक बाद चिनार के पेड़ काटे गए, तो वे साधारण छायादार पेड़ अछूते खड़े रहे, मानो खेत के रक्षक हों। ग्रामीणों ने मुस्कुराते हुए कहा, 'बाबा, आपने अपने पीपल लगा ही लिया।' भूत भी ज़रूर हँसे होंगे।

हर क्षेत्र ने हरियाली में अपना अनूठा रंग जोड़ा। महाराष्ट्र में पीपल और नीम का बोलबाला था। पंजाब में शीशम और बकाइन भी शामिल हो गए। हरियाणा में करंज खूब फला-फूला। जहाँ ग्रामीणों को फलों की चाह थी, वहाँ हमने जामुन, आँवला, आम और नीबू लगाए। हर पौधे में एक कहानी थी, हर प्रजाति में एक दोस्ती।

जल्द ही, कई संस्था जुड़ गईं, रोटरी, लायंस, इनर व्हील, रोटारैक्ट। वे बैनर और फोटोग्राफ़र लेकर आए, मैं भूत-प्रेत और जड़ें लेकर आया। साथ मिलकर, हमने एक बेहतरीन टीम बनाई। और जहाँ भी हमने अपनी जड़ें जमाईं, अख़बार भी हमारे पीछे-पीछे आ गए। 'पीपल वाले बाबा ने रोटरी क्लब के साथ फिर से पेड़ लगाए,' उन्होंने लिखा। मैं मुस्कुराया। भूतों को इस प्रचार का आनंद अवश्य आया होगा।

समय बीतने के साथ, सरपंचों ने हमारे द्वारा संयुक्त रूप से बनाए गए हरित क्षेत्रों को प्रदर्शित करके चुनाव जीतना शुरू कर दिया। उन्होंने इन्हें नाम दिया — गोचर विकास योजना। उन्होंने पशुओं के चरने के क्षेत्रों का उल्लेख किया और उन्हें अपने चुनावी भाषणों में दिखाया। मैं दूर से मुस्कुराया। लोकतंत्र अंततः धरती में अपनी जड़ें जमा चुका था।

यहाँ तक कि अधिकारी और ज़िलाधिकारी भी आने लगे। वे पारिस्थितिकी को पूरी तरह नहीं समझते थे, लेकिन दृश्य-चित्रण को समझते थे, और पेड़ों से घिरे गाँव से बेहतर कुछ नहीं दिखता था। कभी मुझे बोलने का निमंत्रण मिलता, कभी केवल मेरी तस्वीर खींची जाती। दोनों ही तरह से, पेड़ों को फायदा होता था, यही सबसे महत्त्वपूर्ण था।

कुछ मज़ेदार पल भी थे। वे मेरे पास एक बीमार बकरी लेकर आए, चमत्कार की उम्मीद में। मैंने उनसे कहा कि बकरी को साफ पानी चाहिए, मंत्र नहीं। अगली सुबह बकरी ठीक हो गई, और एक वैद्य के रूप में मेरी ख़्याति पहले से कहीं ज़्यादा तेज़ी से फैल गई। एक और जगह, एक स्कूल शिक्षक ने मुझे व्याख्यान के लिए आमंत्रित किया, लेकिन मेरा परिचय इस तरह कराया : पीपल बाबा फ्रॉम नेपाल। मैंने उसे कभी नहीं सुधारा; क्योंकि उसमें तुकबंदी काफी अच्छी थी।

सोशल मीडिया और दूसरा जन्म

कई साल बाद, जब सोशल मीडिया ने मुझे खोज निकाला, तो मैंने विरोध नहीं किया। 'पीपल बाबा' यह नाम पहले से ही हज़ारों लोगों के लिए इस काम की पहचान बन चुका था। ट्विटर, हैशटैग, फेसबुक पेज और इंस्टाग्राम हैंडल ने तो बस उसी चीज़ को आगे बढ़ाया जो गाँवों ने दशकों पहले रची थी। डिजिटल दुनिया तो बस ग्रामीण कल्पना की प्रतिध्वनि थी। कुछ लोग मुझे पीबी कहते हैं, अन्य लोग, 'प्रिय पिता जी', कुछ लोग अब भी कहते हैं — पीपल वाले बाबा। मैं सभी का जवाब देता हूँ। आख़िरकार, हर नाम एक ही वृक्ष की एक शाखा है।

आज जब मैं पीपल के पेड़ के नीचे बैठता हूँ, तो अकसर उन लोगों के बारे में सोचता हूँ जो इमारतों या सड़कों के लिए इन्हें काट डालते हैं। मैंने देखा है कि इसके बाद अजीबोगरीब चीज़ें होती हैं, बीमारी और अशांति। मैं अलौकिक कारणों का दावा नहीं करता, लेकिन पैटर्न झूठ नहीं बोलते। शायद जब सदियों से आत्माओं का घर रहा कोई पेड़ नष्ट हो जाता है, तो मानव मन में भी कुछ टूट जाता है।

नानी मुझे अकसर चेतावनी देती थीं, 'अदृश्य को कभी चुनौती मत दो। उससे दोस्ती कर लो।' उनका मानना था कि भूतों की अपनी-अपनी

पसंद होती है, कुछ को फूल वाले पेड़ पसंद होते हैं, तो कुछ को फल वाले। मेरी सुरक्षा के लिए उन्होंने मुझे हनुमानजी को सौंप दिया। 'उन्हें तुम्हारी रक्षा करने दो। वे तुम्हें बलवान रखेंगे,' उन्होंने कहा। वे भोर से पहले उठ जातीं, कृष्ण से धीरे-धीरे बातें करतीं और सूर्योदय होते ही मुझे गरमागरम चाय का गिलास दे देतीं। भक्ति के उस सरल कार्य से उन्होंने मुझे सुरक्षा प्रदान की। मुझे लगता है कि उनकी प्रार्थनाएँ आज भी उन पीपल के पत्तों के माध्यम से मुझ तक पहुँचती हैं।

भूतों ने अपना वादा निभाया है। उन्होंने अनगिनत यात्राओं में मेरी रक्षा की है, यह सुनिश्चित करते हुए कि अब मुझे केवल अधूरे बागानों की ही याद आती है।

जब मैं लोगों को 'पीपल बाबा' कहते सुनता हूँ, तो कभी-कभी रुककर सोचता हूँ कि वे असल में किसे संबोधित कर रहे हैं, उस व्यक्ति को या उसके मिशन को? शायद दोनों को। नाम, पेड़ों की तरह, अपने लगाने वाले से ज़्यादा समय तक अमर रहते हैं। जिस दिन कोई नाम सबका हो जाता है, तब समझ आता है कि उसने अपनी जड़ें जमा ली हैं। तो मैं यहाँ हूँ, न संत, न वैज्ञानिक, न ही पूर्णकालिक पर्यावरणविद, बस एक ऐसा व्यक्ति जिसे कभी 'पीपल बाबा' कहा जाता था। पीपल वाले बाबा, जो अपने पौधों के साथ तब तक चलता रहा जब तक वे जंगल नहीं बन गए।

14

वनस्पति नेटवर्क

छत और बालकनियों पर एक मौन क्रांति

सब कहते थे कि ऐसा नहीं हो सकता। 'इंसान के हाथों से पीपल नहीं उगते,' उन्होंने मुझसे कहा। 'यह तभी उगता है जब भगवान चाहते हैं।' यह वाक्य सुनकर मुझे अकसर हँसी आ जाती थी, एक तो इसलिए कि यह बहुत निर्णायक लगता था, और दूसरा इसलिए कि मैं बहुत छोटा था और किसी की भी बात मानने का मेरा कोई इरादा नहीं था, यहाँ तक कि भगवान की भी नहीं, अगर वह मेरे पौधों के रास्ते में रुकावट बनते।

इसलिए, मैंने उन्हें गलत साबित करने का फैसला किया। बस इतना ही। कोई महत्त्वाकांक्षा नहीं, कोई बड़ी योजना नहीं, कोई ग़ैर-सरकारी संगठन नहीं। बस एक दृढ़ इच्छाशक्ति, एक छोटा-सा औज़ार और एक बड़ा अहंकार, जो यह मानने को तैयार नहीं था कि पीपल के पेड़ पर ईश्वर का एकाधिकार है।

और इस तरह उस परियोजना की शुरुआत हुई जिसे अख़बारों ने बहुत बाद में 'पीपल संरक्षण परियोजना' का नाम दिया। इसकी शुरुआत शांत,

सरल और निश्चित रूप से कम वित्तपोषित थी। न ट्रैक्टर, न वैज्ञानिक, बस छत, बाल्टियाँ और पुरानी साड़ियों को काटकर पौधों को बाँधने वाली माताएँ।

मुझे एहसास हुआ कि हर शहर में कहीं-न-कहीं हरियाली छिपी हुई है, न कि उसके पार्कों में, बल्कि उसके उपेक्षित कोनों में। पीपल, बरगद, गूलर और पाकड़ नालियों, मंदिरों की दीवारों, बिजली के खंभों और छतों से उग रहे थे। लाखों की संख्या में। प्रकृति अपना काम कर रही थी; और इंसान स्वच्छता के नाम पर उन्हें मिटाने में व्यस्त था।

मैं अकसर नगरपालिका के ट्रकों को उखड़े हुए पौधों को कूड़े के ढेरों में ले जाते हुए देखता था, मानो बर्बाद जंगलों का एक धीमा, दुःखद अंतिम संस्कार हो रहा हो। यह देखकर मेरा दिल टूट जाता था। इसलिए मैंने उन्हें बचाना शुरू किया। अगर लोग कुत्ते और बिल्लियाँ गोद ले सकते हैं, तो पेड़ क्यों नहीं?

इस तरह से इसकी शुरुआत हुई। 'एक पौधा गोद लें' यह विचार तब आया था जब यह चलन में नहीं आया था। मैं दीवारों से पीपल के पौधे तोड़ता, उनकी जड़ों को नम कपड़े में लपेटता और अपनी लाल स्पीडकिंग साइकिल पर घर ले आता था। बाद में, जब स्कूटर मेरे जीवन में आया, तो इस आंदोलन को पहली बार यांत्रिक इंजन मिला।

हमने अपने स्कूटरों (बजाज, प्रिया, एलएमएल वेस्पा) के किनारों पर पौधों से भरी बोरियाँ बाँधीं और चल पड़े। हम पर्यावरणविदों से ज़्यादा सब्ज़ी विक्रेताओं जैसे दिख रहे थे। लेकिन यही हमारी विशेषता थी। लोग हम पर भरोसा करते थे, क्योंकि हम उन्हीं की तरह दिखते थे।

हम चमचमाती जीपों में वातानुकूलित होकर शान से नहीं आए थे। हम दो पहियों पर आए थे, धूल से सने हुए, मुस्कुराते हुए और बहुत ही प्रेरक अंदाज़ में, 'आंटी, आपकी छत पर दो डिब्बे रख दें क्या?'

उस आधे मासूम, आधे साहसी लहजे को कोई 'ना' नहीं कह सका। देखते ही देखते, कई स्वयंसेवक अपनी छतों पर पीपल के पेड़ उगाने लगे। गृहिणियाँ सबसे पहले आगे आईं। उनमें देखभाल की सहज समझ थी, आख़िर उन्होंने छोटे से स्थान में भी परिवार का पालन-पोषण किया था। उनके लिए, पीपल का पेड़ बस एक और बच्चा था जिसे दिन में दो बार ध्यान और पानी की ज़रूरत होती थी। इनमें से कई महिलाओं को तो यह भी नहीं पता था कि वे क्या उगा रही हैं, लेकिन वे अपनी देखरेख में जीवन को पनपते देखने का एहसास जानती थीं। वे अनजाने में ही माली बन गईं। कुछ ने तो पौधों के नाम भी रखने शुरू कर दिए, 'ये लक्ष्मी है, ये सरस्वती, ये हनुमानजी का पेड़ है।'

छतों पर बनी नर्सरी नई ड्राइंग रूम बन गई थीं। हम वहाँ हर हफ़्ते मिलते थे, पुरानी बेंत की कुर्सियों पर बैठकर, सैकड़ों छोटे-छोटे पौधों से घिरे हुए, जो नन्हे शिष्यों की तरह झूमते थे। कोई पोहा लाता, कोई चाय लाता और किसी का बच्चा पेड़ों पर कविता सुनाता। ऐसा लगता था मानो पौधे मेहमान बन गए हों और छत मंदिर।

हमारी बैठकें सरल, अनौपचारिक और कभी-कभी बेहद मज़ेदार होती थीं। किसी की बैठक मुख्यालय बन जाती, तो किसी की छत वितरण केंद्र।

हमने सांसदों की गंभीरता के साथ जीवन रक्षा दर और पानी पिलाने के कार्यक्रम पर चर्चा की, बस इतना था कि हमारे जलपान बेहतर थे।

बच्चों ने अपनी स्कूल की नोटबुक में नोट्स लिखे। हमने पौधों का हिसाब-किताब रखा। एक घर में ब्लैकबोर्ड पर सूची बनी हुई थी—

पीपल- 43
नीम- 12
बगरद- 7
जामुन- 3 (देखरेख में)

औपचारिक बातचीत के बाद, असली काम शुरू हुआ — हँसी-मज़ाक, गपशप और भजिया के साथ चाय का एक और दौर।

जब शहर के निरीक्षक 'अवैध छत निर्माण' की जाँच करने आए, तो वे असमंजस में पड़ गए। भला कौन-सा कानून पेड़ों से भरी छत पर लागू हो सकता है? हमने उनसे कहा, 'हम निर्माण नहीं कर रहे हैं, महोदय, हम पेड़ उगा रहे हैं।' वे मुस्कुराए और अपने साथ एक पौधा लेकर चले गए। नौकरशाही इतनी हरी-भरी पहले कभी नहीं दिखी थी।

हम पौधों से कहीं अधिक रिश्तों को सँवार रहे थे। हर छोटे पौधे से एक कहानी जुड़ी हुई थी। किसी के बच्चे ने परीक्षा के बाद उसे लगाया था, तो किसी और ने बीमारी से ठीक होने के बाद। हम यह समझने लगे थे कि किसी चीज़ को उगाने की क्रिया लोगों को कैसे सुकून देती है।

यह आंदोलन धीरे-धीरे फैलने लगा। पुणे से शुरू हुआ यह आंदोलन दिल्ली, चंडीगढ़, जालंधर, इलाहाबाद जैसे अन्य शहरों में भी फैल गया। लोग हमें पत्र लिखकर 'छत पर नर्सरी लगाने के निर्देश' माँगने लगे। यह ईमेल या व्हाट्सएप के आने से बहुत पहले की बात है। हम उन्हें हाथ से बनाए गए रेखाचित्रों और पेंसिल से लिखे नोट्स के साथ जवाब देते थे।

यह कभी पैमाने की बात नहीं थी। यह ईमानदारी की बात थी। हर छत एक नर्सरी बन गई, हर स्वयंसेवक एक माली, और हर घर एक खामोश क्रांति। समय के साथ, छत पर उगे वे छोटे-छोटे पौधे ज़मीन पर आ गए, सड़कों के किनारे, नहरों और मंदिरों के प्रांगणों में रोपित किए गए। वे जंगल बन गए, और छतें कहानियाँ बन गईं।

अब पीछे मुड़कर देखने पर मुझे एहसास होता है कि छत महज़ एक जगह नहीं थी, बल्कि एक प्रतीक थी। निजी और सार्वजनिक, घरेलू और आध्यात्मिक का मिलन बिंदु। वह जगह जहाँ आकाश मानव हाथों से मिलता था।

'रूफ़टॉप नर्सरी मूवमेंट' अर्थात् छत पर नर्सरी की शुरुआत फ़ंडिंग, नीति या योजना के बल पर नहीं हुई थी। इसकी शुरुआत अटूट प्रेम से हुई थी। उस प्रेम से जो यह मानने को तैयार नहीं था कि किसी पवित्र वस्तु को छुआ नहीं जा सकता। हमने बिना किसी नियमावली, बिना किसी डिग्री और बिना किसी मान्यता के शुरुआत की। लेकिन हमारे पास वह सब था जो मायने रखता था, शुरुआत करने का साहस और अनगिनत स्नेही हाथों का साथ।

15

पवित्र औज़ार

हर माली के जीवन में एक ऐसा क्षण आता है जब औज़ार महज़ औज़ार नहीं रह जाते, बल्कि साथी बन जाते हैं। उदाहरण के लिए, मेरे फावड़े के पास मुझसे मिलने वाले अधिकांश लोगों से कहीं ज़्यादा कहानियाँ हैं। इसके लकड़ी के हैंडल पर हज़ारों सुबहों की चमक है; इसकी धातु की धार पर मानसून की खाइयों और पथरीली, ज़िद्दी मिट्टी के निशान हैं। हर निशान, हर धब्बा, हर जंग, एक स्मृति है।

खेत में हर दिन काम करने के बाद, मैं मिट्टी से सने हाथों और उससे भी ज़्यादा मिट्टी से भरी आत्मा के साथ घर लौटता हूँ। लेकिन आराम करने से पहले, औज़ारों को ठीक से रखना ज़रूरी है। उन्हें साफ करना कोई बोझ नहीं, बल्कि एक रस्म है। कन्नी पर लगी मिट्टी गंदगी नहीं है; यह उस जगह की कहानी है जहाँ आप गए थे। मैं उसे धीरे से झाड़ता हूँ, ब्लेड को धोता हूँ, सुखाता हूँ और धातु को ज़ंग लगने से बचाने के लिए उस पर नारियल तेल की एक पतली परत लगाता हूँ।

इन्हें साफ करने के लिए इस्तेमाल किए जाने वाले ब्रश पुराने टूथब्रश हैं, जो इतने नरम हैं कि स्टील को नुकसान नहीं पहुँचाते, फिर भी इतने मज़बूत हैं कि उन जगहों तक पहुँच सकें जहाँ कपड़ा नहीं पहुँच सकता। हर बार ब्रश चलाने पर ऐसा लगता है मानो किसी पुराने दोस्त के घाव पर मरहम लगा रहे हों।

नानी कहा करती थीं, 'जिस दिन तुम अपने औज़ारों को साफ करना बंद कर दोगे, उस दिन मिट्टी तुम पर भरोसा करना छोड़ देगी।' तब मुझे यह बात समझ नहीं आई थी। अब समझ आती है। साफ औज़ार सिर्फ काम के नहीं होते; वे श्रम, भूमि और जीवन के प्रति सम्मान के प्रतीक हैं।

हमारे छोटे से शेड में, हर औज़ार का एक नाम और एक तय जगह है। फावड़ा उत्तरी दीवार से टिका है, उसके बगल में रेक। हाथ का काँटा, प्रूनिंग कैंची, प्रूनिंग कटर, सभी एक लकड़ी के तख़्ते पर रखे हैं जिस पर उनकी आकृतियाँ बनी हैं, ताकि अगर कोई एक औज़ार खो भी जाए, तो उसकी कमी ऐसे महसूस हो जैसे कोई दाँत गायब हो गया हो। यहाँ तक कि पानी देने वाले डिब्बों के लिए भी एक अलग कोना है, जिन्हें उल्टा करके रखा गया है ताकि कोई मच्छर अंदर घर न बना ले।

औज़ारों का शेड एक मंदिर जैसा होता है, छोटा, शांत और पवित्र। अंदर की हवा में मिट्टी, तेल, लकड़ी और धातु की ख़ुशबू फैली रहती है, जो खेत में काम करने के चार तत्त्व हैं। मैं अक्सर वहाँ अगरबत्ती जलाता हूँ, ठीक वैसे ही जैसे नानी खाना बनाने से पहले जलाती थीं। ये दोनों ही कार्य कृतज्ञता व्यक्त करने के तरीके हैं, एक शरीर के पोषण के लिए, दूसरा धरती के पोषण के लिए।

बचपन में मैं टूटी-फूटी चीज़ें फेंक देता था। फिर धरती ने मुझे सब्र सिखाया। अब मैं हर टूटे हैंडल को घिसकर नया हैंडल लगाता हूँ, हर ढीले पेंच को कसता हूँ और हर कुंद ब्लेड को ध्यान से पैना करता हूँ। किसी औज़ार को नया जीवन देने में एक अलग ही संतुष्टि मिलती है, एक तरह का शांत पुनर्जन्म।

मेरे पास पुणे के एक नर्सरी कर्मचारी से मिला एक पुराना सान पत्थर है। हर कुछ हफ़्तों में मैं खिड़की के पास बैठकर धीरे-धीरे गोलाकार गति में अपने प्रूनिंग कैंची को तेज़ करता हूँ। पत्थर और स्टील की रगड़ की आवाज़ किसी मंत्र की तरह लगती है। यह ध्यानपूर्ण, लयबद्ध और शाश्वत है।

मेरे दस्ताने केवल सुरक्षा ही नहीं, बल्कि यादों के नक्शे भी हैं। राजस्थान के चमड़े के दस्तानों में अभी भी ऊँट की धूल की हल्की-सी महक है; दिल्ली के सूती दस्तानों पर क्लोरोफ़िल के हरे धब्बे हैं। ये सभी धूप में सूखे हैं, इनकी उँगलियाँ प्रार्थना में खुली हथेलियों की तरह बाहर की ओर मुड़ी हुई हैं। इनके ऊपर हर मौसम की टोपियाँ टँगी हैं, हर एक पसीने से भीगी, यादों से सराबोर और धूप से अलग-अलग रंग की। लोग पुरस्कार इकट्ठा करते हैं; मैं टोपियाँ इकट्ठा करता हूँ। कुछ फटी हैं, कुछ घिसी हुई हैं, कुछ फीकी पड़ गई हैं, लेकिन हर एक पर हज़ारों पौधों के रोपने की छाप है। ये छोटी-छोटी जीतों के झंडों की तरह लटकी हैं।

रात में, जब दुनिया शांत हो जाती है, मैं कभी-कभी उन्हें देखने के लिए शेड में जाता हूँ। फावड़े आराम करते सैनिकों की तरह खड़े होते हैं। दस्ताने मुड़े हुए पंखों की तरह आराम से रखे होते हैं। पानी के डिब्बे चाँदनी में हल्की चमक बिखेरते हैं। ऐसा लगता है मानो औज़ार सपने देख रहे हों, सुबह के, मिट्टी के और अभी किए जाने वाले काम के। मैं धीरे से दरवाज़ा बंद कर देता हूँ। उन्होंने आराम करने का हक़ कमा लिया है।

लोग अकसर मुझसे पूछते हैं कि मैं औज़ारों के बारे में ऐसे क्यों बात करता हूँ जैसे वे सजीव हों। इसका जवाब सरल है, वे हमारे ही अंग हैं। फावड़ा वहाँ खोदता है जहाँ हमारे हाथ नहीं पहुँच सकते। रेक वह इकट्ठा करता है जो हमारी उँगलियाँ नहीं कर सकतीं। पानी देने वाला डिब्बा वह ले जाता है जो हमारी हथेलियाँ नहीं पकड़ सकतीं। साथ मिलकर हम पूर्ण बनते हैं। इनके बिना मैं बस मिट्टी को घूरता हुआ एक आदमी होता। इनके साथ मैं एक माली बन गया।

नानी अपने रसोई के चाकुओं में उसी तरह तेल लगाती थीं जैसे मैं अपने छँटाई करने वाले औज़ारों में लगाता हूँ। उन्होंने कहा, 'धातु एक आदमी की तरह होती है, बिना प्यार के उसमें ज़ंग लग जाता है।' तब मैं मुस्कुराया था; अब तो और भी ज़्यादा मुस्कुराता हूँ। मेरे पास जितने भी

औज़ार रहे हैं, वे सब विकास, क्षय और नवीनीकरण के गवाह रहे हैं। उन्होंने पहली बारिश देखी है, लंबे सूखे देखे हैं, स्वयंसेवकों की हँसी देखी है, पेड़ों की ख़ामोशी देखी है।

जब कोई फावड़ा बुरी तरह टूट जाता है, तो मैं उसे फेंकता नहीं हूँ। कृतज्ञता के प्रतीक के रूप में, मैं उसे किसी पीपल या नीम के पेड़ के पास गाड़ देता हूँ। फिर मैं मन-ही-मन कहता हूँ, 'जिस धरती की तुमने सेवा की, उसे वापस लौटा दो।' यही सृष्टि और कर्म का संपूर्ण चक्र है।

16

एनिड ब्लायटन से रस्किन बॉन्ड तक

मिट्टी को छूने से पहले ही मैंने पन्ने पलटने शुरू कर दिए। मेरे पहले जंगल जड़ों और तनों के नहीं, बल्कि शब्दों के थे, वाक्यों की व्यवस्थित पंक्तियाँ जो कल्पना की धूप में छोटे पौधों की तरह खड़ी थीं।

कि़ताबों के प्रति मेरा प्रेम तब शुरू हुआ जब मुझे यह भी नहीं पता था कि मैं उनका क्या करूँगा। घर में नानी का संदूक ही मेरी पहली लाइब्रेरी थी। उसमें कपूर, नेप्थलीन की गोलियों और पुराने कागज़ों की महक आती थी। उसके अंदर खजाने थे — परियों की कहानियों की फटी हुई किताबें, दुनियाभर की लोककथाएँ और कुछ पुरानी किताबें। *रीडर्स डाइजेस्ट* दूर-

दराज़ के पहाड़ों और नदियों की तस्वीरों में कुछ समस्याएँ थीं। जब मैंने उन पन्नों को खोला, तो मानो पूरी दुनिया ही खुल गई।

उन शुरुआती वर्षों में, मेरा मानना था कि कहानियाँ सजीव होती हैं। हर किताब एक सजीव प्राणी थी जो खुलने पर बोलती थी और बंद होने पर शांत हो जाती थी। मैं पन्नों के बीच एक फूल की पंखुड़ी भेंट के रूप में रखता था, मानो अपनी दुनिया से कुछ अर्पित कर रहा हो, उस कृतज्ञता के रूप में जो उसने मुझे अपनी दुनिया से दी है।

मुझे जो कुछ भी मिलता, मैं पढ़ता, लोक कथाएँ, नैतिक कहानियाँ, जानवरों के बारे में छोटी-छोटी रचनाएँ या मेरे पिता जी के सेना में तबादलों के कारण छूटे हुए आधे-अधूरे विश्वकोश। बच्चों का विश्वकोश — यह मेरे लिए आश्चर्य का एक मानचित्र बन गया। मैंने अपनी उँगलियों से नदियों के निशान बनाए, पहाड़ों के नाम प्रार्थना की तरह ज़ोर-ज़ोर से दोहराए : हिमालय, एंडीज़ आल्प्स, अरावली। दुनिया का भूगोल एक जीवित जीव की तरह मेरे सामने खुल गया।

नदियाँ और पहाड़ मेरे पहले शिक्षक बने। मैं नोटबुक में उनके नाम लिखता, कभी-कभी रंगीन पेंसिलों से उनका चित्र बनाता और उनके रास्तों पर चलने की कल्पना करता। मैंने अभी तक गंगा के दीप्तिमान जल को नहीं देखा था, लेकिन मैं उसकी सहायक नदियों, उसके मोड़ों और हिमनदों में उसके उद्गम स्थल को पहले से ही जानता था।

फिर आईं एनिड ब्लिटन, जो मेरे स्कूली दिनों की जादूगरनी थीं। मैंने उनकी लिखी हर एक रचना पढ़ी होगी। उनकी किताबें मेरे लिए आज़ादी, दोस्ती और असीम जिज्ञासा का माध्यम थीं।

ब्लिटन की चर्चित पुस्तक द *फेमस फ़ाइव* के चरित्र अनजाने में ही मेरे पहले पर्यावरणविद बन गए। वे हमेशा बाहर रहते थे, गलियों में साइकिल चलाते थे, नदियों के किनारे कैंप लगाते थे, घास के मैदानों में पिकनिक मनाते थे और चट्टानों और खाड़ियों के बीच रहस्य सुलझाते थे।

उनकी कहानियों ने मेरे अंदर खुले आसमान और निडर संगति के प्रति प्रेम जगा दिया।

मुझे उनकी समुद्रतटीय यात्राओं, उनके द्वारा पैक किए गए सैंडविच, उनके द्वारा पी जाने वाली जिंजर बियर और उनके वफ़ादार साथी कुत्तों से ईर्ष्या होती थी। उस समय मेरे पास न तो कुत्ता था और न ही साइकिल, लेकिन मेरे पास कल्पना थी। और यही पर्याप्त था। ब्लिटन को पढ़ना गर्मियों का स्वाद चखने जैसा था। हर किताब में घास, नमक और आज़ादी की महक आती थी।

उनकी दुनिया में उपदेश दिए बिना ही एक गहरा नैतिक संदेश छिपा था। उनके बच्चे स्वतंत्र होते हुए भी दयालु, साहसी होते हुए भी विनम्र, व्यावहारिक होते हुए भी जिज्ञासा से भरे हुए थे। उन्हें साधारण-सी जगहों में भी जादू नज़र आता था : किताबों की अलमारी के पीछे छिपा एक गुप्त रास्ता, खोखले पेड़ में छिपी एक चाबी। शायद यहीं से खोखले तनों के प्रति मेरा आकर्षण शुरू हुआ।

मैं रात को देर तक कंबल ओढ़कर ब्लिटन की किताबें पढ़ता था। टॉर्च की रोशनी में जो बहुत गर्म हो जाती थी और मेरी उँगलियाँ जल जाती थीं। मुझे याद है कि गणित की क्लास के दौरान मैं स्कूल की नोटबुक में किताबें छिपा लेता था। गणित तो बाद में भी हो सकता था; रोमांच नहीं।

जब मैं बारह साल का हुआ, तब तक मैं सब कुछ पढ़ चुका था। *द फेमस फाइव, द सीक्रेट सेवन, द एडवेंचर्स सीरीज़, मैलोरी टावर्स* और यहाँ तक कि बोलने वाले जानवरों और जादुई जंगलों पर लिखी उनकी किताबें भी। उनकी परियों और खोजकर्ताओं के बीच, मुझे कल्पना तथा प्रकृति के बीच एक सेतु मिला। उन्होंने मुझे यह विश्वास दिलाया कि प्राकृतिक दुनिया केवल पृष्ठभूमि का दृश्य नहीं है, बल्कि एक जीवंत पात्र है। जंगल जीवंत था, हवा इशारे करती थी और समुद्र पहेलियों में बोलता था।

जैसे-जैसे मैं बड़ा होता गया, पुस्तकालय मेरी पसंदीदा जगह बन गए। मेरे पिता जी का जहाँ भी तबादला होता, मैं दोस्तों से पहले पुस्तकालय ढूँढ़ लेता था। पुणे, जालंधर, इलाहाबाद, चंडीगढ़, देहरादून, हर जगह किताबों का अपना खज़ाना था। लाइब्रेरी के प्रभारी मुझे उस लड़के के रूप में पहचानने लगे थे जो किताबें बहुत जल्दी लौटा देता था।

मैं ऐसे पढ़ता था जैसे कोई पौधे लगा रहा हो, व्यवस्थित ढंग से, जिज्ञासा से, शांत विश्वास के साथ। विश्वकोश, एटलस, पशु-पुस्तकों की गाइड और नेशनल ज्योग्राफ़िक के पुराने अंक मेरे प्रिय साथी थे। इनके माध्यम से मैंने बिना टिकट के यात्रा की : नील नदी के डेल्टा, आल्प्स पर्वत, अमेज़न, ऑस्ट्रेलिया की प्रवाल भित्तियों तक।

जब कई वर्षों बाद मैंने ऑस्ट्रेलिया का दौरा किया, तो मुझे ऐसा लगा जैसे यहाँ मैं पहले भी आ चुका हूँ। मैंने अपने पढ़ने के अनुभव में उन रेगिस्तानों और तटों पर हज़ारों बार सैर की थी।

अगर एनिड ब्लिटन ने चिंगारी जलाई, तो रस्किन बॉन्ड ने लौ को जलाए रखा। मैंने उन्हें स्कूल की एक शांत दोपहर में, पुस्तकालय के एक छोटे से कोने में पाया, जिस पर 'भारतीय लेखक' लिखा हुआ था। उनकी किताब 'ए रूम ऑन द रूफ़' के साथ मैं वहाँ भारी-भरकम किताबों के बीच विनम्रता से बैठा था। किताब के पन्ने पर एक लड़का पहाड़ियों की ओर देख रहा था। उस लड़के के अकेलेपन में कुछ ऐसा था जो मेरे अपने अकेलेपन को दर्शाता था।

उस दिन से बॉन्ड मेरे जीवन भर के साथी बन गए। अगले चालीस वर्षों तक, मैंने उनकी लिखी हर चीज़, लघु कथाएँ, निबंध, कविताएँ, डायरी, संकलन, सब कुछ बार-बार पढ़ा। उनके शब्द मेरी अपनी यात्रा के लिए शांत पृष्ठभूमि संगीत बन गए।

बॉन्ड में मुझे वह भारत मिला जिससे मुझे प्यार था — धीमा, सौम्य, हरियाली से भरा, मानवीय। उनकी पहाड़ियाँ पर्यटक स्थल नहीं थीं; वे

सजीव प्राणी थीं। उनके लोग नायक नहीं थे; वे दयालु अजनबी, छोटे बच्चे, बूढ़े दुकानदार, चौकस तेंदुए और ऐसे भूत थे जिन्होंने कभी किसी को नुकसान नहीं पहुँचाया। उन्होंने दयालुता को प्रचलन में ला दिया।

उनको पढ़ना ऐसे जैसे पहाड़ों में बारिश या देहरादून में हमारे पेड़ आज भी उगते हैं। ऐसा लगा मानो धुंध भरी सड़क पर किसी पुराने दोस्त से मुलाकात हो गई हो। उन्होंने प्रकृति का कभी अतिशयोक्तिपूर्ण वर्णन नहीं किया; उन्होंने बस उसका इस तरह वर्णन किया कि वह पवित्र लगने लगी। बॉन्ड ने क्रांति की भाषा का नही; शांति की भाषा का प्रयोग किया। शायद इसी ने मेरी अपनी आवाज़ को हमेशा के लिए आकार दिया।

मैं अकसर अपनी डायरियों में उनके उद्धरण लिखता हूँ। एक बार, मसूरी के पास पेड़ लगाते समय, मैंने लिखा था :

आज मैंने ढलानों पर पीपल के पौधे लगाए। मुझे बॉन्ड की ये पंक्ति याद आई, 'एक बार जब आप पहाड़ों के साथ रह लेते हैं, तो आप उनके हो जाते हैं।' शायद अब मैं भी उनका हो गया हूँ।

रस्किन बॉन्ड ने मुझे जीवन की लय, बारिश की कविता और छोटी-छोटी चीजों की समझ का सम्मान करना सिखाया। उनके माध्यम से मैंने सीखा कि जीवन को सार्थक होने के लिए बड़ा होना ज़रूरी नहीं है, बस उसमें गहराई होनी चाहिए।

जैसे ही मैंने कॉलेज में कदम रखा, मेरी पढ़ने की रुचि बढ़ने लगी। मैं थोरो, एमर्सन, राहेल कार्सन, जॉन म्यूर और डार्विन से मिला, दूर देशों की ऐसी आवाज़ें जो हमारे जंगलों की ही भाषा बोलती थीं।

थोरो ने मुझे सिखाया कि एकांत पवित्र होता है। एमर्सन ने धीरे से कहा कि प्रकृति ईश्वर का प्रत्यक्ष रूप है। राहेल कार्सन ने मुझे दिखाया कि विज्ञान और संवेदनशीलता साथ-साथ चल सकते हैं। योसेमाइट से म्यूर के पत्र भजन की तरह लगते हैं। डार्विन की समुद्री यात्राओं ने मुझे धैर्य और अवलोकन सिखाया।

उनमें से प्रत्येक ने मुझे साधन दिए : दर्शन, पारिस्थितिकी, जिज्ञासा, विनम्रता। और फिर भी, जब भी उनके शब्द बहुत अपरिचित या बोझिल लगने लगते, मैं बॉन्ड की ओर लौट जाता, उनकी पहाड़ियाँ ही मेरा घर थीं।

अपने जीवन के उत्तरार्ध में, मैंने उन भारतीय लेखकों को पुनः खोजा जो लंबे समय से औपनिवेशिक पाठ्यक्रम के पीछे छिपे हुए थे : जिम कॉर्बेट, सलीम अली, टैगोर, आर.के. नारायण और कालिदास। प्रत्येक ने प्रकृति का एक अलग रूप प्रकट किया : कॉर्बेट का साहस, अली की सटीकता, टैगोर की आध्यात्मिकता, नारायण का हास्य, कालिदास का ब्रह्मांडीय गीतात्मकता।

टैगोर का 'गीतांजलि' में ओस की बूँदों में दिव्यता का वर्णन किया गया है। कालिदास की 'मेघदूत' ने मुझे बादलों को संदेशवाहक के रूप में देखना सिखाया। आर.के. नारायण की रचना 'स्वामी और मित्र' ने मुझे याद दिलाया कि बचपन और सादगी को भुलाया नहीं जा सकता, बल्कि उन्हें पौधों की तरह संजोकर रखना चाहिए।

अब जब मैं पीछे मुड़कर देखता हूँ, तो मुझे एहसास होता है कि मेरा पढ़ने का जीवन पौधारोपण के जीवन के लिए एक प्रशिक्षण था। हर किताब एक प्रजाति थी। हर लेखक एक माली था।

17

पीपल से लोगों तक

कोई भी इंसान अकेला नहीं रह सकता। मेरे संपर्क दफ़्तरों या सम्मेलनों में नहीं बढ़े, बल्कि चाय की दुकानों, ढाबों, सड़क किनारे की दुकानों, बगीचों की बेंचों, गाँव के पेड़ों के नीचे, साइकिल मरम्मत की दुकानों, बेकरियों और पान की दुकानों में पनपे।

इलाहाबाद में, जहाँ मैंने इतिहास, राजनीति विज्ञान और साहित्य का अध्ययन किया, मैंने खाने से ज़्यादा किताबों पर ख़र्च किया। लेकिन चाय की दुकानों में मैंने अनगिनत घंटे बिताए। वे भारत के असली विश्वविद्यालय थे : ग़ैर-पंजीकृत, अव्यवस्थित और बेरोकटोक। उन टीन की छत वाली दुकानों पर हर वर्ग, जाति और जिज्ञासा के लोग इकट्ठा होते थे। चाय की दुकानें स्वयंसेवी केंद्र, बातचीत की कक्षाएँ और ऐसी जगहें बन गईं जहाँ अजनबी लोग बागवानी में साथी बन जाते थे।

पुराने ढाबों की अपनी एक अलग पहचान थी, हुक्का पीते बुज़ुर्ग लोग, तवों पर पकते पराठे और अगरबत्ती की तरह उठता सरसों के तेल का धुआँ। हर ढाबे का अपना एक अलग स्वाद होता था। आज, हाईवे के खाने ने वह विशिष्टता खो दी है, एक ही तरह की चटनी सब पर जँचती है। लेकिन उन दिनों, ढाबे मेरी प्रकृति से जुड़ी यात्राओं का हिस्सा थे। विशेषकर

फौजी ढाबे, अपने धुएँदार पराठों और उदार स्वभाव के साथ मुझे कैलोरी और साहस, दोनों प्रदान करते थे। राजमार्गों के किनारे पौधारोपण करने के कारण राजमार्ग ही मेरा घर बन गया और भोजन ही मेरी ऊर्जा बन गए।

मैंने चुपचाप रहना सीख लिया था। ज़्यादा बोलने से दुश्मन आ जाते हैं। चुप रहना ज़्यादा सुरक्षित है। जब काम चुपचाप किया जाता है, तो सालों बाद उसका शोर अपने आप पैदा हो जाता है। मेरा तरीका सीधा-सादा था : गड्ढे खोदना, सड़कों के नम किनारों पर निशान लगाना, पौधे लगाना, उन्हें पानी देना और खाद डालना, यही प्रक्रिया दोहराना। कुछ दिन मैं सुबह खोदता और शाम को पौधे लगाता। कुछ हफ़्तों में यह चक्र चार दिन का होता था। दोस्तों के साथ काम करने से गति तेज़ हो जाती थी, लेकिन फावड़े से धैर्य रखना ज़रूरी हो जाता था।

मैंने इसे इसलिए लगाया क्योंकि इससे मुझे ख़ुशी मिलती थी, ठीक वैसी ही संतुष्टि जो एक लंबे राजमार्ग सफ़र पर भूखे यात्री को बटर-जैम टोस्ट से मिलती है। मेरे जीवन का सिद्धांत हमेशा से बटर-जैम की तरह सरल रहा है : जो ख़ुशी दे, वही करो और जो सहारा दे, वही बाँटो। चाय और टोस्ट, मेरे मौन साथी रहे हैं। भारत के राजमार्गों पर आपको स्वादिष्ट खाना शायद न मिले, लेकिन आपको हमेशा काली केतलियों से निकली चाय मिलेगी, जो आशा की तरह मीठी होती है। इस ऊर्जा ने मुझे किसी भी जटिल आहार योजना से कहीं अधिक आगे बढ़ाया है। अँगूर और केले भले ही आए और चले गए हों, लेकिन चाय ही मेरा सच्चा अमृत बनी रही।

इसलिए जब मैं 'पीपल के पेड़ से लोगों तक' कहता हूँ, तो यह कोई नारा नहीं है। यह मेरे जीवन की सच्चाई है। एक पेड़ से एक इंसान तक, एक इंसान से एक समुदाय तक और समुदायों से एक देश तक, यह जुड़ाव स्वाभाविक है। जड़ें चुपचाप ज़मीन के नीचे जुड़ती हैं; इंसान चाय की दुकानों में, ढाबों में, नर्सरी में, भरोसे के समूहों में जुड़ते हैं। यह कोई सिद्धांत नहीं है; यह प्रत्यक्ष अनुभव है।

ओशो ने मंदिर नहीं बनवाए; उन्होंने मित्रों के लिए मिलन स्थल बनाए, जहाँ मूर्ति से अधिक विचार का महत्त्व था, जहाँ सभा ही प्रार्थना थी। उनकी उपस्थिति ने मेरी इस समझ को आकार दिया कि समुदाय, चाहे भिक्षुओं के हों या बागवानों के, प्रचार के लिए नहीं, बल्कि परियोजनाओं के लिए होते हैं। यही मेरे काम का मूलमंत्र बन गया।

लेकिन ओशो से बहुत पहले, मेरी नानी ने मुझे पीपल के पेड़ों के भूतों के समुदाय में दीक्षित किया था। उन्होंने चेतावनी देते हुए कहा, 'जब तक भूत पीपल के पेड़ों पर निवास करते हैं, तब तक तुम काम करते रहोगे। वे तुम्हारे रखवाले होंगे।' जब वन की आत्माएँ तुम्हारे साथ हैं, तो किसी बात से डरने की क्या ज़रूरत है?

'पत्ता ही परमात्मा है,' नानी कहा करती थीं, हर पत्ता ईश्वर है। यही मेरी बुनियाद बन गया। अगर हर पत्ता दिव्य है, तो पेड़ लगाना मंदिर बनाने के समान है। पीपल का पेड़ मात्र एक पेड़ नहीं है; यह ईश्वर का साक्षात रूप है, जिसके चारों ओर प्रेतों का एक समूह है जो जब चाहे मुझे सलाह दे सकता है।

बचपन में, पहाड़ी इलाकों में, बनारस, ऋषिकेश और हरिद्वार के घाटों पर, मुझे भूत-प्रेतों की कहानियाँ सुनने को मिलती थीं। बाद में, जब अख़बार यूएफओ देखे जाने और एलियन सिद्धांतों से भर गए, तो मुझे हँसी आ गई। भूत, एलियन, पूर्वज, सब एक ही रहस्य का हिस्सा थे। मेरे लिए, पीपल का पेड़ दूरबीन और मंदिर, दोनों था।

मुझे बताया गया था कि पीपल के पेड़ इंसानी हाथों से नहीं उग सकते। शायद यही वह अंतिम प्रेरणा थी जिसकी मुझे ज़रूरत थी। ग्यारह साल की उम्र में, मैंने सबको गलत साबित करने का फैसला किया। फ़ाइकस के पौधे दीवारों, नालियों और टूटी सीढ़ियों की दरारों से ज़िद से उग आते थे। हर शहर के कोने में मेरी नर्सरी मौजूद थी, जहाँ से आप पौधे ले सकते थे। मुझे पता था कि नगर निगम का सफाईकर्मी उन्हें कचरे के रूप में हटा देगा। मेरे लिए, हर पौधा एक ऐसा जंगल था जो बनने की प्रतीक्षा कर रहा था। लाखों भावी पेड़ झाड़ू की वजह से नष्ट हो रहे थे। इसलिए मैंने उन्हें बचाना शुरू किया, एक-एक करके, अपनी लाल साइकिल पर, पैदल और बाद में स्कूटर पर।

मुझे वानिकी का कोई औपचारिक ज्ञान नहीं था। मेरी शिक्षा अवलोकन से हुई। नानी ने मुझे बस स्टेशन पर, सिनेमाघरों में, ट्रेन की बेंचों पर सिखाया : 'देखो, और एक दिन तुम बुद्धिमान बन जाओगे।' बाद में विज्ञान ने उनकी सहज समझ की पुष्टि की : फ़ाइकस के पेड़ प्रमुख प्रजाति हैं, जो जंगलों को अपनी शाखाओं पर संभाले रखते हैं। एस्पेन के पेड़ स्वयं को क्लोन करते हैं, उनकी हर कोशिका में एक निर्देश पुस्तिका होती है, और यहाँ तक कि मानव माताएँ भी अपने बच्चों की कोशिकाओं के अंश हमेशा के लिए अपने भीतर रखती हैं। जीवन एक लंबी नर्सरी की तरह है।

आलोचक भी आए, बेशक! वे हमेशा आते हैं। लोग बिना जाने सलाह देना पसंद करते हैं। वे रीति-रिवाज़ों को बागवानी में और पूर्वाग्रहों को

वानिकी में ले आते हैं। मैंने मुस्कुराना, सिर हिलाना और काम करते रहना सीख लिया। अलग दिखने के लिए मुझे उदासीन रहना पड़ा।

फिल्मों ने मुझे भी बचाया। सिनेमा हॉल मेरे लिए पलायन का मंदिर था, एक ऐसी जगह जहाँ मैं हँसता, रोता, सपने देखता और तरोताज़ा होता था। मेरा जीवन हमेशा से फिल्मी रहा है, लेकिन आखिर फिल्म क्या है, अगर कहानियों का एक क्रम नहीं है?

इन सबमें संतुलन का बहुत महत्त्व था। माताओं, बहनों और महिला स्वयंसेवकों की नारी ऊर्जा ने मेरे काम को पोषण देने की शक्ति प्रदान की। पुरुष खुदाई और मेहनत कर सकते थे, लेकिन महिलाएँ पौधों की देखभाल करती थीं। साथ मिलकर हमने जंगल बनाए।

अंततः, मैं इसे एक निरंतर प्रक्रिया के रूप में देखता हूँ : ओशो के मित्रों का समूह, नानी की आत्माएँ, पीपल के पेड़ की छतरी, आलोचक और भीड़, सिनेमा हॉल और नर्सरी, डीएनए और धूल। यह सब अवलोकन और विश्वास का एक जाल है, पीपल से लेकर लोगों तक।

रेलवे स्टेशन के स्टॉलों से मुझे किताबें मिलीं। *सत्य के साथ मेरे प्रयोग* मेरी पहली पसंद थी। विवेकानंद, राजा राम मोहन राय, आर्य समाज, राष्ट्रवादी आंदोलन और विक्रम और बेताल की कॉमिक्स। नानी के एकमात्र आदर्श महात्मा गांधी थे। उनका नाम लेते ही वह हाथ जोड़ लेती थीं।

उनसे मैंने सीखा कि सादगी प्रामाणिकता से जन्म लेती है, और प्रामाणिकता केवल ईमानदारी और सत्यनिष्ठा से ही आती है। वे कहती थीं, 'आप उतने ही अच्छे होंगे जितनी अच्छी किताबें आप पढ़ेंगे।' और मैंने उनकी बात पर विश्वास किया।

सादगी मेरी विरासत बन गई। जेब ख़र्च बहुत कम था, साइकिलें मेरी सेना थीं, और जींस हमारे आंदोलन की वर्दी बन गई। एक खादी का कुर्ता, साइकिल से टँगा एक फावड़ा, एक गमछा, कंधे में लटके हुए सूती थैले

जिनमें पौधे रखे होते थे, यही हमारा फैशन था, यही हमारा दर्शन था, यही हमारी पहचान।

जो एक व्यक्तिगत पसंद के रूप में शुरू हुआ था, वह एक संक्रामक प्रवृत्ति बन गया। दोस्तों और स्वयंसेवकों ने सादगी की एक ही शैली अपना ली। पाँच साल से अधिक समय तक चलने वाली डेनिम जींस स्वयंसेवकों के लिए बैग और थैली बन गईं। महात्मा गांधी का संदेश नानी से मुझ तक और मुझसे मेरे साथियों तक पहुँच गया।

सादगी कोई अभाव नहीं थी; यह शक्ति थी। इसने मुझे मिलनसार, भरोसेमंद और कुशल बनाया। लोग मेरी मदद करने लगे क्योंकि उन्हें लगा कि उनका योगदान विलासिता पर व्यर्थ नहीं जा रहा है। साइकिल चलाने से किराया बच गया, सादगी भरी जीवनशैली से तनाव कम हुआ और कुर्ते-जींस का साधारण पहनावा किसी भी दिखावटी चीज़ से कहीं अधिक प्रभावशाली बन गया। प्रकृति का विरोधाभास यह है कि सादगी ही सबसे जटिल नियम है। एक बार जब आप इसे अपना लेते हैं, तो आपके लिए रास्ते खुल जाते हैं।

रेलवे ने मुझे गति सिखाई। किताबों ने मुझे सोचना सिखाया। नानी ने मुझे सादगी सिखाई। इस सब ने मिलकर पौधारोपण को संभव बनाया, न कि केवल एक शौक के रूप में, बल्कि जीवन शैली के रूप में।

अतीत को फिर से जीना एक सुखद अनुभव है। कलम के कागज़ पर पड़ते ही भूले-बिसरे दरवाज़े खुल जाते हैं और यादें लौट आती हैं — चेहरे, घटनाएँ, यहाँ तक कि मानसून की सुबह गीली मिट्टी की महक भी। मुझे एहसास होता है कि लेखन अतीत को गढ़ने के बारे में नहीं, बल्कि उसे उजागर करने के बारे में है।

दशकों तक ख़ुद काम करने के बाद सिखाना आसान हो जाता है। पिछले बीस वर्षों में, मैंने प्रशिक्षण, कौशल विकास, मार्गदर्शन और उन्नति पर अधिक ध्यान दिया है। टीमें, स्वयंसेवक, पौधारोपण स्थलों के पास के

समुदाय, यहाँ तक कि कॉर्पोरेट साझेदारों के कर्मचारी, सभी को मार्गदर्शन की आवश्यकता थी, और मुझे फिर से शिक्षक बनकर आनंद आया। सोशल मीडिया एक और कक्षा बन गया, जनता के कानों में धीरे से यह संदेश पहुँचाने का एक तरीका : 'कुछ उगाओ।'

जब मैंने शुरुआत की थी, तब मैंने कभी सोचा भी नहीं था कि मैं एक गैर सरकारी संगठन चलाऊँगा। यह विचार ही मुझे डरा देता था — कागज़ी कार्रवाई, समितियाँ, बैंक खाते। मैंने लगभग एक दशक तक इसका विरोध किया। जॉन अब्राहम और माइक पांडे से मुलाकात के बाद ही मैंने हार मानी। उनके शब्दों ने मुझे प्रेरित किया : अब ढाँचा बनाने का समय आ गया था। और इसलिए, अनिच्छा से ही सही, मैंने ग़ैर-सरकारी संगठनों की दुनिया में कदम रखा।[1]

लेकिन भीतर से, मैं कभी भी 'मैं' नहीं था। जब पौधों की देखभाल की बात आती थी, तो मैं हमेशा 'हम' होता था। मैं शायद ही कभी अकेले काम करता था। दोस्त, साथी, स्वयंसेवक, पौधे हमेशा साथ रहते थे, और मैं भी। इसीलिए मैं 'पेड़ लगाने का काम' वाले वाक्यांश को पसंद करता हूँ, न कि 'पौधारोपण' को। हम संभावनाएँ बोते हैं, नन्हे जीव जो पेड़ बनने में वर्षों लगा देते हैं। हमारा काम हमेशा से इन नन्हे जीवों के साथ ही रहा है।

कलम और पेंसिल मेरे साथी रहे हैं। जब कलमों की स्याही ख़त्म हो जाती, तो पेंसिल मेरे विचारों को आगे बढ़ाती थीं। फ़ेबर-कास्टेल, नटराज, अप्सरा, सभी मेरी सहचर थीं। कागज़ ने भी अपना योगदान दिया। मैंने लिफ़ाफों पर, पुराने नोटों पर, दस्तावेज़ों के पीछे लिखा। एक विचार, जो मैंने टेलीफोन बिल पर लिखा था, एक बड़े पौधारोपण अभियान की नर्सरी योजना बन गया।

---

1. https://www.facebook.com/peepalbaba/posts/ten-years-ago-from-archives-the-first-pair-of-shoes-i-received-from-john-abraham/2869568769803640/

कई वर्षों तक मुझे नई डायरी खोलना मुश्किल लगता था, ख़ाली पन्ने मुझे डराते थे। बाद में जाकर मैंने ख़ुद को यह छूट दी। फिर भी, नानी का नियम कायम रहा : 'जो आपके पास है, उसी का उपयोग करें, न कि अपनी इच्छाओं का।'

किताबों ने मुझे उतना ही आकार दिया जितना कि पौधों ने। उन्होंने मेरे कई महीने छीन लिए, लेकिन बदले में मुझे एक नया दृष्टिकोण दिया। मैंने अभी तक ऐसा कोई पाठक नहीं देखा जो नेतृत्वकर्ता न हो। नानी की आवाज़ आज भी गूँजती है : 'शिक्षक की तरह सोचो।' इस तरह काम करो कि दूसरे उसकी नकल कर सकें, दोहरा सकें और उसे आगे बढ़ा सकें। अगर तुम्हारा तरीका सिखाया नहीं जा सकता, तो वह तुम्हारे साथ ही ख़त्म हो जाएगा।

इसीलिए 'गिव मी ट्रीज़ ट्रस्ट' आम लोगों का आंदोलन बन गया। बीज इकट्ठा करने से लेकर नर्सरी लगाने तक, जूट के थैलों में गोबर ढोने से लेकर साधारण औज़ारों से पौधे लगाने तक, सब कुछ अनुकरणीय, सिखाने योग्य और करने योग्य था। ऐसी कोई मशीनरी नहीं थी जिसे दूसरे ख़रीद न सकें। ऐसा कोई सिद्धांत नहीं था जिसे घर के पीछे आजमाया न जा सके। यही रहस्य था : ज़मीनी स्तर पर किए गए प्रयासों से खाद तैयार करना, जहाँ छोटे-छोटे प्रयास विश्वास के जंगलों में तब्दील हो गए।

बाद में, यूट्यूब मेरे लिए वह बिना दीवारों वाली कक्षा बन गया। मेरा पहला वीडियो अपलोड बहुत ही साधारण था — एक स्वयंसेवक फोन पकड़े हुए, मेरा कुर्ता धूल से सना हुआ, एक साइकिल नीम के पेड़ पर टिकी हुई। मैंने सड़क किनारे पेड़ लगाने के बारे में बात की। मुझे उम्मीद नहीं थी कि कोई इसे देखेगा। एक हफ़्ते बाद, गुजरात के एक कॉलेज छात्र का संदेश आया : 'सर, मैंने वही किया जो आपने बताया था। मेरा पीपल का पेड़ जीवित है।' यही इस बात का पर्याप्त प्रमाण था कि डिजिटल जंगल की शुरुआत हो चुकी थी।

इन सब अनुभवों से मैंने नोट्स बनाना सीखा। विचारों को लिखने से आंतरिक उलझनों को एक आकार मिला। कागज़ पर विचार क्रिया रूप ले लेते थे। जो महत्त्वपूर्ण थे, वे बने रहते थे; बाकी सब लुप्त हो जाते थे। लेखन मेरे लिए शोर और सच्चाई के बीच अंतर करने का एक तरीका बन गया।

पढ़ना सहायक होता है। लिखना सहायक होता है। क्षेत्र में काम करना सहायक होता है। ये तीनों मिलकर सीखने की एक त्रिमूर्ति बनाते हैं : पहले कल्पना करना, फिर लिखना और अंत में मिट्टी में परीक्षण करना। यही मेरे जीवन की लय है।

अंत में, मुझे एहसास होता है कि मैं अभी भी नानी की सलाह का पालन कर रहा हूँ, इसे सरल रखो, इसे सिखाने योग्य रखो और इसे जीवित रखो।

पीपल से लेकर लोगों तक, जीने का यही अर्थ है।

18

पहले सफाई, फिर हरियाली

काम मेरे लिए एक दवा बन गया। भावनाएँ अकसर अशांत नदी में बहती नावों की तरह बेकाबू हो जाती थीं, लेकिन काम ने मुझे स्थिरता दी। खड़खड़ाती टाइपराइटरों से भरे दफ़्तरों में, तेल और लोहे की गंध से महकते कारखानों में, तकनीकी शब्दावली से गूँजते कॉर्पोरेट गलियारों में, मुझे चकाचौंध नहीं, बल्कि लय मिली। काम अपने आप में महत्त्वपूर्ण नहीं था, बल्कि उसमें निहित अनुशासन महत्त्वपूर्ण था, बस उपस्थित होना, ध्यान केंद्रित करना और कार्य को पूरा करना।

जब कोई एकाग्रता से काम करता है, तो आत्म-दया के लिए समय नहीं बचता। हाथ चलते हैं, मन स्थिर होता है, हृदय शिकायत करना भूल जाता है। मुझे यह समझ आने लगा कि काम, चाहे कितना भी साधारण क्यों न हो, दोनों हाथों से की जाने वाली प्रार्थना का एक रूप है, कर्म का एक अनुष्ठान है। बाद में, जब मैंने ख़ुद को पौधों की देखभाल करते, मिट्टी खोदते, पानी के डिब्बे ढोते, यहाँ तक कि देर रात तक लिखते हुए पाया, तब भी यही समझ मेरे साथ थी : जहाँ भी हाथ ईमानदारी से चलते हैं, वहीं अर्थ समाहित हो जाता है।

उन दिनों मेरे साथी कोई ऋषि या संत नहीं थे, बल्कि हीर और रांझा नाम की दो शरारती बिल्लियाँ थीं। उनकी दुनिया छोटी-सी थी, यहाँ एक तकिया, वहाँ खिड़की की चौखट, फिर भी वे ऐसे व्यवहार करती थीं मानो ज्ञान के सम्राट हों। बीमार होने पर कौन-सी जड़ी-बूटियाँ खानी हैं, घायल होने पर किन कोनों में जाना है और किन खाद्य पदार्थों को बिना किसी नखरे के अस्वीकार करना है, यह वे सहज रूप से जानती थीं।

उन्हें देखकर मुझे एहसास हुआ कि जानवर कभी आयुर्वेद की पढ़ाई नहीं करते, कभी औषध-पुस्तकों के पन्ने नहीं पलटते, फिर भी वे एक ऐसी शालीनता से जीते हैं जिसकी नकल हम बेचैन और अतिशिक्षित इंसान नहीं कर सकते। हीर शांत भाव से सिमट गई, रांझा जिज्ञासा से उछल पड़ी; दोनों ने मिलकर मुझे याद दिलाया कि जीवन को जीतना नहीं, बल्कि उसका अवलोकन करना है। वे जंगल की जीती-जागती मिसाल थे, स्वयं ठीक होने वाले, स्वयं को बनाए रखने वाले, बस अकेले रहने की इच्छा रखने वाले।

हम इंसान, नियंत्रण की लालसा में, अकसर यह भूल जाते हैं कि जंगलों को हमारी ज़रूरत नहीं है; बल्कि हमें उनकी ज़रूरत है। जंगल अपने आप उगते हैं। हवा और पक्षी बीजों को हमारी किसी भी योजना से कहीं ज़्यादा दूर तक ले जाते हैं। हमारी सच्ची भूमिका प्रभुत्व नहीं, बल्कि संरक्षण है, हुकुम नहीं, बल्कि विनम्रता है।

इस सत्य से एक और सत्य का जन्म हुआ जिसे मैं अकसर आधे मज़ाक में, आधी गंभीरता से बुदबुदाता था : पहले साफ, फिर हरा। मानव जाति, अपनी आविष्कारशीलता की प्रतिभा के साथ-साथ, प्रदूषण फैलाने की भी क्षमता रखती है। हम अपने समाधानों को भी प्रदूषित करते हैं, जैसे कि पवन टरबाइन जिन्हें कंक्रीट के विशाल ढेर की आवश्यकता होती है और बिजली की बैटरियाँ जो ज़हरीले निशान छोड़ जाती हैं।

अधिक जोड़ने की जल्दबाज़ी करने से पहले, समझदारी भरा काम अकसर हटाना, साफ करना और मिट्टी व पानी को साँस लेने देना होता है। मैंने इसे छोटे-छोटे कामों में देखा : नालियाँ प्लास्टिक से भरी हुई थीं जहाँ स्वयंसेवक पेड़ लगाना चाहते थे, खेत मलबे से भरे हुए थे जहाँ उत्सुक हाथ बीज बिखेरना चाहते थे। मैं आह भरता, हँसता और उन्हें याद दिलाता : हम तो सफाई कर्मचारी हैं, पहले सफाईकर्मी, फिर माली। ज़मीन साफ होने पर ही हरियाली पनप सकती है।

घर पर, कुछ गमले एक नर्सरी बन गए, और वह नर्सरी पौधों के एक नेटवर्क में तब्दील हो गई। जिन लोगों ने पहले इस विचार का मज़ाक उड़ाया था, वे धीरे से कहने लगे, 'हम इसे पानी देंगे, चिंता मत करो।'

धरती को हरा-भरा करते समय उनके भीतर कुछ प्राचीन भावना जाग्रत हुई। श्रद्धा, सावधानी, लालसा— वे इसका कारण तो नहीं बता सकते थे, लेकिन उन्होंने इसे महसूस किया। असली जीत मिट्टी में लगे पौधे की नहीं, बल्कि हृदय में आए बदलाव की थी। संशय को जब कोमल भाव से संभाला जाता है, तो वह अकसर प्रेम में बदल जाता है।

जैसे-जैसे पौधे बढ़ते गए, वैसे-वैसे पन्ने भी बढ़ते गए। देर रात तक मैं डायरी पर झुका रहता था, अधूरी-अधूरी पंक्तियों को टाइप किए हुए पन्नों पर उतारता रहता था। आख़िरकार, अस्पताल के बिस्तर पर, मैं अपने घुटनों पर लैपटॉप रखकर काम करता था, जबकि मेरे चारों ओर ट्यूबें लिपटी हुई थीं। नर्सें मुझे चिढ़ाती थीं और अस्पताल को मेरा दूसरा दफ़्तर

कहती थीं। पहले सौ पन्ने लिखने में छह महीने लगे, अगले सौ पन्ने तो मुश्किल से दो महीने में पूरे हो गए।

एक बार गति मिल जाने पर, वह अपने-आप ही साथी बन जाती है। मैंने पाया कि लेखन बागवानी का ही एक रूप है। आप वाक्यों को छाँटते हैं, अनुच्छेदों को पुनर्व्यवस्थित करते हैं और जहाँ वाक्यों का घनत्व अधिक हो गया है, वहाँ प्रकाश डालते हैं। हर रात के काम के साथ, भीतर की आवाज़ और स्थिर होती गई। निरंतरता ने लय दी, लय ने आवाज़ दी, और उस आवाज़ ने मुझे आगे बढ़ाया।

19

कितने पेड़?

लोग मुझसे एक सीधा-सा सवाल पूछते हैं, जिसका जवाब बहुत पेचीदा होता है। वे पूछते हैं, 'आपने कितने पेड़ लगाए हैं?' वे एक सटीक संख्या की उम्मीद करते हैं, एक ऐसा आँकड़ा जो किसी शीर्षक या रिकॉर्ड बुक में दर्ज हो सके। लेकिन मेरे लिए, संख्याएँ कभी मायने नहीं रखती थीं। मैंने कभी छाया को अंकों में नहीं गिना। मैंने उसे राहत की साँसों में, कीड़ों की भिनभिनाहट में, पंखों की फड़फड़ाहट में गिना। मैं जानता था कि एक बार छाया आ जाए, तो कीड़े आएँगे, फिर पक्षी, और धीरे-धीरे, एक प्राकृतिक वातावरण फिर से साँस लेने लगेगा। मेरे लिए छोटे पौधे संख्याएँ नहीं, रिश्ते थे।

फिर भी, अड़तालीस वर्षों की मेहनत का फल अवश्य मिलता है। चार दशकों की मिट्टी और ऋतुओं से गुज़रते हुए जंगल छोड़े बिना आगे बढ़ना असंभव है। लेकिन वह जंगल भी केवल मेरा नहीं है। मैंने कभी अकेले काम नहीं किया। मेरी यात्रा हमेशा साझा रही है, दोस्तों, स्वयंसेवकों, कार्यकर्ताओं, ज़मीनी स्तर पर काम करने वालों, दानदाताओं और उन गुमनाम लोगों के साथ जो बस एक मुरझाए हुए पौधे पर एक बाल्टी पानी डालने के लिए रुक गए। उनमें से हर एक इस कहानी की जड़ है।

एक अकेले व्यक्ति द्वारा पौधा लगाने के कार्य के रूप में जो शुरू हुआ, वह जल्द ही संक्रामक हो गया। सोशल मीडिया के अस्तित्व में आने से बहुत पहले ही यह वायरल हो गया। और शायद यही मेरी सबसे बड़ी ख़ुशी है। क्योंकि यह विचार कभी भी इसके बारे में नहीं था। मुझे इसे करने में हर किसी का योगदान महत्त्वपूर्ण था। मेरी भूमिका सिखाने, सजीव मॉडल बनाने और बंजर भूमि को जैव विविधता के कक्षाओं में बदलने की थी। ये हमारी खुली प्रयोगशालाएँ थीं, जहाँ दृश्यता, जीवंतता और सीखने की सुविधा थी। लोग दूर-दूर से देखने, सीखने और भाग लेने आते थे और फिर वापस जाकर अपनी हरित क्रांतियाँ रचते थे।

हम नकल का जश्न मनाते हैं। जब कोई हमारी नकल करता है, तो हम प्रसन्न होते हैं। यही मूल विचार था, नकल को आविष्कार से आसान बनाना। पौधारोपण को आशा के एक साझा व्याकरण में बदलना।

पिछले कई वर्षों में, हमने छात्रों, गृहिणियों, किसानों, पंचायत कार्यकर्ताओं और स्कूली बच्चों को प्रशिक्षित किया है, हर उस व्यक्ति को जो प्यार से एक पौधा पकड़ने को तैयार था। हमने रोपण से अधिक समय शिक्षण में व्यतीत किया है और मुझे इस बात पर गर्व है।

अगर मुझे इसे संख्या में बताना ही पड़े, शायद उन लोगों को संतुष्ट करने के लिए जो आँकड़ों पर निर्भर रहते हैं, तो हाँ, इनकी संख्या लाखों में है। लेकिन मेरे लिए, असली संख्या उन दिलों की संख्या में है जो बदल गए, उन हाथों की संख्या में है जो मेहनत से काम करते हैं और उन आँखों की संख्या में है जो विकास के चमत्कार को देखती हैं।

जब मैं पीछे मुड़कर देखता हूँ, तो मुझे एहसास होता है कि हमारी शुरुआत कितनी आदिम थी। तब न इंटरनेट था, न गूगल, न जीपीएस, न व्हॉट्सएप, न ही यूट्यूब पर ग्राफ़्टिंग, मल्चिंग या सिंचाई के तरीके बताने वाले ट्यूटोरियल। रसद व्यवस्था अनिश्चित थी, संचार डाक द्वारा होता था और चंदा इकट्ठा करने के लिए घर-घर जाना पड़ता था। परिवहन भी एक

जोखिम भरा काम था, ख़स्ताहाल स्कूटर, पुरानी जीपें, उधार के ट्रक और धूप में लंबी पैदल यात्रा। फिर भी, किसी तरह सब कुछ संभव हो गया। क्योंकि प्रकृति तकनीक की प्रतीक्षा नहीं करती; वह लगन का फल देती है।

आज जब मैं अपने स्वयंसेवकों को ड्रोन से पौधे लगाते, उपग्रहों से मानचित्रण करते और वैश्विक मंचों पर जुड़ते देखता हूँ, तो मेरे चेहरे पर मुस्कान आ जाती है। हमने तब शुरुआत की थी जब इनमें से कुछ भी मौजूद नहीं था, फिर भी हमने एक ऐसी जीवंत चीज़ का निर्माण किया, जो निरंतर साँस लेती और अपने-आप विकसित होती रहती है।

इसलिए जब लोग पूछते हैं, 'कितने?', तो मैं जवाब देता हूँ, 'जितने भी पृथ्वी को दूसरा मौका देने के लिए आवश्यक हों।'

20

अपराधबोध और अन्य पौधे

पहले तो मैंने अपराधबोध के कारण दूसरी प्रजातियाँ लगाईं। जी हाँ, अपराधबोध। वही अपराधबोध जो हर पौधा लगाने के बाद चुपचाप आपका पीछा करता है, जब कोई आकर कहता है, 'अरे बाबा, पीपल मत लगाओ! ये दीवारें तोड़ देगा, घर में दरारें डाल देगा, भूत ले आएगा।' और इसलिए, अपराधबोध के कारण, मैंने नीम लगाना शुरू कर दिया।

नीम का कोई दुश्मन नहीं था। किसी को इस पर कोई आपत्ति नहीं थी। यह सुरक्षित था। मैं नीम को कहीं भी लगा सकता था और लोग सहमति में सिर हिलाते थे। इसकी स्वीकार्यता से मुझे सुकून मिलता था। यह मेरा छुपने का कवच बन गया, मेरा सामाजिक रूप से स्वीकार्य हरा साथी।

लेकिन फिर सलाहों की एक और लहर आई। लोगों ने कहा, 'आपको शीशम के पेड़ लगाने चाहिए। यह कठोर लकड़ी है, इसका मूल्य है। दुनिया लकड़ी का सम्मान करती है, छाया का नहीं।' इसलिए मैंने शीशम के पेड़ लगा दिए।

फिर एक और आवाज़ आई, 'फलदार पेड़ लगाओ, बाबा! लोगों को भोजन चाहिए, भूत नहीं!' तो मैंने जामुन का पेड़ लगाया, जो भरपूर फल देता है, बैंगनी रंग का होता है और धैर्यवान होता है। और एक बार फलदार

पेड़ लगाना शुरू कर दिया तो रुक नहीं सकते। जल्द ही शहतूत और आम भी उग आए। केले और अमरूद भी, जहाँ भी मिट्टी और जगह मिली, लगा दिए।

लोग तो लोग होते हैं। उन्हें निर्देश देना अच्छा लगता है। कुछ विनम्रता से अनुरोध करते हैं; कुछ आदेश देते हैं। और हम, जो तर्क-वितर्क से नहीं बल्कि कर्तव्यनिष्ठा से बागवानी करते हैं, सहमत हो गए, क्योंकि हमें केवल अनुमति और जगह चाहिए थी। बाकी सब हम मिट्टी से तय कर सकते थे।

मैंने जितने भी नीम, जामुन या आम के पेड़ लगाए, उन सबके पीछे एक शांत पीपल का पेड़ अपनी बारी का इंतज़ार कर रहा था। मैं सिर हिलाता, मुस्कुराता और कहता, 'हाँ, हाँ, फलदार पेड़,' और चुपके से किसी कोने में, नाले के पास, मंदिर की दीवार के पास या पंचायत के तालाब के किनारे एक पीपल का पौधा लगा देता। मेरा असली मकसद तो यही था, पीपल के लिए एक घर ढूँढना।

महाराष्ट्र में लोगों ने मुझे गूलर लगाने की अनुमति दी। उन्होंने कहा, 'यह पवित्र है।' पवित्र शब्द ने मेरे लिए कई द्वार खोल दिए और मैं अपने नर्सरी के गमलों के साथ एक तीर्थयात्री की तरह प्रवेश कर गया। मराठवाड़ा में लोग नीम को बहुत पसंद करते थे, इसलिए मैंने उनकी गलियों को नीम से भर दिया। राजस्थान और गुजरात में, वे अरावली की कठोर प्रजातियाँ चाहते थे— लसोड़ा, चामरोड़, बहेड़ा, निर्गुंडी, वज्रदंती, मेहंदी, करौंदा। औषधीय, सूखा-सहनशील, गर्वित छोटी प्रजातियाँ जो उस भीषण गर्मी में भी टिकी रह सकती हैं जहाँ उम्मीद भी मुरझा जाती है।

हमने अरावली पर्वतमाला से पौधे मँगवाना शुरू किया, उन्हें सैकड़ों किलोमीटर दूर से लाकर दिल्ली-एनसीआर क्षेत्र में लाखों पौधे लगाए। हर राज्य, हर ज़िले का अपना मिज़ाज था, अपनी पसंदीदा प्रजाति थी। भारत ऐसा ही है, विचारों का महाद्वीप और मैंने सुनना सीख लिया।

पीपल के पेड़ से शुरुआत करते हुए, मैंने अंततः सौ से अधिक प्रजातियों के पेड़ लगाए, शायद इससे भी अधिक। यह कोई योजना नहीं थी; यह एक धीमी गति से घटित होने वाली घटना थी, एक ऐसा रंगमंच जिसमें हर पेड़ ने एक भूमिका निभाई और मैंने केवल जंगल द्वारा लिखी गई पटकथा का अनुसरण किया।

मैं पीपल का पेड़ लगाने निकला था, केवल पीपल का पेड़। लेकिन पीपल महाराज की योजना कुछ और ही थी। वे मेरा इस्तेमाल कर रहे थे, मेरे अपराधबोध, मेरी जिज्ञासा, मुझे प्रसन्न करने की मेरी चाहत का

इस्तेमाल करके जंगल लगवा रहे थे। जीवन को ऐसे तरीकों से बढ़ाने के लिए जिनकी मैंने कल्पना भी नहीं की थी। हमारी नर्सरियों और सामुदायिक कार्यों के माध्यम से, पीपल ने यह सुनिश्चित किया कि मैं उनके चचेरे भाइयों, उनके पड़ोसियों, उनके विस्तारित परिवार के अंजीर और वन प्रजातियों के पेड़ भी लगाऊँ।

समय बीतने के साथ मुझे एहसास हुआ, यह अब अपराधबोध नहीं था। यह तो ईश्वरीय कृपा का छिपा हुआ रूप था। एक व्यक्ति द्वारा वर्जित पेड़ लगाने के लिए क्षमा माँगने से शुरू हुई बात पूरे देश में हरियाली का एक संगीतमय जुलूस, जड़ों का एक समूह, विभिन्न प्रजातियों का एक उत्सव बन गई। और मैं, जो संयोगवश संचालक बन गया था, बस अपने फावड़े को छड़ी की तरह लहराता रहा।

21

नीम : एक भिक्षु वृक्ष

कुछ लोग कहते हैं कि नीम भारत का मूल पौधा है; वहीं कुछ लोग इसके अफ्रीकी मूल होने का दावा करते हैं। मुझे ऐसी बहसों में कोई दिलचस्पी नहीं है। नीम यहाँ बहुत पहले से ही अपनी जगह बना चुका है, और यही मायने रखता है। ग्रामीण आज भी दो या चार सदियों पुराने नीम के पेड़ों की ओर इशारा करते हैं, जो अडिग प्रहरी की तरह खड़े हैं, इस बात का प्रमाण हैं कि चाहे वह मेहमान हो या मूल निवासी, नीम यहीं का पौधा है।

नीम को हमेशा से सभी लोगों, गाँवों, कस्बों और शहरों में स्वीकार किया गया है। गुजरात और मध्य प्रदेश के ग्रामीण आज भी नीम के माध्यम से अपने पारिवारिक इतिहास का पता लगाते हैं। वे कहते हैं, 'यह पेड़ मेरे दादा जी के विवाह के समय लगाया गया था,' और पेड़ के तने को पारिवारिक धरोहर की तरह छूते हैं। दो शताब्दियों की निरंतरता, एक के बाद एक छाया। नीम को कभी किसी ने 'ना' नहीं कहा। यह सबसे स्वीकार्य पौधा साबित हुआ, एक ऐसा वृक्ष जो बिना किसी बहस या आपत्ति के हर जगह, हर किसी का था। भाषा, जाति, जलवायु और मिट्टी से विभाजित देश में, नीम राष्ट्रीय एकता का एक शांत प्रतीक बन गया।

पीपल के पेड़ व्यावहारिक थे, कम देखभाल की ज़रूरत होती थी, स्थिर रहते थे, स्वाद में कड़वे थे लेकिन भरपूर छाया देते थे। मैं जहाँ भी पीपल के पौधे लेकर जाता, आपत्तियाँ उठतीं : 'बहुत बड़े हैं बाबा।' 'दीवार तोड़ देते हैं।' 'इस पर भूत बैठते हैं।' कुछ लोग जामुन के पेड़ लगाने को तैयार थे, कुछ शीशम के, लेकिन नीम के पेड़ पर किसी ने आपत्ति नहीं जताई। एक बार भी नहीं।

नीम के साथ मेरी अपनी यात्रा पुणे में शुरू हुई। पहला पौधा रेंज हिल्स रोड पर खड़की सैन्य स्टेशन के भीतर हमारे बंगले के पास लगा था। नीम के पेड़ों का वह पहला समूह वर्दी पहने स्कूली बच्चों जैसा दिखता था। जल्द ही, नर्सरी एक आंदोलन बन गई। शुरुआती वर्षों में ही हमने पूरे पुणे में 35,000 पौधे लगाए। समय के साथ, यह संख्या दो लाख से अधिक हो गई। हर छावनी, स्कूल और कॉलेज को नीम का अपना हिस्सा मिला। जहाँ अन्य पेड़ों को देखभाल की आवश्यकता होती है, वहीं नीम को केवल थोड़ी-सी जगह और थोड़ा धैर्य चाहिए होता है।

और इस तरह, जब 'गिव मी ट्रीज़' अभियान ने आकार लिया, तो नीम चुपचाप हमारी दूसरी सबसे अधिक रोपित प्रजाति बन गई, जो हमारे आंदोलन का मेहनतकश नायक बन गई। वन नर्सरियों ने हमें महोगनी, करंज, इमली, जंगली जलेबी, शीशम, गूलर जैसी अन्य प्रजातियाँ दीं, लेकिन नीम मेरा निरंतर साथी बना रहा। 1990 के दशक तक, महाराष्ट्र के आधे से अधिक जिलों में हरियाली छा गई थी : पुणे, सोलापुर, सतारा, कोल्हापुर, कराड, तुलजापुर, बीड, उस्मानाबाद, जालना, औरंगाबाद और मुंबई। प्रत्येक स्थान ने अस्तित्व और स्थानीय प्रेम की अपनी कहानी बयां की।

जब मैंने नीम के बागानों के लिए यात्रा शुरू की, तो पूरा देश मेरे सामने धूल भरी सड़कों, शांत गाँव, कठोर मिट्टी और उत्सुक बच्चों के विशाल कैनवास की तरह खुल गया। हर जगह एक पुराने परिचित की तरह नीम मेरी प्रतीक्षा कर रहा था। कभी पंचायत के प्रांगण में आधे-अधूरे भूले हुए ठूंठ के रूप में, कभी नहर की रखवाली करते अकेले सिपाही के रूप में, कभी उस बस स्टॉप पर छाया के रूप में, जहाँ टीन की छतें जंग खा चुकी थीं। नीम को हमेशा पता होता था कि उसकी सबसे ज़्यादा ज़रूरत कहाँ है।

राजमार्ग मेरी पहली जंग का मैदान थे। मई के महीने में राजस्थान की कल्पना कीजिए, जहाँ तारकोल की जलती हुई सड़क पर सूरज की गर्मी

न केवल त्वचा को झुलसा देती है, बल्कि आशा को भी चूर-चूर कर देती है। ट्रक गुस्से में भरे हाथियों की तरह दहाड़ते हैं। सड़क किनारे की मिट्टी में कंकड़-पत्थर भरे होते हैं, मिट्टी कम। 'यहाँ कुछ नहीं उगेगा,' ग्रामीणों ने सिर हिलाते हुए कहा। लेकिन नीम एक विद्रोही पौधा है। यह अपनी जड़ को कठोर परतों में गहराई तक ले जाता है, मिट्टी के नीचे की नमी का हल्का-सा भी अंश पाता है तो घोषणा करता है : 'बस, अब मैं हूँ यहाँ।'

कुछ ही वर्षों में, उन्हीं सड़कों के किनारे नीम के पेड़ों की कतारें लग गईं, मानो धैर्यवान यातायात पुलिसकर्मी हों, हरे-भरे प्रहरी, जो उन यात्रियों को छाया प्रदान करते थे जो कभी अपने सिर पर गीले कपड़े लेकर चलते थे। एक पुरानी अफ्रीकी कहावत है, 'जो पेड़ लगाता है, वह आशा लगाता है।' उन राजमार्गों पर नीम 'आशा' का प्रतीक था। स्वाद में कड़वा, लेकिन छाया में लंबा।

पंजाब में नहरों के किनारे नीम ने एक इंजीनियर का रूप धारण कर लिया है। रेतीले तटबंध बार-बार गीले और सूखे होने से ढह जाते थे, जिससे किसानों को उन्हें बार-बार बनाना पड़ता था। लेकिन नीम की जड़ें मिट्टी को ऐसे जोड़ देती थीं जैसे कोई नानी फटे हुए कपड़े सिल रही हों। किसान अपनी लाठियों पर झुककर कहते थे, 'नीम की झाड़ से किनारा टूटता नहीं।' मृदा यांत्रिकी की कोई भी पाठ्य-पुस्तक अपरूपण सामर्थ्य को इतने काव्यात्मक ढंग से नहीं समझा सकती थी।

बस स्टॉप पर नीम को एक मज़ेदार किस्सा सुनने को मिला। महाराष्ट्र के एक गाँव में सरकार ने बड़े धूमधाम से बारिश से बचने के लिए टीन की छत लगाई। एक साल के अंदर ही जंग लगने से वह ढह गई और उसकी चादरें अब बकरियों के बाड़े के काम आ रही हैं। लेकिन उसके बगल में, हमने जो नीम का पौधा लगाया था, वह ऊँचा खड़ा है, हरी-भरी शाखाएँ फैलाए हुए। यात्रियों ने हँसते हुए कहा, 'टीन विधायक का वादा है; नीम भगवान का वादा।' कड़वी बात है, पर सच है।

पंचायत परिसर में नीम का अपना ही एक अलग ही आकर्षण था। वहाँ का सूक्ष्म वातावरण मानो स्वभाव को शांत कर देता था। उसकी छाँव में दस डिग्री कम तापमान होने से बहसें शांत हो जाती थीं, अहंकार कम हो जाता था। कबीर ने बिलकुल सही कहा है, 'कड़वा नीम सत्य के समान है, यह चुभता है, लेकिन ठीक भी करता है।'

गाँव का औषधालय हर जगह हमारे साथ है। इसका हर हिस्सा उपयोगी है। चावल के डिब्बों में घुन से बचाव के लिए नीम की पत्तियाँ, दाँतों की देखभाल और दर्द के लिए नीम की दातुन चबाना, मच्छर भगाने के लिए आँगन में नीम का धुआँ करना। त्वचा पर चकत्ते के लिए पत्तियों का पेस्ट। बालों में जूँ से छुटकारा पाने के लिए नीम का तेल। कुछ भी व्यर्थ नहीं, कुछ भी बेकार नहीं।

बिहार के एक किसान ने हँसते हुए कहा, 'नीम हमारा सरकारी अस्पताल है, हमेशा खुला रहता है। न कोई हड़ताल, न कोई बिल।' होली के दौरान जब बच्चे नीम की पत्तियाँ चबाने से मना करते थे, तो दादी-नानी उन्हें गुड़ का लालच देती थीं। कड़वाहट एक मीठी रस्म में बदल जाती थी।

आधुनिकता उन चीज़ों को नए रूप में पेश करने की कोशिश करती है जिन्हें हम पहले से जानते हैं। शैंपू 'नीम के अर्क' का दावा करते हैं; क्रीम 'जीवाणुरोधी नीम एसेंस' का प्रचार करती हैं। मेरी नानी दशकों पहले यही सब करती थीं। हर रविवार बाल्टी में नीम की पत्तियाँ उबालकर अपने बाल धोती थीं, जिससे उनका सिर स्वास्थ्य और सादगी की ख़ुशबू से महक उठता।

दक्षिण की यात्रा करते हुए, नीम ने अपना स्वभाव तो बदल लिया, लेकिन स्वरूप नहीं। तमिलनाडु में, यह वेम्बूग्रीष्म ऋतु के त्योहारों के दौरान देवी मरियम्मन को अर्पित किया जाता है। आंध्र प्रदेश में देनाखेतों का रक्षक। कन्नड़ और तेलुगु नव वर्ष के अवसर पर कर्नाटक और आंध्र प्रदेश में तैयार किया जाने वाला बेवु-बेला (नीम-गुड़) एक पारंपरिक, पवित्र और

औषधीय मिश्रण है। महाराष्ट्र में, निम्बरसोई और पशुशालाओं में भी नीम के पौधे पाए जाते थे। मैं जहाँ भी गया, नीम ने सहनशीलता की वही भाषा बोली, भले ही भौगोलिक स्थिति के अनुसार उसका नाम बदल गया हो।

ऐसा लगता है मानो जैव विविधता भी इसके साथ-साथ फैलती है। उत्तर प्रदेश में मैना पक्षी नीम के फलों का आनंद लेती है। मध्य प्रदेश में अप्रैल में मधुमक्खियाँ नीम के फूलों पर मंडराती हैं। बंगाल में मुझे बताया गया कि नीम के बाग उल्लुओं को आकर्षित करते हैं, जो चूहों से बचाव करते हैं। वैज्ञानिकों ने इसे 'पर्यावास सेवा' कहा। ग्रामीणों ने इसे सीधे-सीधे 'आशीर्वाद' बताया।

नीम के पेड़ की सबसे बड़ी पूँजी उसकी छाँव है। एक स्पैनिश कहावत है, 'पेड़ की छाँव में इंसान जो करता है, भगवान उसे नहीं देखते।' नीम की छाँव में लोग आराम करते, बहस करते, प्यार करते, योजनाएँ बनाते, पश्चाताप करते। एक बार मैं नहर के किनारे एक नीम के पेड़ की छाँव में सो गया और जब उठा तो देखा कि बकरियाँ मेरी आस्तीन कुतर रही थीं। चरवाहा हँसते हुए बोला, 'बकरियों को नीम से ज़्यादा इंसान पसंद हैं।' शायद, लेकिन नीम ने फिर भी हमें आश्रय दिया।

इन सब के बावजूद, मेरी दिनचर्या स्थिर रही, हर जगह पर दो दर्जन पौधे, कभी कम नहीं। यह अंधविश्वास नहीं था, बल्कि उतनी ही संख्या थी जितनी मैं व्यक्तिगत रूप से देखभाल के साथ संभाल सकता था। एक बार में नीम के चौबीस पौधे, धरती को दिया गया एक व्यावहारिक वादा।

कड़वाहट में सुंदरता

जब विज्ञान ने उस ज्ञान की पुष्टि की जो दादी-नानी सदियों से जानती थीं, तब हमें पता चला कि नीम में एजाडिरेक्टीन और निम्बिडिन जैसे प्राकृतिक यौगिक पाए जाते हैं, जो इसे जीवाणुरोधी, कवकनाशी, विषाणुरोधी और

कीटनाशक बनाते हैं। प्रयोगशालाओं द्वारा इसे सिद्ध किए जाने से बहुत पहले, नीम की पत्तियाँ हमारी रक्षा की पहली पंक्ति थीं।

एजाडिरेक्टीन कीटों के जीवन चक्र को बाधित करता है, जो बिना किसी दुष्प्रभाव के एक प्राकृतिक कीटनाशक है। निम्बिडिन सूजन से लड़ता है। नीम का हर अणु किसी उद्देश्य से प्रेरित प्रतीत होता है।

यह नमक, सूखा और उपेक्षा जैसी स्थितियों को सहन कर लेता है, मानो किसी संत के गुण एक वृक्ष के रूप में प्रकट हुए हों।

भिक्षु वृक्ष

अगर पीपल का पेड़ दर्शन है, तो नीम व्यावहारिकता है। अगर आम का पेड़ रोमांस है, तो नीम दृढ़ता। कड़वा, हाँ, लेकिन इतना भी नहीं कि बेरहमी से कड़वा हो जाए। इसकी कड़वाहट औषधि, सत्य और जीवन रक्षा का स्वाद है। गाँववालों ने मुझे बताया कि नीम के नीचे भूत भी शालीनता से पेश आते हैं। किसी ने एक बार मज़ाक में कहा, 'नीम के भूत भी डॉक्टर हैं।' शायद अलौकिक शक्तियाँ भी इसके एंटीसेप्टिक स्वभाव का सम्मान करती हैं।

मेरे लिए, नीम, वृक्षों के बीच एक साधु के समान है, नंगे पैर, आत्मनिर्भर, सादगी से शांति बिखेरने वाला। यह कम माँगता है और देता बहुत कुछ है। यह धैर्य का मौन शिक्षक है, स्थिरता का जीता-जागता उदाहरण है। यह दर्शाता है कि सच्ची शक्ति गति या चकाचौंध में नहीं, बल्कि सहनशीलता में निहित है।

आज, जब मैं पूरे भारत में यात्रा करता हूँ, तो मुझे अभी भी नीम के पेड़ राजमार्गों, नहरों, पंचायतों और स्कूलों के किनारे खड़े मिलते हैं, जो पुराने न्यायाधीशों की तरह खड़े हैं, हमारी मूर्खता पर अपने पत्तों से भरे सिर हिलाते हैं, फिर भी अपनी छाया से हमें क्षमा कर देते हैं।

कभी-कभी मैं एक नया पौधा लगाता हूँ, यह जानते हुए कि शायद मैं उसे जवान होते देखने के लिए जीवित न रहूँ। लेकिन कोई-न-कोई तो देखेगा ही। जब वे उसकी शाखाओं के नीचे विश्राम करेंगे, अपने माथे से पसीना पोंछेंगे, तो अनजाने में ही वे उस पौधे लगाने वाले को आशीर्वाद देंगे।

नीम का जादू यही है : आप कड़वाहट बोते हैं और उससे सबसे मधुर आशीर्वाद अर्थात् जीवन का सृजन होता है।

22

पेड़ आश्रम

यही जीवन का पवित्र क्रम है। एक बीज मिट्टी से रहने की अनुमति माँगता है। मिट्टी बारिश का इंतजार करती है। बारिश बादलों से बरसती है। कोई भी चीज़ अकेले नहीं उगती। यही पारिस्थितिकी और जीवन में मेरा पहला तथा अंतिम सबक रहा है।

कौशल, सहनशक्ति और धैर्य, ये वे गुण नहीं हैं जो स्कूलों या सेमिनारों में सिखाए जाते हैं। ये धरती से ही मिलते हैं। मई की चिलचिलाती धूप में पौधे लगाने से, अपने पौधों को मुरझाते हुए देखने के बावजूद अगली सुबह फिर से काम पर लौटने से, बारिश में खड़े होकर उन्हें मवेशियों और तेज हवा से बचाने से। कोई विश्वविद्यालय ये सब नहीं सिखाता, मिट्टी ही सिखाती है।

आधुनिक दुनिया प्रयोगशालाओं में जीवन बनाने के जुनून में डूबी हुई है — कृत्रिम डीएनए। आनुवंशिक रूप से उन्नत मनुष्य। ऐसी फसलें जिन्हें परागण की आवश्यकता नहीं होती। मुर्गियाँ जो कभी सूरज नहीं देखतीं। फिर भी, बारिश का पानी इकट्ठा करने के लिए हम अपनी ज़मीनों पर जो गड्ढे खोदते हैं, उनमें मुझे असली चमत्कार दिखाई देता है। कुछ ही दिनों में, वे उथले गड्ढे पूरी दुनिया बन जाते हैं। मेंढक कहीं से प्रकट हो जाते

हैं। शैवाल पत्थरों को हरा रंग देते हैं। एक ड्रैगनफ़्लाई आती है, अंडे देती है और गायब हो जाती है। सृष्टि चुपचाप, बिना किसी पेटेंट के, स्वयं को दोहराती है।

समुद्र ज़मीन बन जाता है और ज़मीन समुद्र। यही गुरुत्वाकर्षण का जादू है। मिट्टी का हर कण कभी समुद्र तल था और हवा में मौजूद हर बूँद कभी नदी थी। हम इनमें से किसी से भी अलग नहीं हैं। बारिश के बाद जब मैं किसी पोखर में पानी देखता हूँ, तो मुझे कीचड़ नहीं दिखती, मुझे यादें दिखती हैं। ज्वार-भाटे, मानसून और प्रवास की यादें। पूरी पृथ्वी जीवन के अगले चरण के लिए पूर्वाभ्यास कर रही है।

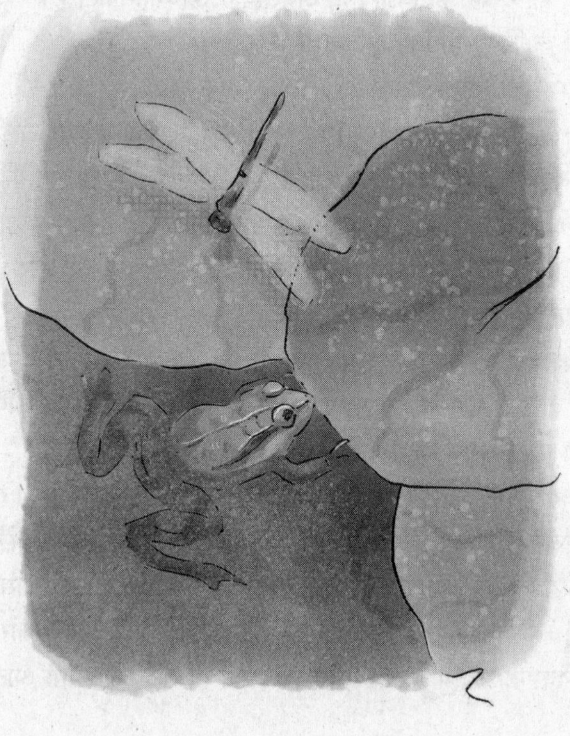

अवलोकन ही मेरा पहला गुरु रहा है। किताबों में लिखी विज्ञान की पढ़ाई करने से पहले, मैंने देखना सीखा। खिड़की से बाहर देखना ही मेरी पहली शिक्षा थी। मैंने दिन भर रोशनी के बदलते रूप देखे, गौरैयों को हवा के साथ दिशा बदलते देखा। यह भी देखा कि पेड़ आसमान से पहले ही बारिश का पूर्वानुमान कैसे लगा देते हैं। नानी अकसर मुझे घंटों एक ही पेड़ को घूरते हुए पकड़ लेतीं और पूछतीं, 'तुम्हें क्या दिख रहा है?' और मैं कहता, 'सब कुछ गतिमान है, यहाँ तक कि जो स्थिर दिखता है वह भी।'

वह आदत मुझमें से कभी नहीं छूटी। बाद के वर्षों में, जब मैंने देश भर की यात्रा की, तो मैंने पाया कि अवलोकन ही अनुभव और ज्ञान के बीच का सेतु है। देखना ही विज्ञान है, अवलोकन आध्यात्मिकता है। प्रकृति को समझने के लिए, दोनों ही आवश्यक हैं।

हम सभी पारिस्थितिक तंत्रों के लिए एक ही कृषि पद्धति नहीं अपना सकते। अकेले भारत में ही सौ प्रकार की मिट्टी और जलवायु पाई जाती है। कच्छ की खारी रेत से लेकर छत्तीसगढ़ की लाल मिट्टी तक, हिमाचल प्रदेश के सीढ़ीदार खेतों से लेकर महाराष्ट्र की काली कपास मिट्टी तक। प्रत्येक प्रकार की मिट्टी और जलवायु की अपनी अलग लय और धैर्य की आवश्यकता होती है।

फिर भी आधुनिक दुनिया एक ही फार्मूला, एक समान बीज, एक समान बाज़ार, एक-समान स्वाद चाहती है। एक धरती, एक कृषि, एक निगम। यह सुनने में तो कारगर लगता है, लेकिन यह हिंसक है।

निगम उसी तरह ज़मीन ख़रीद रहे हैं जैसे कभी साम्राज्य राज्य ख़रीदते थे। भोजन उगाने के लिए नहीं, बल्कि उस पर नियंत्रण करने के लिए। वे तय करेंगे कि हम क्या खाएँगे, कैसे उगाया जाएगा और उसकी कीमत क्या होगी। जब भोजन एक उत्पाद बन जाता है, तो भूख एक बाज़ार। जब खेती-किसानी उद्योग में परिवर्तित हो जाती है, तो वह अपनी आत्मा खो

देती है। यह हिंसा की कृषि है, रासायनिक, आर्थिक और नैतिक हिंसा की। मिट्टी अब माँ नहीं रही; वह मशीन बन गई है।

लेकिन प्रकृति का अपना एक शांत विद्रोह है। जहाँ कीटनाशक काम नहीं करते, वहाँ भी खरपतवार उग आते हैं। देसी बीज बाढ़ में भी जीवित रहते हैं, जबकि संकर बीज नष्ट हो जाते हैं। पीपल का एक छोटा पौधा कंक्रीट तोड़कर दुनिया को उसकी मूल अवस्था में, जीवंतता के साथ लौटा देता है।

जीवन का अर्थ है कि हम एक खाद्य शृंखला का हिस्सा हैं। हमारे शरीर की हर कोशिका उधार ली गई है। हर साँस पुनर्चक्रित होती है। जो पत्ता आज ऑक्सीजन देता है, वह कल गिरेगा, सड़ेगा और दूसरे पत्ते के लिए मिट्टी बन जाएगा। कुछ भी व्यर्थ नहीं जाता। मृत्यु भी एक प्रकार का पोषण है।

एक बार जब आप जंगल को समझ लेते हैं, तो आप सब कुछ समझ जाते हैं — राजनीति, अर्थशास्त्र, वास्तुकला, यहाँ तक कि धर्मशास्त्र भी। जंगल केवल पेड़ों का समूह नहीं है। यह सह-अस्तित्व का संविधान है। प्रत्येक प्रजाति के अपने अधिकार और कर्तव्य हैं। कोई भी किसी पर हावी नहीं होता, फिर भी सभी फलते-फूलते हैं। सबसे छोटी दीमक से लेकर सबसे विशाल बरगद तक, दोनों एक ही नियम का पालन करते हैं : देना और लेना।

पेड़ों के आश्रम का जन्म

इसी समझ से पेड़ों के आश्रम का विचार उत्पन्न हुआ। पेड़ों शब्द, जिसका अर्थ वृक्ष है, संस्कृत मूल 'पेद' से आया है, जिसका अर्थ 'पैर' और 'नींव' दोनों होता है। आश्रम, अपने सच्चे अर्थों में, संसार से विरक्ति नहीं, बल्कि

उसके सार की ओर वापसी है। इसलिए मैंने एक ऐसे आश्रम की कल्पना की जहाँ मिट्टी ही गुरु हो।

इसकी शुरुआत एक साधारण प्रयोग के रूप में हुई, छोटी सामुदायिक नर्सरी, खुले में कक्षाएँ, छायादार स्थान जहाँ बच्चे पौधों के आरेखों का अध्ययन करने के बजाय उन्हें लगाना सीख सकें। लेकिन धीरे-धीरे यह एक आंदोलन बन गया। किसान, स्वयंसेवक, छात्र, गृहिणी, सैनिक, वैज्ञानिक, सभी एकत्रित होने लगे। वे प्रार्थना करने नहीं, बल्कि हिस्सा बनने के लिए आए थे।

पेड़ों के आश्रम में हर कुदाल को पवित्र माना जाता है। हर पौधा एक विद्यार्थी था। लोग यहाँ न केवल रोपण करना सीखते थे, बल्कि धैर्य, असफलता और जड़ों के जमने के लिए प्रतीक्षा करना भी सीखते थे। यहाँ उपदेश नहीं दिए जाते थे, यहाँ ऋतुएँ बदलती थीं। यहाँ व्याख्यान नहीं होते थे, खाद के गड्ढे थे।

ऐसे समय में जब लोग शोर और नारों से ऊब चुके थे, यह एक ऐसी जगह थी जहाँ मौन ही शिक्षा का स्रोत था।

मिट्टी ने हमें कभी निराश नहीं किया। इसने हमें किसी भी धर्मग्रंथ से कहीं अधिक शिक्षा दी।

'पेड़ों का आश्रम' अन्य लोगों के लिए कितना मायने रखता है, इसका एहसास मुझे 2005 में हुआ जब दूरदर्शन, जिसने 'कृषि दर्शन' और 'समाचार बुलेटीन' के माध्यम से हमारे बचपन को आकार दिया था, ने हमारे पीपल के बागानों पर एक दस मिनट की लघु फिल्म प्रसारित की। यह मेरा पहला टेलीविजन अनुभव था। अख़बार वर्षों से हमारे काम पर नज़र रख रहे थे, लेकिन टेलीविजन ने इसे हवा की तरह फैला दिया। अचानक, कस्बों और गाँवों में लोगों ने देखा कि हम दशकों से चुपचाप क्या कर रहे थे, मिट्टी में आस्था बो रहे थे।

शोहरत मायने नहीं रखती, मायने रखता है अनदेखे को पहचान मिलना। कैमरे ने पत्तों की सरसराहट, स्वयंसेवकों के माथे का पसीना और पौधों को ढोते बच्चों के दृश्य को कैद कर लिया। दृश्य माध्यम में एक अनोखी शक्ति होती है; यह मात्र जानकारी नहीं देता, बल्कि लोगों को प्रेरणा से भर देता है। उस दिन हज़ारों लोगों ने फोन करके कहा, 'हम भी ऐसा करना चाहते हैं।'

उस दिन से पेड़ों का आश्रम मेरा नहीं रहा। वह सबका हो गया।

बीते वर्षों में मैंने यह महसूस किया है कि पारिस्थितिकी और भावना, दोनों पर एक ही नियम लागू होते हैं। जो मिट्टी को नष्ट करता है, वही आत्मा को भी नष्ट करता है — लोभ, अज्ञान और अहंकार। जो भूमि को पुनर्जीवित करता है, वही हृदय को भी पुनर्जीवित करता है—देखभाल, धैर्य और करुणा।

हमने मानसूनी जल संग्रहण के लिए अपनी भूमि पर चट्टानी कुंड बनाए हैं, लेकिन वे दर्पण भी बन गए हैं। जब आप उनमें झुकते हैं, तो आप अपना चेहरा नहीं, बल्कि प्रकृति में अपना प्रतिबिंब देखते हैं, जो याद दिलाता है कि हम पृथ्वी के स्वामी नहीं, बल्कि केवल अस्थायी अतिथि हैं। सागर भूमि बन जाता है और भूमि सागर। साम्राज्य नष्ट होते हैं। भाषाएँ लुप्त होती हैं। लेकिन जंगल पृथ्वी के प्रति वफ़ादार बना रहता है।

एक जीवंत आश्रम

पेड़ों का आश्रम कोई इमारत नहीं है। यह देखने का एक तरीका है। यह किसी खेत में, किसी छत पर, किसी विद्यालय के परिसर में, या अपने पहले पौधे को हाथ में लिए किसी बच्चे के मन में भी विद्यमान हो सकता है। यह एक ऐसा स्थान है जहाँ मिट्टी, विज्ञान और आध्यात्मिकता के अनुशासन

मिलते हैं। जहाँ एक माली साधु बन जाता है और एक साधु माली बन जाता है।

हम कृत्रिम जीवन और डिजिटल विकर्षणों के युग में जी रहे हैं। लेकिन प्रौद्योगिकी के आगे बढ़ने के बावजूद, पृथ्वी की लय प्राचीन बनी हुई है। गुरुत्वाकर्षण आज भी खींचता है, बारिश आज भी होती है और पीपल का पत्ता आज भी हवा में काँपता है,ऐसे कारण जिन्हें विज्ञान समझा सकता है, लेकिन जिन्हें केवल कविता ही महसूस कर सकती है।

अवलोकन सबसे पुरानी तकनीक है। किसी पेड़ को देर तक देखें, तो वह आपको विकास, अर्थव्यवस्था और नैतिकता की कहानी एकसाथ सुना देगा।

मेरे लिए, पेड़ों का आश्रम का यही सच्चा उद्देश्य है, हमें यह याद दिलाना कि मिट्टी की हर एक मुट्ठी में इतिहास और आशा, दोनों समाहित हैं।

23

अद्भुत पीपल

अगर प्रकाश संश्लेषण का कोई गिरजाघर है, तो वह हर भारतीय गाँव में चुपचाप खड़ा है, एक पीपल का पेड़ जिसकी जड़ें मुड़ी हुई प्रार्थनाओं जैसी हैं और पत्तियाँ शांत हवा में भी नृत्य करती हैं। मेरा बचपन का स्कूल उसकी छाया में था। जब दूसरे लोग उसकी पूजा करते थे, मैं सुनता था। उसकी सरसराहट कोई दिव्य रहस्य नहीं थी; वह श्वसन थी, पत्ती और आकाश, मिट्टी और आत्मा के बीच आदान-प्रदान की सूक्ष्म लय थी।

नानी की कहानियों ने मुझे पहले ही यह विश्वास दिला दिया था कि यह कोई साधारण पेड़ नहीं है। दशकों बाद, विज्ञान ने उस बात की पुष्टि कर दी जो मेरे विश्वास ने पहले ही कह दी थी। पीपल का पेड़ तब भी काम करता है जब दुनिया सो रही होती है। अन्य पेड़ों के विपरीत, यह दिन में होने वाले प्रकाश संश्लेषण के अलावा रात में भी कार्बन डाइऑक्साइड अवशोषित करता रहता है। सरल शब्दों में कहें तो— पीपल का पेड़ आराम नहीं करता।

लोग अकसर मुझसे ऐसे सवाल पूछते हैं जो वैज्ञानिक लगते हैं, लेकिन असल में आध्यात्मिक होते हैं। उनमें से एक सबसे आम सवाल है — 'बाबा, क्या यह सच है कि पीपल का पेड़ रात में ऑक्सीजन देता है?' जब

भी मैं यह सवाल सुनता हूँ, मेरे चेहरे पर मुस्कान आ जाती है, क्योंकि इस सवाल के पीछे अज्ञानता नहीं, बल्कि विस्मय है। यह विस्मय कि कोई इतना शांत जीव इतना जीवंत कैसे हो सकता है।

लेकिन एक पौधरोपणकर्ता और प्रकृति के आजीवन विद्यार्थी के रूप में, मैंने सीखा है कि सत्य अकसर तथ्य और आस्था का मिश्रण होता है। तो आइए, मैं आपको बताता हूँ कि सूर्यास्त के समय पीपल के पत्ते के अंदर वास्तव में क्या होता है—

दिन के समय, पीपल का हर पत्ता एक छोटा सौर पैनल होता है। हरा रंगद्रव्य, क्लोरोफ़िल, सूर्य के प्रकाश को ग्रहण करता है और प्रकाश संश्लेषण की प्रक्रिया द्वारा उसे ऊर्जा में परिवर्तित करता है। यह प्रक्रिया बेहद सरल है। सूर्य का प्रकाश, पानी और कार्बन डाइऑक्साइड मिलकर ग्लूकोज और ऑक्सीजन बनाते हैं। पीपल का हर पत्ता ऑक्सीजन का एक छोटा कारखाना बन जाता है, जो वातावरण में जीवन का संचार करता है और हमारे द्वारा छोड़ी गई हवा को शुद्ध करता है। इसकी घनी छाया के नीचे, मैंने अकसर लंबे समय तक आराम किया है और महसूस किया है कि इसके नीचे की हवा में एक लय है, जीवन की एक धीमी धड़कन है जो आँखों से दिखाई नहीं देती। जब आप हज़ारों पीपल के पेड़ लगा लेते हैं, तो आप समझने लगते हैं कि प्रकाश संश्लेषण केवल रसायन विज्ञान नहीं है, बल्कि यह पृथ्वी की धड़कन है।

लेकिन सूरज हमेशा नहीं चमक सकता। रात आ जाती है, जो दिन के उजाले की हरी-भरी फैक्ट्रियों को धीरे-धीरे बंद कर देती है। अधिकांश पौधों के लिए, इसका मतलब प्रक्रिया का उलटा होना है, प्रकाश संश्लेषण रुक जाता है, लेकिन श्वसन जारी रहता है। सभी जीवित प्राणियों की तरह, पौधे भी अब ऊर्जा के लिए संग्रहित शर्करा को तोड़ते समय ऑक्सीजन का सेवन करते हैं और कार्बन डाइऑक्साइड छोड़ते हैं। लेकिन पीपल के पेड़ में, प्रकृति ने एक विशेष अनुकूलन विकसित किया है जिसे क्रैसुलेसियन

एसिड मेटाबॉलिज़्म (सीएएम) कहा जाता है। यह पानी को बचाते हुए भी श्वसन जारी रखने की चुनौती का एक सुंदर समाधान है। रात में, जब हवा ठंडी और आर्द्रता अधिक होती है, तो पीपल के पेड़ के स्टोमेटा (छोटे श्वसन छिद्र) खुल जाते हैं। ये कार्बन डाइऑक्साइड को अवशोषित करते हैं और इसे अपनी कोशिकाओं के भीतर मैलिक एसिड के रूप में संग्रहित करते हैं। फिर, अगले दिन सूर्योदय के साथ, यह संग्रहित कार्बन डाइऑक्साइड प्रकाश संश्लेषण के लिए पत्ती के भीतर छोड़ दी जाती है। पीपल का पत्ता एक मेहनती कार्यकर्ता की तरह है जो सुबह होते ही काम पर लौटने के लिए आराम करता है। यह प्रणाली पीपल को रात में भी अपने चयापचय चक्र के एक हिस्से को जारी रखने की अनुमति देती है। यह सचमुच अंधेरे में ऑक्सीजन नहीं छोड़ता, लेकिन यह कुछ ऐसा ही गहरा प्रभाव डालता है—यह प्रकाश के चले जाने के बाद भी पृथ्वी के कार्बन चक्र को जारी रखता है। यही कारण है कि सदियों से लोग मानते आए हैं कि यह रात में ऑक्सीजन उत्सर्जित करता है। मेरे लिए, यह जैव रसायन विज्ञान में एक कविता है।

यही कारण है कि यह वैज्ञानिक दृष्टि से असाधारण है। उष्णकटिबंधीय पारिस्थितिक तंत्रों में एक प्रमुख प्रजाति के रूप में कार्य करते हुए, यह जैव विविधता को बनाए रखता है, मिट्टी को स्थिर करता है, सूक्ष्म जलवायु को प्रभावित करता है और एक जीवित ऑक्सीजन कारख़ाने की तरह दिन-रात साँस लेता है। इन्हीं गुणों के कारण भारतीय उपमहाद्वीप में इसे पवित्र माना जाता है और हज़ारों वर्षों से छाया, आश्रय और मौन शिक्षक के रूप में इसकी सांस्कृतिक निरंतरता बनी हुई है।

इसकी जड़ संरचना भी उतनी ही अद्भुत है; गहरी जड़ प्रणाली जो इसे पथरीली ज़मीन में भी मज़बूती से जमाए रखती है। इसकी पार्श्व जड़ें जो कई मीटर मिट्टी में गहराई तक जाकर नमी ढूँढ़ निकालती हैं, जहाँ नमी का अभाव प्रतीत होता है। शाखाओं से लटकती हवाई जड़ें जीवित स्तंभों का काम करती हैं, जिससे प्रत्येक पुराना पीपल का पेड़ एक छोटा जीवमंडल बन जाता है।

पीपल के पेड़ को समझने के लिए, उसके छोटे-छोटे हरे-बैंगनी रंग के फलों को समझना ज़रूरी है, जो दुनिया को पोषण देते हैं। पृथ्वी पर अंजीर की हर प्रजाति के फल के अंदर एक अनोखा परागण करने वाला ततैया होता है, जो फल के अंदर ही रहता और मरता है। पीपल का ततैया एक संकरे छिद्र से अंदर जाकर अंडे देता है और अनजाने में ही अंदर छिपे फूल का परागण कर देता है। ततैया के बिना अंजीर नहीं होते; अंजीर के बिना ततैये नहीं होते। यह क्लोरोफ़िल और पंखों में लिखा एक प्राचीन समझौता है, प्रकृति के सबसे सुंदर सहजीवनों में से एक।

जब अंजीर पक जाते हैं, तब असली दावत शुरू होती है। तोते, बारबेट, मैना, कबूतर, बुलबुल, हॉर्नबिल, सिवेट, गिलहरी और चमगादड़ बारी-बारी से आते हैं। पारिस्थितिकीविद् ऐसे पेड़ों को 'मुख्य संसाधन' कहते हैं, क्योंकि इनके फल सूखे मौसम में भी भोजन की निरंतरता सुनिश्चित करते हैं। कई पक्षियों और छोटे स्तनधारियों के लिए, पीपल का पेड़ एक ऐसा भंडार है जो कभी पूरी तरह बंद नहीं होता।

एक जवान पीपल के नीचे, संपूर्ण खाद्य शृंखला का अध्ययन किया जा सकता है। जड़ों में दीमक, छाल में भृंग, तने पर छिपकलियाँ, खोखले स्थानों में घोंसला बनाने वाली मैना, ऊपरी शाखाओं में चमगादड़ — यह सह-अस्तित्व का एक ऊर्ध्वाधर शहर है।

इसके पत्तों का बिस्तर खाद बनाने का एक अद्भुत संसार है। लिग्निन से भरपूर गिरे हुए पत्ते धीरे-धीरे सड़ते हैं, जिससे कवक और जीवाणुओं को पोषण मिलता है और मिट्टी उपजाऊ बनती है। पेड़ के नीचे का सूक्ष्म वातावरण आसपास के खुले क्षेत्रों की तुलना में 5 डिग्री सेल्सियस तक ठंडा रहता है। मिट्टी में नमी बनी रहती है, हवा की गति कम हो जाती है और हवा में नकारात्मक आयन भर जाते हैं जो फेफड़ों को तरोताज़ा करते हैं।

इसमें कोई आश्चर्य नहीं कि लोग स्वाभाविक रूप से इसके नीचे इकट्ठा होते हैं, न केवल छाया के लिए, बल्कि शांति के लिए भी। इसकी घनी छाया में हृदय गति धीमी हो जाती है, साँसें स्थिर हो जाती हैं और बातचीत का माहौल शांत हो जाता है। ध्यान के लिए पीपल के नीचे बैठने से कोर्टिसोल का स्तर कम होता है, अल्फा ब्रेन वेव्स स्थिर होती हैं और मन को शांति मिलती है। यह कोई मिथक नहीं बल्कि प्रत्यक्ष न्यूरोफिजियोलॉजी का प्रमाण है : विज्ञान अब उस बात की पुष्टि करता है जिसका प्राचीन काल के लोग सहज रूप से अभ्यास करते थे। पीपल की उपस्थिति के कई शारीरिक लाभ हैं जिन्हें मापा जा सकता है।

इस लिहाज़ से, हर पीपल का पेड़ पारिस्थितिक ढाँचे का एक जीवंत हिस्सा है, जो सालाना हज़ारों रुपए के बराबर जलवायु नियंत्रण और जैव विविधता सेवाएँ मुफ्त में प्रदान करता है, हालाँकि राष्ट्रीय बजट में इसका ज़िक्र कभी नहीं होता। इसे हमारे द्वारा लगाए गए लाखों पेड़ों की संख्या से गुणा करें, तो आपको हवा की वह अदृश्य अर्थव्यवस्था समझ में आने लगेगी।

आयुर्वेद में भी पीपल को लंबे समय से त्रिदोष शांत करने वाला फल माना जाता है, जो वात, पित्त और कफ़ को संतुलित करता है। इसकी छाल

में दस्त रोधी, त्वचा को कसने वाला, मधुमेह रोधी और कोलेस्ट्रॉल को नियंत्रित करने वाले गुण होते हैं। इसके लेप में अल्सर रोधी और सूजन रोधी गुण होते हैं; इसके पत्ते जीवाणुरोधी होते हैं और इसके फल पाचन में सहायक होते हैं।

पीपल अनुकूलन का महारथी है। यह गर्मियों में अपने चमकदार पत्ते गिरा देता है, जोड़े में अंजीर उगाता है, और अधिकांश मानव राजवंशों से भी अधिक समय तक जीवित रहता है। मैंने हरियाणा में 900 और 1100 साल पुराने पीपल के पेड़ देखे हैं, जो आज भी हरे-भरे हैं। पीपल परजीवी नहीं है; यह तब तक दूसरे पेड़ों पर रहना पसंद करता है जब तक कि यह अपने पैरों पर खड़ा न हो जाए।

हमारे शास्त्रों में, भगवान कृष्ण स्वयं को पीपल के पेड़ के समान बताते हैं : 'वृक्षों में, मैं अश्वत्थ हूँ।'

अश्वत्थः सर्ववृक्षाणां देवर्षीणां च नारदः।

—*श्रीमद्भगवद गीता* (10.26)

पीपल के पेड़ की पूजा का सबसे पुराना प्रमाण सिंधु घाटी सभ्यता से मिलता है। ईसा पूर्व 3000 तक लोग इसके सामने सिर झुकाकर पूजा करते थे। स्पष्ट है कि सोशल मीडिया के प्रभावशाली लोगों के आने से बहुत पहले ही इस पेड़ का ज़बरदस्त प्रचार हो चुका था। बौद्ध कथाओं के अनुसार, राजकुमार सिद्धार्थ गया में ऐसे ही एक पेड़ के नीचे बैठे, ध्यान किया और बुद्ध के रूप में प्रकट हुए। उस पेड़ की संतानें आज भी जीवित विरासत के रूप में खड़ी हैं। बोधि वृक्ष के नीचे बुद्ध का ज्ञानोदय महज़ एक किंवदंती नहीं है, बल्कि यह पारिस्थितिक मनोविज्ञान का एक उत्कृष्ट उदाहरण है।

हर क्षेत्र की अपनी एक अलग पहचान होती है। कुछ गाँवों में पीपल (पुरुष) का विवाह नीम (महिला) से होता है। कुछ स्थानों पर ऐसी प्रथाएँ

भी हैं, जिनमें सफल दाम्पत्य जीवन के लिए ग्रह-दोष निवारण हेतु विवाह से पूर्व लड़की के फेरे पीपल के पेड़ के साथ कराए जाते हैं। इसके पीछे मान्यता यह है कि लड़की की शादी एक राजा के साथ संपन्न हुई है, क्योंकि पीपल को जंगल का प्रधान वृक्ष माना गया है।

महिलाएँ संतान प्राप्ति के लिए इसकी शाखाओं पर लाल धागे बाँधती हैं और भिक्षु जन्म-मृत्यु के चक्र से मुक्ति पाने के लिए इसकी छाया में ध्यान करते हैं। इन दोनों के बीच, पीपल प्रजनन और ज्ञानोदय दोनों को अद्भुत संतुलन के साथ संभालता है।

कई शामें मैं पुणे में बचपन में लगाए पेड़ों के नीचे बैठकर, उनकी पत्तियों से छनकर आती रोशनी को देखता था। मुझे वह समय याद आता था जब मैं उन पौधों का नाम बॉलीवुड अभिनेत्रियों के नाम पर रखता था— मुमताज़, हेलेन, माधुरी। सड़क के एक किनारे को सचमुच एक दर्शनीय स्थल में बदल दिया गया था।

रेंज हिल्स रोड पर खड़े लोगों ने शहर के धीरे-धीरे हो रहे बदलाव को देखा है, जहाँ सैन्य ट्रकों की जगह स्कूटरों ने ले ली, स्कूटरों की जगह कारों ने। अब जहाँ कभी गायें चरती थीं, वहाँ इलेक्ट्रिक वाहन शांति से चलते नज़र आते हैं। सड़क बदल गई है, लेकिन पेड़ों की सुंदरता अभी भी बरकरार है।

जब मैं अब वहाँ जाता हूँ, तो मैं अपना स्कूटर नीचे रोक देता हूँ। उसका तना मोटा है, जड़ें बाहर निकली हुई हैं, पत्तियाँ पक्षियों से भरी हुई हैं। मैं उससे ऐसे बात करता हूँ जैसे कोई पुराना दोस्त हो। वह सुनता है, या कम-से-कम मुझे लगता है कि वह सुनता है।

शायद पीपल का पेड़ यही सबसे अच्छी सीख देता है कि विकास गति से नहीं, बल्कि जड़ों से जुड़ाव से होता है, कि संवाद का सबसे सच्चा रूप मौन में ही निहित होता है, कि मिट्टी, आत्मा या रिश्ते, किसी भी प्रकार का पोषण करना समय के साथ एक धीमी बातचीत के समान है। इसीलिए, सदियों से जब लोग क्लोरोफ़िल या चयापचय के बारे में नहीं जानते थे, तब भी वे इसकी छाया में शांति से ध्यान करते थे। यही कारण है कि पीपल के पेड़ों के चारों ओर मंदिर बनाए गए, लोग इसके तने पर धागे बाँधते थे, प्रार्थना में इसकी परिक्रमा करते थे और इसकी जड़ों में दीपक जलाते थे। यही कारण है कि यह कहानी फैली कि यह रात में ऑक्सीजन उत्सर्जित करता है — यही एकमात्र तरीका था जिससे लोग श्रद्धा के माध्यम से इसकी रक्षा करते रहें। पीपल का पेड़ रात को ऑक्सीजन से भर नहीं देता, लेकिन यह उसे अर्थ से भर देता है। यह हमें सिखाता है कि जीवन दिन और

रात, प्रकाश और अंधकार, विज्ञान और आध्यात्मिकता के बीच एक सीधी रेखा नहीं है। यह देने, लेने, संचित करने और छोड़ने का एक चक्र है। यदि प्रकाश संश्लेषण प्रकाश को ग्रहण करने की क्रिया है, तो श्वसन उसे याद रखने की क्रिया है।

आज जब मैं स्कूल, कॉलेज या डिजिटल कक्षाओं के माध्यम से छात्रों को यह समझाता हूँ, तो उनसे कहता हूँ कि विज्ञान और आध्यात्मिकता एक-दूसरे के विरोधी नहीं हैं। वे एक ही सत्य को व्यक्त करने वाली दो भाषाएँ हैं। विज्ञान बताता है कि पीपल का पेड़ कैसे साँस लेता है; आध्यात्मिकता बताती है कि हमें इसे साँस लेने क्यों देना चाहिए। पीपल के साथ, विज्ञान और आस्था एक ही सत्य में विलीन हो जाते हैं — मनुष्य, वृक्ष, वायु और मिट्टी, सब कुछ एक साथ साँस लेते हैं, कार्बन और प्रकाश के एक निरंतर संवाद में।

मैंने जितने भी पेड़ लगाए हैं, वे सब आस्था की सीख रहे हैं। आप कभी नहीं जानते कि बीज अंकुरित होगा या नहीं या पौधा पहली गर्मी तक जीवित रह पाएगा या नहीं। फिर भी आप पेड़ लगाते ही हैं। यही आस्था है, वही आस्था जिसके सहारे नानी माँ दीपक की रोशनी में कहानियाँ सुनाती थीं, यह विश्वास रखते हुए कि उनके शब्द हम सब में बस जाएँगे। पीपल का पेड़ उस आस्था का जीता-जागता प्रमाण है।

आज भी, जब मैं कोई नया पौधा लगाता हूँ या किसी पुराने पीपल के पेड़ के सामने खड़ा होता हूँ, तो मुझे ऐसा लगता है मानो नानी वहीं मौजूद हैं, मुस्करा रही हैं और कह रही हैं, 'देखो, मैंने तुमसे कहा था न कि ये पेड़ बातें करते हैं!'

पीपल का पेड़ माँ और राक्षस, दोनों था। सुबह उसकी पूजा की जाती थी और रात को उससे दूर रहा जाता था। औरतें उसके तने पर लाल धागे बाँधकर बच्चों के लिए प्रार्थना करती थीं, वहीं मेरे जैसे बच्चे शाम ढलते ही एक-दूसरे को उसकी पत्तियाँ तोड़ने की हिम्मत दिखाते थे, क्योंकि उन्हें डर

रहता था कि भूत निकलकर हमारा पीछा करते हुए घर तक आ जाएँगे। परीक्षा हो, सेहत हो, किस्मत हो, श्राप हो, सब कुछ उस पेड़ पर निर्भर था। ऐसा लगता था मानो हमारे पूरे गाँव ने अपनी सारी अनिश्चितताएँ उस एक अशांत पेड़ पर छोड़ रखी हों।

मुझे इस द्वंद्व ने बेहद आकर्षित किया। एक ही पेड़ से डर और प्यार, दोनों कैसे हो सकते हैं? समय के साथ, मुझे समझ आने लगा कि ये दोनों बिलकुल विपरीत नहीं हैं। पीपल का पेड़ जीवन और मृत्यु, निरंतरता और क्षणभंगुरता का प्रतीक है। इसकी जड़ें श्मशान की राख को थामे रहती हैं, फिर भी इसकी शाखाओं पर हर सुबह नई पत्तियाँ निकलती हैं। यह पेड़ मिट्टी से दुःख सोख लेता है और किसी भी अन्य पेड़ की तुलना में कहीं अधिक उदारता से ऑक्सीजन छोड़ता है।

नानी ने एक बार कहा था, 'देवता और भूत दुश्मन नहीं हैं। दोनों आस्था के अलग-अलग रूप हैं। पीपल का पेड़ दोनों को आश्रय देता है, क्योंकि उसमें दोनों के लिए जगह है।' वह अपनी सोच से कहीं अधिक सही थीं। पारिस्थितिकी इसे इस प्रकार परिभाषित करती है। जैव विविधता किसी भी प्रणाली की वह क्षमता है जो अनेक जीवों को, यहाँ तक कि परस्पर विरोधी जीवों को भी, संतुलन में बनाए रखती है।

पीपल का पेड़ एक उत्कृष्ट उदाहरण है।

नानी के शब्द आज भी मेरे मन में गूँजते हैं : 'भूत तब पैदा होते हैं जब लोग बहुत ज़्यादा या बहुत कम विश्वास करते हैं।' मुझे लगता है कि यह बात प्रकृति पर भी लागू होती है। जब हम उससे अत्यधिक डरते हैं, तो सुरक्षा की भावना के लिए उसे नष्ट कर देते हैं। जब हम उसकी पूरी तरह उपेक्षा करते हैं, तो वह चुपचाप मुरझा जाती है। इन दोनों चरम सीमाओं के बीच देखभाल निहित है, न तो पूजा और न ही उदासीनता, बल्कि ध्यान।

24

फैलती जड़ें

पेड़ की जड़ें मुझे इसलिए भी आकर्षित करती हैं क्योंकि वे पेड़ के नीचे छिपी होती हैं। अगर आप जीवन रक्षा की प्रतिभा को समझना चाहते हैं, तो आपको ज़मीन के नीचे देखना होगा। हर पीपल के नीचे एक अनदेखी दुनिया छिपी होती है, धैर्य और बुद्धिमत्ता की एक संरचना, जड़ों का एक जाल जो धरती की वाणी सुनता है।

पीपल सतह पर मौजूद प्रचुरता पर निर्भर नहीं करता; वह अपनी प्रचुरता स्वयं उत्पन्न करता है। इसकी जड़ प्रणाली शुरुआत में साधारण होती है, एक अकेली मुख्य जड़ अंधेरे में आस्था की तलाश में निकले तीर्थयात्री की तरह नीचे उतरती है। लेकिन बहुत जल्द ही इसका स्वरूप बदल जाता है। यह हर दिशा में पार्श्व जड़ें फैलाती हैं, कभी-कभी तो अपने छत्र से तीन या चार गुना अधिक चौड़ी हो जाती हैं। ये जड़ें मिट्टी में ऐसे फैलती हैं जैसे मौन में विचार, स्पर्श करती हैं, परखती हैं, महसूस करती हैं।

इन्हें पानी, खनिज पदार्थ और जगह जैसी जो भी ज़रूरत होती है, वे मिल जाती हैं, और जब नहीं मिलतीं, तो ये काम चला लेती हैं। ये जड़ें सूखे और बाढ़, दोनों में ही जीवित रह सकती हैं। ये दीवारों की दरारों से भी उग सकती हैं, चट्टानों को पकड़ सकती हैं, पक्की सड़क को चीर सकती हैं और समय के साथ कठोरतम मिट्टी को भी खाद में बदल सकती हैं।

वैज्ञानिकों ने पीपल की जड़ों को रेशेदार, विस्तृत और असाधारण रूप से अनुकूलनीय बताया है। यह पेड़ रेतीली दोमट मिट्टी, काली कपासी मिट्टी,

लेटराइट या बजरी में भी पनप सकता है। इसे थोड़ी क्षारीय मिट्टी पसंद है, लेकिन यह ख़राब, संकुचित या खारी मिट्टी में भी उग सकता है, जहाँ अधिकांश प्रजातियाँ असफल हो जाती हैं। इसका रहस्य इसकी जड़ों में छिपा है। जड़ों में उपस्थित प्लास्टिसिटी वह क्षमता है जो परिस्थितियों के अनुसार स्वयं को रूपांतरित कर लेती है।

जब मिट्टी उपजाऊ और नम होती है, तो यह पोषक तत्त्वों को अवशोषित करने के लिए महीन, रेशेदार जड़ें भेजती है; जब मिट्टी सूखी या कठोर होती है, तो यह मोटी, लकड़ी जैसी जड़ें विकसित करती है जो मिट्टी की गहरी परतों तक पहुँच सकती हैं। यह ऑक्सीजन ग्रहण कर सकती है, विशेष रूप से जलभराव की स्थिति में, जिससे पीपल का पेड़ उन जगहों पर भी साँस ले पाता है जहाँ अन्य पेड़ दम घुटकर मर जाते हैं।

ये जड़ें सूक्ष्म कवकों के साथ मौन साझेदारी भी बनाती हैं। माइकोराइज़ा साथ मिलकर, वे एक भूमिगत गठबंधन बनाते हैं जो जल अवशोषण और पोषक तत्त्वों के आदान-प्रदान को बेहतर बनाता है। कवक पेड़ से शर्करा प्राप्त करते हैं; पेड़ कवक से खनिज प्राप्त करते हैं, यह एक आदर्श पारिस्थितिक संबंध है।

इस तरह, पीपल की जड़ें अकेले खोज करने वाली नहीं हैं; वे एक भूमिगत समुदाय का हिस्सा हैं, जो संचार और आदान-प्रदान से जीवंत है।

वनस्पति शास्त्रियों को पीपल के पेड़ की वह क्षमता बेहद आकर्षित करती है जिसमें वह एक ही जीवन में तीन प्रकार की जड़ प्रणालियों को संयोजित कर सकता है : मुख्य जड़, पार्श्व फैलाव और हवाई जड़ें। इसकी शाखाओं से नीचे उतरने वाली हवाई जड़ें इसकी गुणन शीलता की इच्छा का विस्तार हैं। जब ये ज़मीन को छूती हैं, तो ये खंभों की तरह मोटी होकर तने बन जाती हैं। दशकों में, एक पीपल का पेड़ अनेक पेड़ों में तब्दील हो जाता है, जिससे एक ऐसा उपवन बनता है जो देखने में परिवार जैसा लगता है, लेकिन वास्तव में एक ही जीव होता है। मिट्टी के नीचे, ये जड़ें आपस में

जुड़ी रहती हैं, पानी, शर्करा और संकेतों का आदान-प्रदान करती हैं। इस तरह, पीपल लकड़ी और ज्ञान का एक जीवंत गिरजाघर बनाता है, एक ऐसा जीव जिसके अनेक रूप हैं।

एक परिपक्व पीपल के पेड़ की जड़ों का फैलाव आश्चर्यजनक रूप से बीस से तीस मीटर तक हो सकता है। पुराने पेड़ों में तो यह और भी अधिक होता है। गहराई मिट्टी के प्रकार और पानी की उपलब्धता पर निर्भर करती है, जलोढ़ क्षेत्रों में यह अकसर दस मीटर से भी अधिक हो जाती है। लेकिन पेड़ की असली ताकत उसकी क्षैतिज जड़ों के जाल में निहित है, न कि उसकी गहराई में।

समय के साथ, नीचे की मिट्टी गहरी, नरम और अधिक जीवित हो जाती है। पारिस्थितिकी की भाषा में, यह एक चरमोत्कर्ष प्रजातियाँ एक ऐसा वृक्ष जो पारिस्थितिकी तंत्र को स्थिर और परिपक्व बनाता है।

मैंने अकसर सोचा है कि अगर पीपल के पेड़ की जड़ें दिखाई देतीं, तो लोग उसकी पत्तियों से ज़्यादा उनकी पूजा करते। वे हमें सच्ची आस्था का रूप दिखाती हैं—स्थिर, अदृश्य और असीम रूप से देने वाली। यह वृक्ष अंधकार से पोषण लेकर प्रकाश की सेवा करता है। यह अस्तित्व के लिए प्रतिस्पर्धा नहीं करता; यह सहयोग करता है।

मैंने जहाँ भी यात्रा की, चाहे मैदान हों, पठार हों या मंदिर के प्रांगण, मैंने पाया कि पीपल की जड़ें चुपचाप अपना काम कर रही हैं, खोई हुई ज़मीन को फिर से हासिल कर रही हैं। जिन जगहों पर उपेक्षा के कारण मिट्टी बंजर हो गई थी, वहाँ वे मरहम लगाने वालों की तरह प्रवेश करती हैं, कठोर परतों को ढीला करती हैं और हवा-पानी को वापस आने देती हैं। पुराने कब्रिस्तानों और ख़ाली ज़मीनों में, वे अकसर सबसे पहले लौटती थीं, उनकी जड़ें मिट्टी को फिर से जीवन प्रदान करती थीं।

इस लिहाज़ से, हर पीपल का पेड़ एक इतिहासकार है। इसकी जड़ें बीते समय के मानसून की रासायनिक संरचना, लुप्त हो चुकी नदियों द्वारा

बहाए गए खनिजों और धूल में दफ़न सभ्यताओं के पदचिह्नों को याद रखती हैं। ये जलवायु की मूक अभिलेखपाल हैं, परिवर्तन और स्थायित्व का एक जीवंत संग्रह हैं।

पीपल की जड़ें धरती की लिखावट हैं, ख़ामोशी में लिखी हुई, जीवन की धाराप्रवाह रचना। शायद इसीलिए जब भी मैं इसकी छाँव में खड़ा होता हूँ, तो न केवल नीचे की मिट्टी से, बल्कि उसमें बहने वाले जीवन के हर अदृश्य धागे से जुड़ाव महसूस करता हूँ। मेरे पैरों के नीचे की जड़ें न केवल पेड़ को थामे हुए हैं, बल्कि पूरी दुनिया को थामे हुए हैं।

25

झूमता पत्ता

भोर होने से ठीक पहले एक ऐसा ख़ास पल आता है, जब पीपल का पेड़ दुनिया से पहले जाग उठता है। उसके हृदय के आकार के, पारदर्शी और कोमल पत्ते ऐसे झिलमिलाने लगते हैं मानो उनके आसपास की हवा में भी जान हो। सुबह की घोषणा करने वाले पहले कौवे के आने से बहुत पहले ही, पेड़ फुसफुसाता है, ध्वनि में नहीं, बल्कि गति में। हर पत्ता, मानो हवा का एक अद्भुत झोंका हो, लगातार फड़फड़ाता रहता है जैसे हवा के अदृश्य धागों को पकड़ रहा हो, एक ऐसा नृत्य रचता है जिसने कवियों और जीव विज्ञान को समान रूप से चकित कर दिया है।

पीपल के पत्ते सरल, एकांत और हृदयाकार होते हैं, जो अंत में एक लंबे, धागे जैसे सिर में पतले होते जाते हैं, जिसे वनस्पति विज्ञान में कहा जाता है। ड्रिप टेप यह लंबा शीर्ष भाग केवल सजावटी नहीं है; यह कार्यात्मक है। यह बारिश के पानी को कुशलतापूर्वक बहने देता है, जिससे पत्ती की सतह पर फफूँद का विकास और जल संचय नहीं होता। प्राकृतिक सुंदरता को उद्देश्यपूर्ण ढंग से बढ़ती है।

पत्ती को तने से जोड़ने वाला पतला डंठल, जिसे पेटीओल कहते हैं, काफी लंबा और लचीला होता है — 5-10 सेंटीमीटर तक। पत्ती के इस खास कंपन का यही रहस्य है। पेटीओल की चपटी और लचीली संरचना के कारण पत्ती हल्की हवा के झोंके से भी घूम सकती है। यह एक जैविक कब्ज़ा है, प्रकृति की इंजीनियरिंग का एक अद्भुत नमूना। यह हल्का कंपन हवा के आदान-प्रदान को बढ़ाता है, फफूँद के विकास को रोकता है और सूर्य की रोशनी को पत्ती पर समाने देता है। हर सतह पर। जहाँ अधिकांश पेड़ सरसराते हैं, वहीं पीपल का पेड़ एक झिलमिलाता है। वनस्पति विज्ञानी कहते हैं कि यह पेड़ की डंठल की लंबाई और लचीलेपन के कारण होता है, लेकिन रहस्यवादी इसे पेड़ की साँस लेने का तरीका मानते आए हैं।

ध्यान से देखने पर, पीपल के पत्ते में नसों और शिराओं की एक कहानी छिपी होती है। मुख्य शिरा रीढ़ की हड्डी की तरह सीधी जड़ से सिरे तक जाती है, जबकि गौण शिराएँ समरूप रूप से फैली होती हैं, जो जीवन की एक परिपूर्ण ज्यामिति प्रस्तुत करती हैं। धूप में ये शिराएँ सुनहरी चमकती हैं, मानो हरे मानचित्र पर नदियाँ बह रही हों। बचपन में, मैं सुबह की धूप में गिरे हुए पत्तों को पकड़कर उनकी आकृतियों को छूता था। नानी कहती थीं, 'मुन्ना, हर पत्ता एक किताब है। बस आपको उसकी लिखावट सीखनी है।'

सूखने के बाद भी पीपल के पत्ते बहुत सुंदर बने रहते हैं। जब इन्हें पानी में भिगोकर हल्के से रगड़ा जाता है, तो हरा गूदा उतर जाता है और

पीछे एक ढाँचा दिखाई देता है, जिसमें नसों का जटिल जाल किसी नाज़ुक लेस की तरह दिखता है। सदियों से कलाकार इन कंकाल नुमा पत्तों का इस्तेमाल चित्रों, प्रार्थनाओं और कविताओं के लिए प्राकृतिक कैनवास के रूप में करते आए हैं। एक बार मैंने एक पत्ते पर फाउंटेन पेन से लिखने की कोशिश की थी; स्याही फैल गई, लेकिन पत्ता फटा नहीं। ऐसा लगा मानो मैं समय पर ही लिख रहा हूँ।

वैज्ञानिक दृष्टि से, पीपल के पत्ते प्रकाश संश्लेषण के महाशक्तियाँ हैं।

उनका बड़ा सतही क्षेत्रफल और पतली परत कुशल गैस विनिमय को संभव बनाती है। सूक्ष्मदर्शी से देखने पर, पीपल के पत्तों के स्टोमेटा छोटे-छोटे मुँह की तरह दिखते हैं जो लयबद्ध तरीके से खुलते और बंद होते हैं। मुझे हमेशा से यह बात बेहद रोचक लगी है कि कोई इतना शांत, इतना स्थिर पौधा इतना सक्रिय और उद्देश्यपूर्ण कैसे हो सकता है। जब आप पीपल के नीचे बैठते हैं, तो आप मानो सूर्य के प्रकाश को जीवन में परिवर्तित करने वाले एक विशाल जैविक तंत्र के भीतर बैठे होते हैं।

हिंदू पौराणिक कथाओं में, पीपल के पत्तों का हिलना-डुलना मात्र गति नहीं है, बल्कि यह दिव्य संचार है। ऐसा कहा जाता है कि देवता इसकी सरसराहट में निवास करते हैं। इसके आस-पास आस पास की हवा चेतना के सूक्ष्म स्पंदनों से भरी होती है।

श्रीमद्भगवद्गीता पीपल को ब्रह्मांडीय वृक्ष के रूप में वर्णित किया गया है, 'अश्वत्थ' जिसकी जड़ें स्वर्ग में और शाखाएँ पृथ्वी पर हैं, जो शाश्वत जीवन का प्रतीक है।

ऊर्ध्वमूलमधःशाखमश्वत्थं प्राहुरव्ययम्।
छन्दांसि यस्य पर्णानि यस्तं वेद स वेदवित्॥

—*श्रीमद्भगवद्गीता* (15.1)

बुद्ध ने बोधगया में पीपल के वृक्ष के नीचे ज्ञान प्राप्त किया था। बौध्दि वृक्ष, वही काँपते हुए पत्ते जो हवा को पकड़ते हैं, वे दूसरे लोकों से आने वाले प्रकाश को भी ग्रहण करते हैं।

नानी मुझे बताया करती थीं कि आधी रात को जब पीपल का पेड़ काँपता है, तो आत्माएँ आती-जाती हैं। भोर में जब यह काँपता है, तो देवता धरती को आशीर्वाद देने के लिए अवतरित होते हैं। मैं रातभर जागकर चाँदनी में पेड़ों की पत्तियों को देखते रहता और सोचता कि इन दोनों में से कौन-सी बात सच है। समय के साथ, मुझे समझ में आया कि दोनों ही बातें सच हैं, क्योंकि दिव्य और प्रेतात्माएँ प्रकृति की एक ही शक्तियाँ हैं, जिन्हें अलग-अलग दृष्टि से देखा जाता है।

पीपल के पत्ते की अपनी एक अलग ही ख़ुशबू होती है, हल्की राल जैसी, मिट्टी जैसी, जिसमें हरी चाय और बारिश की हल्की-सी महक भी होती है। जब इसे मसलते हैं, तो इससे लेटेक्स निकलता है, जो एक सफेद रस होता है और घावों को भरता है। *आयुर्वेद* में पीपल के पत्तों का पाउडर अस्थमा के लिए और इसका काढ़ा हृदय रोगों के लिए इस्तेमाल किया जाता है।

रोचक बात यह है कि पीपल के पत्ते प्रदूषण के प्रति अत्यंत संवेदनशील होते हैं, जो हमारे द्वारा साँस ली जाने वाली हवा के जीवित सेंसर के रूप में कार्य करते हैं। स्थिर हवा में भी लगातार फड़फड़ाने से हवा में मौजूद सूक्ष्म कणों को ग्रहण करने की क्षमता बढ़ जाती है। वाहनों के गुज़रने और धुएँ के उठने से कालिख के सूक्ष्म कण (पीएम$_{2.5}$ और पीएम$_{10}$), साथ ही सीसा, कैडमियम और निकल जैसी भारी धातुएँ, पत्तों की सतह पर जम जाती हैं।

वैज्ञानिक रूप से, इस प्रक्रिया को इस प्रकार जाना जाता है : शुष्क निक्षेपण पीपल के पत्तों की थोड़ी खुरदरी, मोम जैसी बाहरी परत धूल के कणों को फँसा लेती है, जबकि स्टोमेटा सल्फ़र डाइऑक्साइड, नाइट्रोजन

ऑक्साइड और ओज़ोन जैसी गैसीय प्रदूषकों को अवशोषित कर लेते हैं। समय के साथ, ये प्रदूषक जमा होते जाते हैं, जिससे पत्तों की सतह काली पड़ जाती है। जिन्हें हम आम तौर पर गंदे पत्ते समझते हैं, वह वास्तव में पर्यावरण की सेवा का एक मौन प्रमाण है।

दिल्ली और लखनऊ जैसे शहरों में, ख़ासकर चौराहों पर, पीपल के पेड़ ग्रामीण इलाकों में उगने वाले पेड़ों की तुलना में अकसर अधिक गहरे रंग के दिखाई देते हैं। अध्ययनों से पता चला है कि अधिक यातायात वाले गलियारों के किनारे उगने वाले पेड़ों की पत्तियों में स्वच्छ वातावरण में उगने वाले पेड़ों की तुलना में भारी धातुओं की मात्रा अधिक जमा हो जाती है।

पीपल का पेड़ इस भार को अस्वीकार नहीं करता; बल्कि ख़ुद को इसके अनुकूल ढाल लेता है। प्रदूषक या तो पत्ती के ऊतकों में स्थिर हो जाते हैं या पत्ती के गिरने पर झड़ जाते हैं, जिससे प्रदूषक हवा से प्रभावी रूप से हट जाते हैं।

पीपल के पत्तों का कंपन, शारीरिक क्रिया में भी महत्त्वपूर्ण भूमिका निभाता है। यह निरंतर गति पत्तों की सतह के आस-पास स्थिर वायु की परतें बनने से रोकती है, जिससे गैसों का आदान-प्रदान बेहतर होता है और प्रदूषकों को अवशोषित करने की वृक्ष की क्षमता बढ़ती है। यह प्रकृति का सक्रिय निस्पंदन है, जो बिना बिजली, रख-रखाव या शिकायत के संभव हो पाता है।

लेकिन इस सेवा की एक कीमत चुकानी पड़ती है। प्रदूषित पत्तियों में क्लोरोफ़िल की मात्रा बदल जाती है, प्रकाश संश्लेषण की क्षमता कम हो जाती है और ऑक्सीडेटिव तनाव के लक्षण दिखाई देते हैं। फिर भी, पेड़ बना रहता है। हर मौसम में, यह हवा को शुद्ध करता है, सड़कों को छाया देता है।

इस आदान-प्रदान में एक गहरा नैतिक संदेश छिपा है। शहरी जीवन हॉर्न और इंजन की तेज़ आवाज़ों के साथ आगे बढ़ता है, वहीं पीपल का पेड़ अपनी जड़ों से जड़ जमाए खड़ा रहता है, हमारी हर चीज़ को सोख लेता है, हमारी अति को समेटे, हमारे बोझ को थामे, और बदले में कुछ भी नहीं माँगता। इसके पत्ते गहरे रंग के हो जाते हैं ताकि हमारे फेफड़े थोड़ी राहत से साँस ले सकें। इसकी ख़ामोशी निष्क्रियता नहीं, बल्कि सहनशीलता है।

ऐसा लगता है मानो पीपल का पेड़ चुपचाप, एक-एक पत्ते करके हमारे पापों को क्षमा कर देता है।

पौधारोपण के अपने जीवन में, मैंने लाखों पीपल के पत्तों को छुआ है, नए पत्ते, जो नवजात ताड़ के पत्तों की तरह चमकदार और कोमल होते हैं; पुराने पत्ते, जो उम्रदराज़ हाथों की तरह धारीदार और नाज़ुक होते हैं। मैंने उन्हें गिरते हुए देखा है, ज़मीन पर ऐसे बिखरते हुए जैसे किसी प्राचीन पांडुलिपि के पन्ने हों। कभी-कभी, मैं उन सभी पेड़ों के बारे में सोचता हूँ जिन्हें मैंने लगाया है और कल्पना करता हूँ कि उनके पत्ते एक साथ फड़फड़ा रहे हैं, मानो झूमते दिलों का एक अदृश्य संगीत हो।

इसलिए, जब भी मैं किसी पीपल के पेड़ के नीचे बैठता हूँ और उसकी पत्तियों को हल्की हवा में झिलमिलाते देखता हूँ, तो मुझे नानी की कही हुई बात याद आ जाती है, 'भले ही दुनिया ठहर-सी जाए, पीपल सुनता रहता है।'

26

क्लोरोफ़िल ही ईश्वर है

अस्सी के दशक के आरंभ में मैंने आचार्य रजनीश के प्रवचनों और रिकॉर्ड किए गए भाषणों को सुनना शुरू किया। उनकी आवाज़ सम्मोहक थी, उनका तर्क तीक्ष्ण। उनका हर वाक्य धर्म और समाज के दिखावों को चीरता हुआ प्रतीत होता था। मैंने हिंदी और अंग्रेज़ी, दोनों भाषाओं में समाचार पत्रों और पत्रिकाओं में छपने वाले उनके हर लेख को बड़े चाव से पढ़ा। उस समय वे पुणे में एक आश्रम का निर्माण कर रहे थे। उनके शब्द भारतीय चिंतन के धूल भरे गलियारों को साफ करने वाले तूफ़ान की तरह प्रतीत होते थे।

आचार्य रजनीश, जिन्हें बाद में 'ओशो' के नाम से जाना गया, मध्य प्रदेश के जबलपुर में दर्शनशास्त्र के प्रोफेसर थे। उन्होंने ध्यान और विद्रोह के सह-अस्तित्व के लिए एक स्थान बनाने के उद्देश्य से अकादमिक जगत को त्याग दिया। व्यवस्था को चुनौती देने के उनके साहस की मैं प्रशंसा करता हूँ। उन्होंने खोखले रीति-रिवाज़ों का विरोध किया, राजनीतिक पाखंड को उजागर किया और स्वतंत्रता, प्रकृति एवं चेतना के बारे में जीवंत भाषा में बात की। मेरे लिए, वे एक सुपरहीरो थे— बैटमैन, फ़ैंटम, स्पाइडरमैन और सुपरमैन का मिला-जुला रूप। मेरे रिश्तेदारों ने तो यह भी कहा कि मैं सम्मोहित हो गया था। शायद वे सही ही थे।

उस समय मैं इलाहाबाद विश्वविद्यालय में पढ़ रहा था और मुझे ग़ैर-काल्पनिक साहित्य, दर्शनशास्त्र, प्राचीन इतिहास, समाजशास्त्र तथा मानवशास्त्र में गहरी रुचि हो गई थी। मैं इन्हें उसी तरह पढ़ता था जैसे दूसरे लोग कॉमिक किताबें पढ़ते हैं। मैं घंटों पुरानी किताबों की दुकानों में धूल और ज्ञान से महकते फटे-पुराने पन्नों को पलटता रहता था।

फिर ओशो के पारिस्थितिकी और सजीव पृथ्वी पर प्रवचन आए। उन्होंने कुछ ऐसा कहा जो आज भी मेरे भीतर गूँजता है : 'प्रकृति ही ईश्वर की क्रिया है। ईश्वर ही प्रकृति है और प्रकृति ही ईश्वर है।' यह बात मुझे बिजली की तरह लगी। वह कहते थे, 'यदि आप पेड़ से प्यार नहीं कर सकते, तो आप अस्तित्व से भी प्यार नहीं कर सकते।' उन सरल वाक्यों ने मेरी प्राथमिकताओं को हमेशा के लिए बदल दिया।

ईश्वर का रूप क्लोरोफ़िल

ओशो ने कहा था, 'पत्ता ही परमात्मा है।' हालाँकि नानी ने यह बात पहले भी कही थी, लेकिन उन्होंने इसे एक नई गहराई, एक सार्वभौमिकता दी जो रहस्यवाद को भेदते हुए विज्ञान तक पहुँच गई। जब उन्होंने कहा, 'क्लोरोफ़िल ईश्वर है।' वह काव्यात्मक नहीं हो रहे थे। वह अस्तित्व के मूल की ओर, उस हरित स्पंदन की ओर इशारा कर रहे थे जो इस ग्रह को जीवित रखता है।

क्लोरोफ़िल सूर्य के प्रकाश और जीवन के बीच का दिव्य सेतु है। यह प्रकाश और पदार्थ के मिलन का संचालन करने वाला अदृश्य पुजारी है। इसके माध्यम से सूर्य की ऊर्जा शर्करा में, भोजन में, जंगलों में और हम में परिवर्तित होती है। प्रकाश संश्लेषण, वह शांत चमत्कार जो क्लोरोफ़िल और सूर्य के प्रकाश के मिलन से होता है, उस ऑक्सीजन का निर्माण करता है जिसे हम साँस लेते हैं। हमारी हर साँस उस दिव्य प्रक्रिया की निरंतरता

है। हम पत्तियों से निकलने वाली ऊर्जा को ग्रहण करते हैं; हम जीवित हैं क्योंकि वे जीवित हैं। यह पवित्र चक्र केवल एक रूपक नहीं है, बल्कि यह भौतिकी, रसायन विज्ञान और आध्यात्मिकता का अंतर्संबंध है।

पत्तियों का हरा रंग महज़ एक रंगद्रव्य नहीं है; यह दिव्यता का प्रत्यक्ष रूप है। प्रत्येक वृक्ष, घास का प्रत्येक तिनका, सागर में शैवाल का प्रत्येक अंकुर एक मंदिर है जहाँ प्रकाश की यह पूजा होती है। जब आप पीपल, नीम या जामुन के पेड़ों की छाँव में चलते हैं, तो आप ऑक्सीजन के एक मंदिर में चल रहे होते हैं। पत्तियाँ मौन में मंत्रोच्चार कर रही होती हैं। उनका भजन वह श्वास है जो हमारे फेफड़ों को भर देती है।

प्रकाश संश्लेषण की शुरुआत भाषा के अस्तित्व से बहुत पहले हुई थी, देवताओं के नाम रखे जाने से भी बहुत पहले। इसकी शुरुआत तब हुई जब पहली हरी कोशिकाओं ने सूर्य के प्रकाश को ग्रहण करना और हवा में जीवन का संचार करना सीखा। यही मूल प्रार्थना थी, पृथ्वी पर सृजन का पहला कार्य।

जब ओशो ने कहा 'पत्ता ही परमात्मा है, 'उनका तात्पर्य था कि ईश्वरीय तत्त्व कहीं और नहीं है, वह क्लोरोफ़िल अणु में है, सूर्य की रोशनी में हिलते कोमल पत्ते में है, उस हरियाली में है जो जीवन को शक्ति देती है। इसलिए, रोपण का प्रत्येक कार्य, हमारे द्वारा निर्मित प्रत्येक छाया, हमारे द्वारा पोषित प्रत्येक बगीचा एक आध्यात्मिक कार्य है। माली पुजारी बन जाता है, पौधा धर्मग्रंथ और प्रकाश संश्लेषण प्रार्थना बन जाता है।

इसलिए, अब जब मैं किसी पत्ते को देखता हूँ, तो मैं पौराणिक कथाओं को नहीं, बल्कि जीव विज्ञान को नमन करता हूँ; किसी मूर्ति को नहीं, बल्कि स्वयं जीवन को नमन करता हूँ। क्लोरोफ़िल केवल ईश्वर ही नहीं है, बल्कि यही कारण है कि ईश्वर हमारे भीतर विद्यमान है।

जब मैं पुणे आश्रम पहुँचा, तो मुझे ऐसा लगा जैसे मैं किसी दूसरी दुनिया में आ गया हूँ, जो नृत्य, ध्यान, हँसी, मौन और हरियाली से परिपूर्ण

थी। मुझे सबसे ज़्यादा आकर्षित करने वाली बातें थीं , पेड़ : ज्ञान के रक्षकों की तरह खड़े प्राचीन बरगद और हवा में सरसराते भिक्षुओं की तरह बाँस के झुरमुट।

आश्रम एक नख़लिस्तान जैसा था, चारों ओर तालाब, झरने, बगीचे, चट्टानी उद्यान और पक्षी ही पक्षी थे। पूरा परिवार जीवित था, प्रकृति की लय से स्पंदित हो रहा था। हवा में भी ऊर्जा का संचार हो रहा था। पौधों के प्रति मेरा आजीवन प्रेम अंततः अपने मंदिर में पहुँच गया था।

ओशो को बाँस से गहरा लगाव था, वे इसे 'प्रबुद्ध पौधा' कहते थे। लचीला, खोखला, सीधा और विनम्र, यह उस मनुष्य का आदर्श प्रतीक है जिसने स्वयं को ख़ाली कर दिया है ताकि दिव्य शक्ति उसके भीतर प्रवाहित हो सके। मुझे उनके शब्द आज भी स्पष्ट रूप से याद हैं : 'बाँस की तरह बनो, खुला, ग्रहणशील, और लचीला। जब हवा चलती है, तो वह गाता है।'

ओशो अकसर पारिस्थितिकी को आध्यात्मिक संतुलन के रूप में देखते थे, न कि पर्यावरण सक्रियता के रूप में। उन्होंने कहा, 'पेड़ आपके फेफड़े हैं, नदियाँ रक्त और धरती आपका शरीर है। उन्हें नुकसान पहुँचाना स्वयं को नुकसान पहुँचाने के बराबर है।' तब मुझे एहसास हुआ कि पौधा लगाना कोई सामाजिक कार्य नहीं, बल्कि एक आध्यात्मिक अर्पण है। ध्यान और पौधा लगाना मेरे जीवन का एक अभिन्न अंग बन गए।

इस तरह एक और संन्यासी का जन्म हुआ। मुझे 'स्वामी प्रेम परिवर्तन' नाम दिया गया। स्वामी मेरा पहला नाम, प्रेम (प्यार) मेरा मध्य नाम और परिवर्तन (रूपांतरण) मेरा अंतिम नाम बन गया। मैंने गहरे लाल रंग के वस्त्र पहने, गले में माला डाली और मेरे चेहरे पर एक ऐसे व्यक्ति की सहज मुस्कान थी जैसे मेरा अभी-अभी पुनर्जन्म हुआ हो।

मैं 26 जनवरी को, गणतंत्र दिवस के दिन, एक स्वतंत्र जैन के रूप में पैदा हुआ था। परिवार को हमेशा से ही सशक्त और विद्रोही नाम पसंद रहे हैं, जैसे क्रांति, स्वतंत्र, युद्धंती, इसलिए 'आज़ाद' नाम स्वाभाविक रूप से चुना गया। मेरे पिता जी की जैन जड़ें राजस्थान से थीं और मेरे जन्मप्रमाण पत्र में आज भी यह बात दर्ज है। समय के साथ, 'आज़ाद' की जगह स्वाभाविक रूप से 'स्वामी' शब्द आ गया। मेरे दस्तावेज़ों में भी यही बदलाव आया। एक-एक करके, मेरा बैंक खाता, राशन कार्ड, ड्राइविंग लाइसेंस, आधार कार्ड, वोटर आईडी, सब कुछ चुपचाप बदल गया। ऐसा लगा मानो ब्रह्मांड चाहता था कि मैं पुराने को छोड़कर नए को अपना लूँ।

2003 तक, मैंने इसे भारत के राजपत्र के माध्यम से आधिकारिक रूप से पंजीकृत करवा दिया। 'स्वामी प्रेम परिवर्तन' नाम कानूनी और पूर्ण हो गया। मेरा उपनाम 'पीपल बाबा' पहले ही लोकप्रिय हो चुका था। लोग अकसर नामों को लेकर भ्रमित हो जाते थे। कागज़ी कार्रवाई के बाद यह भ्रम दूर हो गया और बैंक भी ख़ुश हो गए।

आजकल लोग मुझे कई नामों से पुकारते हैं, स्वामी सर, स्वामीजी, श्री प्रेम, श्री परिवर्तन या बस स्वामी अंकल। मैं उन्हें चुनने देता हूँ। आख़िरकार, सच्ची स्वतंत्रता तो दूसरों को आपको अपनी इच्छानुसार पुकारने की स्वतंत्रता देने में ही निहित है।

पीछे मुड़कर देखने पर मुझे एहसास होता है कि आश्रम सिर्फ पुणे में ही नहीं था, बल्कि हर उस जगह था जहाँ मैंने अपने पौधे लगाए थे। बरगद के पेड़ों के नीचे ध्यान से शुरू हुई यह यात्रा धीरे-धीरे खुले आसमान के नीचे काम में बदल गई। वस्त्रों का रंग बदल गया, शहरों का स्वरूप बदल गया, लेकिन भीतर की शांति वैसी ही बनी रही।

जो संन्यास के दिन मैंने आश्रम में बिताए, उनका सार मुझे बाद में सड़क किनारे की धूल, पसीने, हँसी और उन मित्रों की संगति में मिला। जो मानते थे कि परिवर्तन भी प्रेम की तरह धीरे-धीरे ही जन्म लेता है।

27

छत्रछाया के नीचे अर्थव्यवस्था

कई बार सुबह मैं बिना किसी उद्देश्य के निकल पड़ता हूँ, बस उन सड़कों पर चलता रहता हूँ जो छाया की ओर मुड़ती हैं। कहानियाँ वहीं छिपी होती हैं। छाया हमेशा से भारत की सबसे पुरानी मुद्रा रही है, जिसका पेड़ों और इंसानों के बीच प्रतिदिन बिना रसीद या हस्ताक्षर के लेन-देन होता रहता है। हर घने पेड़ की छाँव के नीचे, जीवन एक ऐसे बाज़ार की तरह खुलता है जिसे दीवारों की आवश्यकता नहीं होती।

मैंने इन वृक्षों के नीचे से देश को देखा है। दिल्ली की धूल भरी गलियों से लेकर बुंदेलखंड के सूखे चौकों तक, बिहार के स्टेशनों के शांत किनारों से लेकर राजस्थान के जगमगाते चौकों तक, पीपल का वृक्ष एक प्राचीन लेखाकार की तरह खड़ा है, जो चुपचाप मानव अस्तित्व का हिसाब रखता है। इसके नीचे ऐसी अर्थव्यवस्थाएँ फल-फूल रही हैं जिनका हिसाब-किताब आज तक किसी मंत्रालय ने नहीं रखा है।

भोर होते ही सबसे पहले चायवाले आते हैं। वे अपनी लकड़ी की गाड़ियाँ धकेलते हुए आते हैं। उनकी केतलियाँ मंदिर की घंटियों की तरह खड़खड़ाती हैं। पीपल का पेड़ पहले से ही जाग चुका होता है। वे दो जड़ों के बीच एक रस्सी बाँधते हैं, उस पर एक पुराना बल्ब लटकाते हैं। इस

तरह दिन की शुरुआत हो जाती है। उबलती चाय से पत्ती की ख़ुशबू उठती है; ग्राहक इकट्ठा होते हैं; गपशप और व्यापार एक ही नदी के दो किनारों की तरह बहने लगते हैं। दोपहर तक नाई आ जाता है। उसके दर्पण पर सूरज की रोशनी की छोटी-छोटी, चंचल चमक पड़ती है। उसके बगल में मोची बैठा होता है, जूतों के तलवों को नया जीवन दे रहा होता है। वे कभी जगह के लिए नहीं झगड़ते। पेड़ों की घनी छाया सभी के लिए पर्याप्त जगह देती है।

मैंने एक बार मथुरा के पास एक चायवाले से पूछा कि वह हमेशा पीपल का पेड़ ही क्यों चुनता है। उसने ऊपर देखा और कहा, 'ये पेड़ छत भी है, साथी भी।' यही है भावनाओं का अर्थशास्त्र, एक ऐसा पाठ जो कोई पाठ्य-पुस्तक नहीं सिखा सकती।

पीपल का पेड़ एक प्रजाति नहीं, बल्कि बुनियादी ढाँचा है। यह टीन की छतों, दुकानों के किराए और बिजली के पंखों की जगह लेता है। यह हवा को ठंडा करता है, शोर कम करता है और लोगों को एक छोटे समुदाय में एकजुट करता है। हर पीपल का पेड़ एक ही जगह पर गाँव का चौक, संसद, कैंटीन और सह-कार्यालय बन जाता है।

पूरे भारत में पंचायतें आज भी कंक्रीट के दफ़्तरों में नहीं, बल्कि पीपल के पेड़ों के नीचे इकट्ठा होती हैं। विवादों का निपटारा कानून की किताबों से नहीं, बल्कि सामान्य ज्ञान से होता है। पीपल के पत्तों के नीचे बातचीत करने पर हवा में एक अलग ही ताज़गी महसूस होती है। वहाँ आवाज़ें आपस में घुलमिल जाती हैं, अहंकार दूर हो जाता है और सच्चाई अकसर एक ताज़ा हवा के झौंके तरह आती है, अप्रत्याशित लेकिन मन को शुद्ध करने वाली।

मध्य प्रदेश के शुष्क इलाकों में, मैंने पीपल और बरगद के पेड़ों के झुंडों के आस-पास साप्ताहिक हाट लगते देखे हैं। महिलाएँ बोरियों पर सब्जियाँ फैलाकर जंग लगे लोहे के पत्थरों से उनका वज़न करती हैं। बच्चे डालियों पर झपकी लेते हैं, जबकि बड़े-बुज़ुर्ग अनाज के बदले बर्तन ख़रीदते-बेचते हैं। पेड़ धूप को नियंत्रित रखता है, मानो निष्पक्षता का मौन नियामक हो। अगर यही बाज़ार खुले मैदान में लग जाए, तो दोपहर तक आधे विक्रेता बेहोश हो जाएँगे।

शहरों में भी यही सिलसिला दोहराया जाता है। दिल्ली के रिंग रोड पर, हर ट्रैफ़िक लाइट के पास, आपको पीपल के पेड़ों के नीचे छोटी-छोटी कई दुनिया मिलेंगी : फूल बेचने वाले, फल बेचने वाले, भिखारी और साधु-संत, सभी एक समृद्ध पारिस्थितिकी तंत्र में विभिन्न प्रजातियों की तरह सह-

अस्तित्व में हैं। यहाँ तक कि लखनऊ में भी, मैंने एक बार एक मैकेनिक को पीपल के पेड़ के नीचे अपनी पूरी कार्यशाला स्थापित करते देखा — जैक, औज़ार और टायर जड़ों के आसपास करीने से फैले हुए थे। जब मैंने उससे पूछा कि क्या उसे बारिश की चिंता है, तो वह मुस्कुराया : 'ये पेड़ मुझे धोखा नहीं देता। दुकान से ज़्यादा यकीन इस पर है।'

रोज़गार का गुप्त नेटवर्क

उन वर्षों में भटकने के दौरान, मैंने गिनती शुरू की, आँकड़ों के लिए नहीं, बल्कि जिज्ञासावश। मैंने देखा कि लगभग हर बड़े पीपल के पेड़ पर कम-से-कम दस परिवार रहते थे। विक्रेता, पुजारी, फल विक्रेता, चाय बनाने वाले, हस्तरेखा विशेषज्ञ, चाबी बनाने वाले, नाई और मैकेनिक, सभी एक ही छत्र के नीचे अपना काम करते थे। यदि प्रत्येक परिवार चार आश्रितों का भरण-पोषण करता था, तो एक पेड़ चालीस लोगों का पेट पालता था। देशभर में लाखों पीपल के पेड़ों पर इसे लागू करें, तो आपको अदृश्य अर्थव्यवस्था दिखाई देने लगेगी : प्रकाश संश्लेषण पर चलने वाली एक जीवंत, गतिशील रोज़गार व्यवस्था।

अर्थशास्त्री इसे अनौपचारिक कार्य कह सकते हैं; मैं इसे कहता हूँ—जैविक आजीविका—न किराया, न बिजली, न कागज़ी कार्रवाई, बस भरोसा, छाँव और जीवन की लय। पीपल एक ऐसा समाजवादी संस्थान है जिसका कोई नामोनिशान नहीं है। यह जाति या वर्ग के आधार पर कभी भेदभाव नहीं करता। एक पान बेचने वाला और एक साधु बिना किसी बहस के एक ही छाँव में आराम कर सकते हैं। इसकी शाखाओं के नीचे, देश का सबसे समतावादी कार्यस्थल हर दिन शांति से विकसित होता है।

कभी-कभी पीपल का पेड़ किसी मंदिर के पास होता है और व्यापार तथा प्रार्थना एकसाथ घुलमिल जाते हैं। मैंने माला बनाने वालों को फूल

पिरोते देखा है, जबकि बच्चे पेड़ की जड़ों के आस-पास गायों को दौड़ाते रहते हैं। पुजारी अनुष्ठान करते हैं; नाई पास ही में अपना उस्तरा तेज़ करता है; एक भिखारी टूटी हुई आवाज में भजन गाता है; और कोई-न-कोई हमेशा सबके लिए ठंडे पानी का मटका लाता है। इसकी किसी ने योजना नहीं बनाई थी, यह सब स्वाभाविक रूप से उगा, ठीक पेड़ की तरह।

छाया का अर्थशास्त्र

अगर आप उस छाया के मूल्य का आकलन करने लगें, तो आप हैरान रह जाएँगे। एक छायादार पेड़ की छाँव से एक विक्रेता को प्रतिदिन का किराया, लगभग 200 रुपए प्रतिदिन, देने से मुक्ति मिल जाती है। इस तरह सालाना 70,000 रुपए की बचत होती है। ऐसे लाखों पेड़ों की संख्या को इससे गुणा करें, तो राष्ट्रीय योगदान औपचारिक उद्योगों के बराबर हो जाता है। फिर भी, कोई भी अर्थशास्त्री इसका हिसाब नहीं लगाता। पीपल के पेड़ का सकल घरेलू उत्पाद (जीडीपी) अदृश्य है क्योंकि यह करुणामय है। यह किराया, लाइसेंस या बिजली बिल नहीं माँगता। यह बस देता है। ऐसा करके, प्रतिस्पर्धा के बजाय पारस्परिकता पर आधारित एक समानांतर अर्थव्यवस्था को बनाए रखता है।

शहरी योजनाकार अकसर इन समूहों को अतिक्रमण के रूप में देखते हैं। वे सौंदर्यीकरण के नाम पर पेड़ों की जड़ें काटते हैं, बोर्ड लगाते हैं और विक्रेताओं को भगा देते हैं। लेकिन वे जो हटाते हैं वह अव्यवस्था नहीं, बल्कि समुदाय है। जब एक पेड़ काटा जाता है, तो केवल लकड़ी ही नष्ट नहीं होती; बल्कि एक संपूर्ण आजीविका तंत्र, सह-अस्तित्व की एक प्राचीन अर्थव्यवस्था नष्ट हो जाती है।

एक बार, फतेहपुर के पास एक राजमार्ग पर मैं एक पीपल के पेड़ के पास रुका जो एक पुराने कुएँ की दरारों से उग आया था। उसके आस-पास

चार परिवार रहते थे, जो ठंडे पानी इत्यादि बेचते थे, टायर पंचर ठीक करते थे, पकौड़े तलते और नाई की दुकान चलाते थे। उन्होंने बताया कि वे कभी बिजली का बिल नहीं भरते; पेड़ ही उनका पंखा था। उसकी जड़ें बेंच बन गईं, डालियाँ उनकी छत और पत्तियाँ रात में उनकी लोरी। उनमें से एक ने मुझे गर्व से कहा, 'बाबा, हम लोग पेड़ के किराए के श्रमिक हैं।'

एक दूसरे कस्बे में, पीपल की छाँव में पढ़ाई कर रहा एक लड़का उसके तने को अपनी मेज़ बनाकर बैठा था। जब मैंने उसकी माँ से पूछा कि वह वहाँ क्या करती है, तो उसने बताया कि वह राहगीरों को अगरबत्ती और फूल बेचती है। उसके व्यापार और उसकी पढ़ाई के बीच एक सच्चाई थी : वह पेड़ ही उनका स्कूल, दुकान और आश्रय, सब कुछ था।

मैंने रेलवे स्टेशनों के किनारे भी इन पेड़ों को देखा है, मानो वे समय की रक्षा कर रहे हों। उत्तर प्रदेश और बिहार के छोटे स्टेशनों पर, पीपल के विशाल पेड़ प्लेटफ़ार्मों के बगल में खड़े हैं, चाय और किताबों की दुकानों को छाया प्रदान करता है। ट्रेनें आती-जाती रहती हैं, लेकिन पेड़ कभी नहीं जाता। यह विक्रेताओं, पुलिसकर्मियों और यात्रियों की कई पीढ़ियों का साक्षी है, मानो उनकी साँसों में उनका जीवन समाहित हो।

यदि आप भारत में लंबे समय तक यात्रा करते हैं, तो आपको एहसास होगा कि यह देश केवल बिजली के ग्रिड और राजमार्गों पर ही नहीं चलता, बल्कि कस्बों और गाँवों में फैले इन हरे-भरे वृक्षों पर भी चलता है। ये मानवीय आशा के शीतल स्तंभ हैं। ये कई कारख़ानों से अधिक रोज़गार और कई कार्यालयों से अधिक शांति प्रदान करते हैं।

शाम के समय, जब विक्रेता अपना सामान समेट लेते हैं, तो वही जगह विश्राम स्थल में बदल जाती है। आवारा कुत्ते जड़ों के पास दुबक जाते हैं, बूढ़े लोग गपशप करते हैं, कोई दीया जलाता है और बच्चे परछाइयों का पीछा करते हैं। अर्थव्यवस्था की जगह पर्यावरण ले लेता है और पर्यावरण की जगह शांति। पीपल सोता नहीं, सुनता है।

मैं सोचता हूँ कि अगर अर्थशास्त्री अपने दफ़्तरों में नहीं, बल्कि खुले आसमान के नीचे, धूल, चाय और पसीने की महक के बीच, एक दोपहर पीपल के पेड़ के नीचे बिताएँ तो क्या होगा। शायद उन्हें भी वही नज़र आए जो मुझे आया है : कि देश का सबसे पुराना व्यवसाय आज भी धूप, छाँव और भरोसे के सहारे चलता है। कोई भी लेखा-जोखा इसे पूरी तरह से नहीं दर्शा सकता, लेकिन हर चायवाला इसकी अहमियत जानता है।

नानी कहा करती थीं, 'बेटा, पेड़ों के नीचे लोग सिर्फ ठंडक नहीं लेते, रोज़गार भी लेते हैं।'

28

घास

मैंने हमेशा घास से मदद ली है। जब भी हमें कोई नया पौधारोपण स्थल मिलता था, तो टीम को मेरा पहला निर्देश सरल होता था, 'घास को मत छूना।' हमसे बहुत पहले, उन पौधों से बहुत पहले, जिन्हें हम लगाने की योजना बना रहे थे और हमारे किसी भी मानवीय सपने के उस मिट्टी में जड़ पकड़ने से बहुत पहले, वह घास वहाँ मौजूद थी।

घास उस भूमि की पूर्वज है। वे पहली रखवाली करने वाली, शांत उपचारक है जो कभी ध्यान नहीं माँगती। यदि वहाँ पहले से कोई देसी वनस्पति उग रही होती, तो हम उसे रहने देते। हम उन हरी पत्तियों में बसने वाली आत्माओं को कभी परेशान नहीं करना चाहते थे। कभी-कभी, जब घास बहुत लंबी हो जाती, तो हम उसे हल्का-सा काट देते, बस इतना कि हमारे पौधों को साँस लेने के लिए जगह मिल जाए, लेकिन हम उन्हें कभी उखाड़ते नहीं थे। उन्हें जड़ों से उखाड़ना हमेशा उस मिट्टी के विरुद्ध हिंसा जैसा लगता था जो पहले से ही हमारे पेड़ों का स्वागत करने के लिए तैयार खड़ी थी।

घास धरती की चिकित्सक होती है। उसकी रेशेदार जड़ें तेज़ बारिश और हवाओं के समय ऊपरी मिट्टी को अपनी जगह पर बनाए रखती हैं।

जब कटाव से मिट्टी उखड़ जाती है, तो घास ही उसे आपस में जोड़ती है। इनमें से कई घास नाइट्रोजन को स्थिर करती हैं और मिट्टी को पेड़ों के लिए तैयार करती हैं। ये कवक और सूक्ष्मजीवों को भूमिगत अदृश्य शहर बसाने के लिए आमंत्रित करती हैं, विशाल जाल जो एक जड़ से दूसरी जड़ तक संदेश, पोषक तत्त्व और यादें पहुँचाते हैं।

जब भी मुझे जंगली घास से ढकी कोई जगह दिखाई देती थी, तो मैं समझ जाता था कि नीचे की मिट्टी अभी भी जीवित है। घास की उपस्थिति आशा का प्रतीक है। इसका अर्थ है कि प्रकृति ने उस धरती के टुकड़े को अभी तक नहीं छोड़ा था। बंजर में हम हमेशा घास को पुनर्जीवन की पहली पंक्ति के रूप में इस्तेमाल करते हैं। ये हरी नसें हैं जो बड़ी प्रजातियों के लिए ज़मीन तैयार करती हैं, ताकि वे उनकी जगह ले सकें।

मैंने घास से धैर्य और विनम्रता का अर्थ सीखा है। वे झुकती तो हैं पर कभी टूटती नहीं, वे वहाँ उगती हैं जहाँ दूसरी वनस्पति नहीं उग सकती। वे कुचले जाने, चरने और आग से बच जाती हैं और फिर भी, हर मानसून में नई शक्ति के साथ लौट आती हैं। उनकी सादगी में गहरा ज्ञान छिपा है : ज़मीन से जुड़े रहना, हर कटाई के बाद फिर से उगना और चुपचाप दूसरों को जीवन देना।

भारत के घास के मैदान सबसे कम सराहे जाने वाले पारिस्थितिक तंत्रों में से हैं, फिर भी वे हमारे जंगल, नदी और कृषि की छिपी हुई नींव हैं। वे प्रकृति के पहले रक्षक हैं, अग्रदूत हैं जो ख़राब हुई धरती को पुनः उपजाऊ बनाती हैं। मुझे घास के प्रति असीम सम्मान है। इस धरती को हरा-भरा करने की लंबी यात्रा में वे मेरे सबसे पुराने साथी हैं, शांत, अटल और पवित्र।

खसखस (Vetiver) जैसी घास किसी चमत्कार से कम नहीं है। इसकी जड़ मिट्टी में 3-4 मीटर तक गहरी जाती हैं, मानो अदृश्य रस्सियों से बाँधे रखती हों। हम अकसर ढलान और मेड़ के किनारे मिट्टी के कटाव को

रोकने, बहाव को कम करने और यहाँ तक कि अपशिष्ट जल से प्रदूषकों को छानने के लिए खसखस लगाते थे। वर्षों बाद जब मैं एक पुनर्निर्मित पहाड़ी पर खड़ा होता था, तो मुझे हमेशा वेटिवर हवा या पानी से अप्रभावित, पहरा देते हुए दिखाई देती। ज़मीन के नीचे छिपी इसकी सुगंध, मानो लचीलेपन की ही ख़ुशबू हो।

भारत की सभी घास में सबसे आम, दूब घास का महत्त्व पवित्रता और वैज्ञानिक महत्त्व, दोनों में निहित है। मंदिर के अनुष्ठान और घर के समारोहों में प्रयुक्त होने वाली इस घास में असाधारण पुनर्जीवन शक्ति भी है। एक बार जड़ पकड़ लेने के बाद, यह क्षैतिज रूप से फैलती है, ढीली मिट्टी को बाँधती है और धूल को कम करती है। कई बंजर स्थानों पर, हमारी पहली हरियाली पेड़ों की पत्तियों से नहीं, बल्कि दूब घास की उस चादर से आई जो पहली बारिश के बाद प्राकृतिक रूप से फैल गई थी। डूब घास विनम्रता का साक्षात रूप है — छोटी, शांत और निरंतर।

नेपियर घास, जिसे चरी भी कहते हैं, तटबंधों को स्थिर रखने में मदद करती है। यह मवेशियों को चारा प्रदान करती है।

सभी पवित्र अनुष्ठानों में प्रयुक्त होने वाली एक अन्य घास हैं — कुशा। इसका उल्लेख ऋग्वेद में मिलता है, लेकिन इसके आध्यात्मिक महत्त्व के अलावा, यह एक पारिस्थितिकी चमत्कार भी है। इसकी जड़ें सूखी, बंजर भूमि को बाँधे रखती हैं।

इस तरह तमाम प्रकार की घास हमारे यहाँ पाई जाती हैं, जिनका धार्मिक और औषधिय महत्त्व है।

जब आप घास पर बीच चलते हैं, तो आप एक जीवंत दर्शन के बीच चल रहे होते हैं। वह आपको वह सब कुछ सिखाती है जो एक बागवान को जानना चाहिए — ज़मीन से जुड़े रहना, शांति से काम करना, जगह बनाने से पहले ख़ुद को ठीक करना और कट जाने के बाद भी कभी हार न मानना।

घास पेड़ की तरह शोर नहीं मचाती, न ही फूल की तरह पूजा की माँग करती है। यह बस उगती है, दरारों में, फुटपाथों पर, धूल में, धूप में, छाया में। यह वहीं उगती है जहाँ उग सकती है, न कि वहाँ जहाँ इसकी प्रशंसा की जाती है।

जब भी मैं पौधा लगाने के लिए घुटने टेकता हूँ, तो मैं उसके आसपास की घास को छूता हूँ और धीरे से कहता हूँ, 'इसका ध्यान रखना।' और वे हमेशा मेरा ध्यान रखती है।

29

स्वयंसेवक, गुरु और शिक्षक

बच्चे, अजनबी, छात्र, संशयवादी, सब धीरे-धीरे एक समूह में घुलमिल गए। पहले तो ऐसा लगा जैसे मैं अकेला पागल हूँ जिसके पास एक लाल साइकिल है, एक थैले में लटकते कुछ पौधे और एक अजीब-सा विचार कि सड़कों पर भी छाया होनी चाहिए। लेकिन शीघ्र ही यह पागलपन एक ऐसी अफ़वाह की तरह फैल गया जिसे नज़रअंदाज़ करना मुश्किल था।

किसी ने इसकी घोषणा नहीं की, किसी ने कोई फॉर्म नहीं भरा, किसी ने नेता नियुक्त नहीं किए। फिर भी, बिना किसी सूचना के, हम एक विशाल इकाई बन गए। हम एक ज़मीनी सेना बन गए। वर्दी और पदकों वाली नहीं, बल्कि कीचड़ से सने हाथों और पसीने से तर माथे वाली।

नए पत्तों की सरसराहट हमारा राष्ट्रगान थी, शाम के आकाश में लहराते छोटे पौधों की टेढ़ी-मेढ़ी आकृतियाँ हमारा झंडा। अगर आप ध्यान से देखते, तो हमें देख सकते थे। बच्चे मिट्टी में पैर पटक रहे थे, एक सब्ज़ीवाला जड़ों पर बचा हुआ पानी छिड़क रहा था और छात्र खुदाई से भी ज़्यादा ज़ोर से जयकारे लगा रहे थे।

हम कोई ग़ैर-सरकारी संगठन नहीं थे, कोई संस्था नहीं थे, हमें ख़ुद भी ठीक से पता नहीं था कि हम क्या हैं। लेकिन सड़क जानती थी। छोटे-

छोटे पौधे जानते थे और मुझे लगता है कि चुपके से संदेह करने वाले भी जानते थे।

सड़क किनारे सब्ज़ी बेचने वाली एक महिला थी। उसके पास ख़र्च करने के लिए पैसे नहीं थे, काटने और मोल भाव करने के बीच मुश्किल से ही समय मिलता था, लेकिन हर शाम वह पालक और फूलगोभी धोने के बाद बचा हुआ पानी पास के एक छोटे पौधे पर डाल देती थी।

एक बार उन्होंने मुझसे कहा, 'मैं पौधे तो नहीं लगा सकती, लेकिन मेरे पास जो कुछ है, उसे दे सकती हूँ।' और उस छोटे से कार्य, जिसे प्रतिदिन दोहराया जाता था, ने उस पौधे को भाषणों से कहीं अधिक समय तक जीवित रखा।

एक रिक्शाचालक था जिसने अपने रिक्शा से एक पुराना कनस्तर बाँध रखा था। वह सड़क किनारे लगे नलों से उसमें पानी भरकर अपने रास्ते में लगे पेड़ों को पानी देता था। जब उससे पूछा कि वह ऐसा क्यों करता है, तो उसने कंधे उचकाते हुए कहा, 'जब ये पेड़ छाया देते हैं, तो मेरे बच्चे यहाँ आराम करते हैं। यह मेरे लिए बहुत है।'

बच्चे स्वयं ही वृक्ष रक्षक बन गए, चीख-पुकार और लाठियों से बकरियों को भगाते हुए, मानो उन्होंने कोई राज्य बचा लिया हो, गर्व से सीना फुलाते हुए। एक लड़के ने जामुन के एक छोटे पौधे को अपना मानकर सबको बताया कि जब तक वह जीवित है, बस्ती की कोई भी बकरी उसे चरने की हिम्मत नहीं करेगी। बकरियों की योजना कुछ और ही थी, पर लड़के की वफ़ादारी पर कोई संदेह नहीं था।

पौधरोपण एक उत्सव बन गया। जन्मदिन अब गुब्बारों या केक के बारे में नहीं, बल्कि गड्ढे खोदने के बारे में होने लगे। मैं सुझाव देता, 'केक काटने की बजाय एक पेड़ लगाओ,' और मुझे ख़ुशी होती कि लोग मेरी बात मानते थे। परीक्षा परिणाम, बर्षगाँठ, यहाँ तक कि झगड़े भी कभी-कभी मिट्टी में एक छोटा पौधा लगाकर सुलझा लिए जाते थे।

सड़क का किनारा एक तरह से मंदिर बन गया, जहाँ अगरबत्ती या आग से नहीं बल्कि मिट्टी और पानी से अनुष्ठान किए जाने लगे। कुछ लोग पेड़ों के तनों पर पवित्र धागे बाँधते हुए पत्तियों में मनोकामनाएँ फुसफुसाने लगे। कुछ लोग फूलों से छोटे पौधों को सजाते, मानो वे मूर्तियाँ हों। पेड़ एक साथ पारिस्थितिक और आध्यात्मिक साथी बन गए।

देवता अवश्य ही देख रहे होंगे और आनंदित हो रहे होंगे, क्योंकि हमारे अनुष्ठान बिना पुजारियों, बिना शास्त्रों के विकसित हुए, फिर भी उनमें एक ऐसी ईमानदारी थी जो मंदिरों में मिलना मुश्किल है।

मेरे लिए, छोटे पौधे कभी मात्र पौधे नहीं थे, वे बच्चों के समान थे। कोमल, आश्रित, देखभाल की ज़रूरत वाले, जो अपना बचाव करने में

असमर्थ थे। प्यास लगने पर वे चुपचाप रोते थे, गर्मी में थके हुए शिशुओं की तरह मुरझा जाते थे, बेकाबू हवाओं में काँपते और उपेक्षा किए जाने पर सूख जाते थे।

बच्चों की तरह, अगर आप उनसे सच्चे दिल से प्यार करते हैं, तो वे भी आपको दिल खोलकर प्यार देते हैं। किसी नन्हे पौधे को पहली नई पत्ती निकालते देखना एक अद्भुत अनुभव होता है।

कई दिनों तक टूटे-फूटे डिब्बों में पानी ढोने, छोटी-छोटी लाठियों से बकरियों को भगाने और पड़ोसियों से कोमल जड़ों पर कचरा न फेंकने की गुहार लगाने के बाद, एक सुबह आप एक कोमल हरी कोंपल देखते हैं। ऐसा लगता है जैसे किसी बच्चे का पहला शब्द सुना हो। मेरी मुस्कान इतनी चौड़ी हो जाती कि राहगीरों को लगता कि मैंने लॉटरी जीत ली है।

कभी-कभी तो मैं पौधे से ज़ोर से बात भी करता, 'शाबाश! तुम बच गए।' लोग शायद ऐसी बातों पर हँसते, पर मुझे कोई असर नहीं पड़ता। पौधों से बात करना मेरे लिए उतना ही स्वाभाविक है जितना किसी ज़िद्दी चचेरे भाई को डाँटना या रूठे हुए दोस्त को मनाना। नानी ने मुझे बहुत पहले सिखाया था कि अगर आप बात करें तो पौधे सुनते हैं।

लेकिन ख़ुशी के साथ दुःख भी आया। कई पौधे बच नहीं पाए। बकरियों ने उन्हें कुतर दिया, गाड़ियाँ उन पर से गुज़र गईं, लापरवाह पैरों ने उन्हें तोड़ दिया, भीषण गर्मी ने उन्हें सुखा दिया। हर नुकसान एक चुभन जैसा था। एक बार मैंने एक नीम के पेड़ को विशेष श्रद्धा से पाला-पोसा, पत्थरों से उसकी रक्षा की और रोज़ाना उसे हौसला दिया।

एक दोपहर, मैंने उसे गाड़ी के पहिये से बीच से टूटा हुआ पाया। मैं टूटे हुए तने को ऐसे घूरता रहा, मानो मैंने अपना कोई भाई-बहन खो दिया हो। लोग कहते हैं कि पौधे के लिए शोक करना बचकाना होता है। लेकिन जिन्होंने पौधे लगाए हैं और उनकी देखभाल की है, वे जानते हैं कि शोक

वास्तविक होता है। अपने दर्द को कम करने के लिए, मैंने उनका नाम रखना शुरू कर दिया। एक अमरूद 'आशा' बन गया, एक पीपल 'शक्ति' और एक नीम 'धैर्य' बन गया। उन्हें नाम से पुकारने से मेरी देखभाल व्यक्तिगत हो गई। जब कोई पौधा मर जाता था, तो यह 'एक पौधा खो गया' नहीं होता था, बल्कि 'आशा' या 'धैर्य' का देहांत होता था। मेरा सड़क किनारे का परिवार जीवन की तरह ही अप्रत्याशित लय में घटता-बढ़ता रहा।

मेरी चिंता बढ़ती ही गई और मैं अधिक सतर्क हो गया। मैंने लकड़ियों और पत्थरों से छोटे-छोटे बाड़े बनाए, बकरियों को दूर रखने के लिए पौधों के चारों ओर काँटेदार डालियाँ लगाईं। कभी-कभी तो मैं पास ही खड़ा होकर, पास आते मवेशियों को देखकर पागलों की तरह हाथ हिलाता था, मानो कोई बिजूका अपना खेत खो बैठा हो।

रात को मैं चिंतित हो जाता, क्या गर्मी बहुत अधिक है?, क्या बारिश ने जड़ों को डुबो दिया?, क्या किसी लापरवाह हाथ ने मेरे नाज़ुक हरे-भरे पौधों को उखाड़ दिया?

इस तरह की सुरक्षात्मक भावना किसी माता-पिता की भावना से कम नहीं थी। मैंने सीखा कि ज़िम्मेदारी कोई शब्दकोश का शब्द नहीं है; यह वह बोझ है जो आपके सीने में तब महसूस होता है जब आपको पता होता है कि कोई कोमल चीज़ आप पर निर्भर है।

लेकिन मुझे असली ताकत इस बात से मिली कि मैं कभी अकेला नहीं था।ज़मीनी स्तर पर काम करने वाले लोगों ने भी पौधों को अपना लिया।हम सब मिलकर देखभाल करने वालों का एक परिवार बन गए, जो खून के रिश्तों से नहीं, बल्कि जड़ों से बँधा था। हमारे छोटे से गणराज्य में पेड़ नागरिक थे और हम उनके विनम्र सेवक।

स्वयंसेवा की शुरुआत मदद के रूप में हुई और यह घर वापसी जैसा बन गया। लोग जिज्ञासा से आते, दृढ़ विश्वास के साथ रुकते और अपने

पीछे पदछाप से कहीं अधिक स्थायी कुछ छोड़ जाते थे, एक ऐसी जड़ जो हमेशा बनी रहती थी। मैंने कभी कोई संगठन नहीं बनाया; मैंने एक समूह बनाया। न कोई वर्दी थी, न हाज़िरी, न कोई बैनर। बस खुदाई करने, पौधे लगाने, पानी देने और इंतज़ार करने की लय थी। कोई अकेलापन दूर करने आता था, कोई रविवार बिताने, और कोई किसी के कहने पर आता था। लेकिन पौधे को पकड़ने और मिट्टी को छूने के बीच कहीं-न-कहीं कुछ बदल गया। स्वयंसेवा सप्ताहांत की आदत नहीं रही, बल्कि जीने का एक तरीका बन गई। एक साइकिल वाले आदमी से शुरू होकर, यह दर्जनों, फिर सैकड़ों लोगों तक पहुँच गई। यह एक संगठन से कहीं अधिक एक महामारी जैसा था।

एक व्यक्ति द्वारा पेड़ लगाने को सनकीपन कहकर अनदेखा किया जा सकता है। दस लोगों द्वारा पेड़ लगाना एक उपद्रव बन जाता है। लेकिन सौ लोगों द्वारा पेड़ लगाना अचानक एक आंदोलन की तरह दिखने लगता है।

लेकिन आंदोलन कभी भी सुव्यवस्थित नहीं होते। कुछ स्वयंसेवक देर से आए और जल्दी चले गए। कुछ ने एक पेड़ लगाया और ख़ुद को पर्यावरण क्रांतिकारी घोषित कर दिया। और कुछ ने इतनी ज़ोर से पेड़ लगाए कि वे लगभग तुरंत ही पौधे को जड़ से उखाड़ बैठे।

फिर भी, मैंने हर प्रयास, हर गड्ढे, हर अधिक पानी से सींची हुई जड़ को संजोकर रखा। क्योंकि पेड़ पूर्णता की माँग नहीं करते; वे लगन की माँग करते हैं। और लोग, अपनी तमाम कमियों के साथ, हरियाली के सपने को जीवित रखने के लिए पर्याप्त लगन से लगे रहते हैं।

मुझे रमेश की याद आती है, एक कॉलेज का लड़का, जो चंचल और हँसमुख था। वह हमारे पौधारोपण अभियानों को किसी साहसिक खेल की तरह लेता था। लेकिन कुछ महीनों बाद, मैंने देखा कि उसका आत्मविश्वास धीरे-धीरे शांत हो गया। वह पौधों की रखवाली ऐसे करने लगा, जैसे कोई

पुजारी मंदिर की करता है। वह बकरी चराने वालों को डाँटता, कूड़ा फेंकने वालों को भगाता और एक बार उसने मुझसे आधे गुस्से और आधे गर्व से कहा, 'महोदय, यह अब आपका पेड़ नहीं, यह मेरा भी है।' यह वाक्य आज तक मिली सबसे बेहतरीन प्रशंसाओं में से एक है, क्योंकि पेड़ मिट्टी में जड़ जमाने से पहले ही इंसान के दिलों में अपनी जड़ें जमा लेता है।

शांत स्वभाव और दृढ़ निश्चयी वाली शालिनी ने सड़क किनारे धूल भरे एक गुलमोहर के पेड़ को अपना लिया था। हर हफ़्ते वह उसके लिए पानी की बोतल और मन में कुछ बातें लेकर आती। उसने कहा, 'यह मेरा दोस्त है। जब मैं उदास होती हूँ, तो इसके नीचे बैठ जाती हूँ। जब मैं ख़ुश होती हूँ, तो सबसे पहले इसे ही बताती हूँ।' उसने मौन की भाषा, धरती की बोली बोलना शुरू कर दिया था।

चेहरे बदलते रहे। विद्यार्थी, सेवानिवृत्त अधिकारी, गृहिणियाँ, टैक्सी चालक, भिक्षु, कॉर्पोरेट इंटर्न। कुछ एक दिन के लिए आते थे, कुछ वर्षों तक रहते थे। उन सभी ने समय की सतह पर अपनी छाप छोड़ी।

एक बार एक छोटी-सी आग ने नीम के पौधों की कतार को जलाकर राख कर दिया। हमें लगा सपना टूट गया। लेकिन अगले मानसून में, हरे अँकुर फिर से खिल उठे, मानो जीवित और खिलखिलाते हुए। धरती हर मौसम में पुनर्जन्म का अभ्यास करती है। वह कभी हार नहीं मानती, तो हम क्यों मानें? गड्ढा खोदना हमारा ध्यान बन गया, अहंकार के पत्थरों को हटाना, अधीरता के खरपतवारों को हटाना और संदेह को सूखे पत्तों की तरह दफ़ना देना। फावड़ा हमारा शास्त्र था; पसीना हमारी प्रार्थना। किसी ने पूछा, 'यह जंगल कब बनेगा?' मैंने कहा, 'जंगल तुम्हारे भीतर से शुरू होता है। जिस दिन तुम एक पेड़ की अपने बच्चे की तरह देखभाल करोगे, वह पहले से ही यहाँ मौजूद होगा।'

मैंने अपने स्वयंसेवकों से कहा, 'इस ग्रह को उद्धारकर्ताओं की नहीं, विद्यार्थियों की आवश्यकता है। हर सुबह दुनिया फिर से शुरू होती है और

पाठ्यक्रम मिट्टी में लिखा होता है। जो लोग उनकी कक्षा में आते हैं, वे धैर्य, विनम्रता और खाद की हल्की-सी महक वाली हँसी सीखते हैं।'

हमने पाया कि देखभाल का हर कार्य कई गुना बढ़ जाता है। एक झाड़ू, एक बाल्टी, एक बीज, हर एक में एक ब्रह्मांड समाया होता है। मैं उनसे कहता था, 'पहले सफाई, फिर हरियाली।' झाड़ू और पौधा साथी हैं। गंदगी में पौधा नहीं लगाया जा सकता। एक बार बच्चों ने मुझे पौधा लगाने से पहले जगह साफ करते देखा और कहा, 'ये अंकल झाड़ू क्यों मार रहे हैं?' जब मैंने बाद में पौधे लगाए, तो उन्होंने ताली बजाईं। झाड़ू ने अपना काम कर दिखाया।

कुछ सबक हमें ऐसे लोगों से मिले जिनकी हमने कभी उम्मीद नहीं की थी। कोटाडा गाँव में, एक बूढ़े किसान ने पहले मिट्टी की ओर, फिर आकाश की ओर और फिर अपनी हथेलियों की ओर इशारा किया। उस एक इशारे ने कृषि, आस्था और धैर्य, तीनों का सार एक साथ बयां कर दिया। एक और जगह, एक लड़के ने अपनी डायरी में लिखा, 'प्यासी मिट्टी।' दो शब्द, लेकिन उनमें पूरी गर्मी का दर्द समाया हुआ था। वर्षों बाद, उस पंक्ति को पढ़ते हुए, मुझे आज भी बारिश का इंतज़ार करती हुई फटी हुई धरती का एहसास होता है। मैं अपनी टीम से हमेशा कहता हूँ, 'इसे लिख लो।' याददाश्त पर भरोसा मत करो, यह धूल में पड़े पैरों के निशान से भी तेज़ मिट जाती है। खेतों में लिखे गए नोट्स अनमोल खजाने हैं। विचारों को डायरी की ज़रूरत होती है, जैसे बीजों को मिट्टी की।

चालीस वर्षों में, मैं हज़ारों स्वयंसेवकों से मिला हूँ, ऐसे बच्चे जो बड़े होकर शिक्षक, डॉक्टर, सैनिक, कलाकार बने। कुछ लोग आज भी दशकों पहले लगाए गए पेड़ों की तस्वीरें भेजते हैं। उनके संदेश एक ही तरह से शुरू होते हैं : 'सर, यह अभी भी जीवित है।' वह वाक्य किसी भी पुरस्कार से कहीं अधिक मूल्यवान है। इसका अर्थ है कि वह कार्य मिट्टी में और आत्मा में गहराई से जड़ जमा चुका है।

हमने 21 राज्यों और दो सौ से अधिक ज़िलों की यात्रा की, न केवल पौधे एकत्र किए बल्कि कहानियाँ भी बटोरीं। मैंने सीखा कि ओडिशा की मिट्टी की गंध राजस्थान की मिट्टी से अलग होती है, केरल के बच्चे पौधे लगाते समय गीत बना सकते हैं और उत्तर प्रदेश का एक किसान एक इशारे में ही हज़ार सेमिनारों से ज़्यादा ज्ञान दे सकता है। ये यात्राएँ पर्यटन नहीं थीं, बल्कि पसीने, कीचड़ और धैर्य की तीर्थयात्राएँ थीं। जब मैं कहता हूँ कि छह लाख एकड़ ज़मीन पर छाया हुई, तो मैं इसे एक आँकड़े की तरह नहीं कहता। मैं इसे एक ऐसे यात्री की तरह कहता हूँ जिसने मई की भीषण गर्मी में साइकिल चलाते हुए एक पेड़ पाया।

दुनिया इसे स्वयंसेवा कहती है। मैं इसे कर्ज़ चुकाना कहता हूँ। हम धरती के प्रति कृतज्ञता से कहीं अधिक ऋणी हैं, हम पर उसका सहयोग करने का दायित्व है।

गुरु की खोज

उन्हीं वर्षों में मुझे अपने गुरु मिले, हालाँकि उस समय मैं उन्हें गुरु नहीं कहता था। मेरी नानी मेरी पहली गुरु थीं। भोर से पहले उठकर, शांत भाव से श्रीकृष्ण से प्रार्थना करते हुए, उन्होंने मुझे सिखाया कि प्रार्थना कोई भव्य आयोजन नहीं बल्कि एक लय है, श्वास की तरह। जब उन्होंने मुझे खिलौने जमा करने पर डाँटा और उन्हें दान करने का आदेश दिया, तो उन्होंने मुझे सिखाया कि सादगी ही धन है। जब उन्होंने मेरे डर पर हँसते हुए मेरे हाथ में हनुमानजी की मूर्ति थमाई, तो उन्होंने मुझे दिखाया कि डर तो वास्तविक है, लेकिन विश्वास उससे कहीं अधिक शक्तिशाली है। अगर गुरु वह होता है जो आँखें खोलता है, तो मेरी नानी मेरी गुरु थीं। कभी-कभी मुझे आश्चर्य होता है कि क्या सादगी और शक्ति के उन्हीं पाठों ने स्वयंसेवकों को इस नेक काम के लिए प्रेरित किया, जिन्होंने इसमें अपना सब कुछ समर्पित कर दिया।

मुझे याद है, बच्चों को भूत-प्रेत की कहानियाँ सुनाने के बाद मैं उनके साथ पीपल के पेड़ के नीचे बैठा था। बच्चे चीखते-चिल्लाते और हँसते हुए भाग गए, लेकिन मैं वहीं रुका रहा। वह चुपचाप बैठी रहीं, उनकी नज़रें हिलती डालियों पर टिकी थीं। मैंने पूछा, 'नानी, आप चुप क्यों हैं?' उन्होंने धीरे से कहा, 'क्योंकि मौन शब्दों से कहीं अधिक कहता है।' असमंजस में था कि मौन कैसे बोल सकता है? लेकिन जैसे ही मैं उनके पास बैठा, मुझे पत्तों की सरसराहट, कुत्ते के भौंकने की हल्की आवाज़ सुनाई देने लगी और किसी तरह, वे सब मिलकर शोर से कहीं अधिक गहरी ध्वनि बन गईं। यह भीतरी गुरु की पहली सीख थी, बाहर नहीं, किताबों में नहीं, बल्कि उस मौन में जो तब प्रकट होता है जब आप बकबक करना बंद कर देते हैं।

अगर मेरी नानी मेरी पहली गुरु थीं, तो गांधीजी दूसरे गुरु थे। भारत की हवा में उनकी मौजूदगी हर जगह थी : मुद्रा पर, पाठ्य-पुस्तकों में, दीवारों पर लिखे नारों में। नमक यात्रा के बारे में मैंने पहली बार एक शिक्षक से सुना था, जिन्होंने गरजते हुए कहा था, 'तनिक सोचिए, एक आदमी सैकड़ों किलोमीटर पैदल चलकर केवल नमक बनाने के लिए एक साम्राज्य के विरुद्ध लड़ रहा है!' मैं स्तब्ध रह गया। न सैनिक, न हथियार, बस नंगे पैर और आस्था।

बाद में, '*सत्य के साथ मेरे प्रयोग*' में मुझे एक ऐसा व्यक्ति मिला जो जीत का बखान करने के बजाय ईमानदारी से अपनी गलतियों को स्वीकार करता था। वह ईमानदारी सधे हुए भाषणों से कहीं अधिक प्रभावशाली था। गांधीजी ने मुझे सिखाया कि सत्य एक दिशा सूचक है, अध्याय का शीर्षक नहीं। यहाँ तक कि पौधे लगाते समय भी मुझे इस सच्चाई का सामना करना पड़ा : कुछ जीवित रहे, कुछ मर गए, और इसके विपरीत दिखावा करना व्यर्थ था।

उन्होंने मुझे सादगी भी सिखाई। संपत्ति ताकत नहीं देती, बल्कि कमज़ोरी पैदा करती है। ख़ुशी गैज़ेट्स से नहीं मिलती, बल्कि स्वच्छ हवा

में साँस लेने, पौधों को उगते देखने और पक्षियों की चहचहाहट सुनने से मिलती है। जब पड़ोसियों ने मेरा मज़ाक उड़ाया, जब बदमाशों ने पेड़-पौधे उखाड़ दिए, तब गांधीजी के अहिंसा के उपदेश ने मुझे सहारा दिया। मेरा बदला दृढ़ता में निहित था।

मेरा विरोध पुनः पौधरोपण था। सेवा भी मेरे लिए उपासना बन गई। मिट्टी दबाने के लिए झुकना, पानी के बर्तन ढोना, बच्चों को मदद के लिए प्रेरित करना, ये सब अगरबत्ती की सुगंध से भी अधिक सच्ची प्रार्थनाएँ बन गईं। सड़क का किनारा मेरा आश्रम था और पौधा मेरी मूर्ति।

और फिर आए आचार्य रजनीश, मानो मानसून की आँधी। अगर गांधी संयम की फुसफुसाहट थे, तो रजनीश आज़ादी की गर्जना। उन्होंने पुरोहितों का उपहास किया, गंभीरता पर हँसे, ऐसी कहानियाँ सुनाईं जो चुटकुलों से शुरू होकर रहस्यों के रहस्योद्घाटन में तब्दील हो जाती थीं। उनकी कैसेटें धूल भरी जिल्दों में मुझ तक पहुँचीं और जब मैंने प्ले बटन दबाया, तो उनकी आवाज़ गूँज उठी, तीखी होते हुए भी कोमल, चंचल होते हुए भी गंभीर।

उन्होंने कहा कि ध्यान दमन नहीं बल्कि उत्सव है। नाचो, हँसो, गाओ, रोओ, फिर मौन में डूब जाओ। मैंने उनकी गतिशील ध्यान विधियों को अनाड़ीपन से आज़माया, स्वयं को हास्यास्पद महसूस किया, लेकिन बाद में मौन किसी भी जबरन शांति से कहीं अधिक गहरा था। अचानक पौधे लगाना भी ध्यान बन गया। गड्ढे खोदना, मिट्टी दबाना, जड़ों को पानी देना, सब में लय, श्वास और समर्पण था।

रजनीश ने मुझे धर्म पर हँसने की भी इजाज़त दे दी, यहाँ तक कि ख़ुद उन्होंने कहा कि सत्य सुव्यवस्थित नहीं होता, यह अनेक पहलुओं वाला हीरा होता है। उन्होंने हमें पुरानी मान्यताओं को भुलाने और समय आने पर उन्हें भी त्याग देने के लिए प्रेरित किया। यह डरावना था, लेकिन मुक्तिदायक। निश्चितता आरामदायक होती है, उस पर प्रश्न उठाना भयभीत

करने वाला होता है। लेकिन उनकी हँसी ने मुझे आगे बढ़ने की शक्ति दी। आध्यात्मिकता अब बोझिल नहीं रही; यह चंचल लगने लगी, जैसे नानी की कहानियों में कृष्ण मक्खन चुराते थे।

नानी, गांधी और रजनीश के बीच मुझे एक सरल बात समझ में आई : उनमें से कोई भी गुरु नहीं था। वे तो बस चाँद की ओर इशारा करने वाली उँगलियाँ थीं। गुरु तो भीतर था, वह आवाज़ जो पीपल के पेड़ के नीचे खामोशी में जागती थी, जो पानी ढोते हुए सत्य पर ज़ोर देती थी, जो पौधे लगाते हुए विरोधाभासों पर हँसती थी।

पीछे मुड़कर देखता हूँ तो मुझे हरियाली का एक गलियारा दिखाई देता है जहाँ कभी सिर्फ धूल थी। मुझे वे बच्चे दिखाई देते हैं जो हँसे और फिर पौधे लगाए, वे अजनबी जो मज़ाक उड़ाते और फिर पानी देते, वे पड़ोसी जो ताने मारते और फिर रक्षा करते। मुझे वे पौधे दिखाई देते हैं जो जीवित रहे और कुछ जो मर गए, हर एक ने मुझे सुख या दुःख सिखाया। मुझे नानी की पहेलियाँ खिलती हुई, गांधीजी का सत्य जड़ पकड़ता हुआ और रजनीश की हँसी नाचती हुई दिखाई देती है।

शायद नानी सही थीं : भूत सचमुच मंडराते रहते हैं, क्योंकि आज भी, जब मैं छायादार रास्तों पर चलता हूँ, तो मुझे उनका एहसास होता है—बच्चों की हँसी के भूत, नमक पर गांधीजी की चप्पलों के भूत, रजनीश की खिलखिलाहट के भूत और नानी की फुसफुसाहट के भूत। 'ख़ामोशी शब्दों से कहीं ज़्यादा कहती है।'

30

काम और आर्थिक मदद

'प्रकृति ने कभी भी अपने प्रेम करने वाले हृदय को धोखा नहीं दिया।'

—विलियम वर्ड्सवर्थ

मैं जहाँ भी जाता हूँ, लोग मुझसे उन चुनौतियों, बाधाओं और असंभवताओं के बारे में पूछते हैं जो इन वर्षों में मेरे रास्ते में आई होंगी। लेकिन जब मैं पीछे मुड़कर देखता हूँ, तो मुझे उन्हें बाधाएँ कहना मुश्किल लगता है। हर कठिनाई एक द्वार में बदल गई, एक नए रिश्ते में, एक मील के पत्थर में, एक अवसर में, एक नई जगह में या एक और जंगल की संभावना में।

मुझे मदद माँगने में कभी झिझक नहीं हुई। खुलकर बोलना, बातूनी होना और पारदर्शी होना मेरे लिए एक वरदान साबित हुआ। लोग आगे आए, कभी पैसे से, कभी सामान से, कभी केवल भरोसे से। दशकों से, ये इशारे हमारे लिए समर्थन का एक अदृश्य तंत्र बन गए।

आर्थिक सहयोग

चालीस वर्षों से अधिक समय तक हम सूक्ष्म दान, छोटे-छोटे काम और बड़े दिलों के सहारे जीवित रहे। खाने के पैकेट, राशन के बोरे और रहने की

व्यवस्था अकसर प्रायोजित की जाती है। पंचायतों ने बाड़ लगाने के लिए तार, खाद, सिंचाई के पाइप और पानी के टैंकर मुहैया कराए। धनी किसानों ने हमें अपने ट्रैक्टर-ट्रॉली उधार दिए। कुछ ने हमें बक्से दिए या स्कूटर पर लिफ़्ट दी। कुछ ने हमें पैसे दिए या गर्मी में एक घंटे तक पौधों को पानी देने में मदद की।

स्वयंसेवकों ने श्रमिकों को भुगतान करने या पौधे ख़रीदने के लिए छोटी-मोटी रकम इकट्ठा की। कभी-कभी हमें हर छोटी-बड़ी चीज़ का ख़र्च ख़ुद उठाना पड़ता था। कभी-कभी फावड़े से लेकर नाश्ते तक, सब कुछ किसी ऐसे व्यक्ति द्वारा प्रायोजित किया जाता था जो अचानक कहीं से प्रकट हो जाता था।

जब आप सही काम करते हैं, तो सही लोग सामने आ ही जाते हैं। वे विश्वास की तलाश में रहते हैं और जब उन्हें ईमानदारी से किए गए सुसंगत, सत्यापन योग्य कार्य में यह विश्वास मिल जाता है, तो वे अपने दरवाज़े खोल देते हैं।

समर्थकों का समुदाय

हमारे दानदाता धनी अभिजात वर्ग नहीं थे, बल्कि देश के आम लोग थे : ऑटो-रिक्शा चालक, टैक्सी चालक, डिलीवरी बॉय, बैंक क्लर्क, सरकारी कर्मचारी, शिक्षक, कारखाना कर्मचारी, किसान, दुकानदार और साथी स्वयंसेवक। किसी ने दस रुपए का दान दिया, किसी ने लंच बॉक्स और किसी ने अपने रविवार की सुबह का समय।

कई लोगों ने पुरानी साइकिलें, स्कूटर या मोटरसाइकिलें दान कीं, जो हमारे लिए पौधे, खाद और औज़ार ले जाने का सबसे व्यावहारिक और प्रिय साधन बन गईं। कुछ लोग साइट पर हमारी टीम के लिए चाय और बिस्कुट लाए। कुछ लोग चुपचाप खड़े होकर ताली बजाते रहे या हौसला बढ़ाते रहे।

हर छोटा-सा प्रयास मायने रखता है। दान की बाल्टी कभी ख़ाली नहीं हुई, क्योंकि हर कोई अपना योगदान देता रहा।

कभी-कभी दानदाता हमें गाय दान में देते थे, दान के लिए नहीं, बल्कि समझदारी से। गाय का गोबर हमारे लिए एक अनमोल खज़ाना रहा है। वैज्ञानिक तरीके से सुखाकर और संसाधित करने पर, यह अधिकांश रासायनिक प्रक्रियाओं की तुलना में ख़राब हो चुकी मिट्टी को बेहतर बनाता है।

आस-पड़ोस से आने वाला कृषि अपशिष्ट, रसोई अपशिष्ट और उद्यान अपशिष्ट हमारे केंद्रों तक पहुँचाया गया। हमने खाद के ढेर बनाए, उन्हें प्यार से पलटा और ह्यूमस का निर्माण किया जिससे नए जंगलों का जन्म हुआ।

1977 से 2017 के दौरान, चार दशकों तक, हम पूरी तरह से सामुदायिक सद्भावना और व्यक्तिगत दान पर निर्भर रहे। केवल 2017 में ही ऐसा हुआ कि एचसीएल फाउंडेशन से हमें पहली बार संस्थागत अनुदान मिला। उससे पहले तक, हमारे ख़र्चों का भुगतान आस्था और ज़मीनी स्तर पर किए गए काम से ही होता था।

दशकों से, मैंने धन जुटाने से जुड़ी सैकड़ों कहानियाँ जमा की हैं। एक ऐसी कहानी जो ख़ूबसूरती से बताती है कि हम कैसे जीवित रहें और फले-फूलें, वह 1980 के दशक की शुरुआत में एक दिन की है जब धन की कमी के कारण हमारा पौधारोपण कार्य रुक गया था। हमें अपने पौधों को बाँधने के लिए जूट की रस्सी का एक बंडल ख़रीदने के लिए केवल दस रुपए कम थे। स्वयंसेवक इंतज़ार कर रहे थे, धूप तेज़ थी और पौधे पहले से ही बोरियों में मुरझाने लगे थे।

मैं सड़क किनारे बैठा सोच रहा था कि क्या आज का काम छोड़ना पड़ेगा। तभी एक रिक्शाचालक पास में पानी पीने के लिए रुका। उसने हमारे पौधों को देखा, मुस्कराया और पूछा कि हम क्या कर रहे हैं। जब मैंने उसे बताया, तो उसने अपनी जेब से एक मुड़ा हुआ दस रुपए का नोट निकाला और मेरे हाथ में थमाते हुए कहा, 'बाबा, पेड़ लगा दीजिए। मुझे रोज़ाना यह रिक्शा खींचना पड़ता है, कम-से-कम मुझे छाया तो मिलेगी।'

उस दस रुपए के नोट ने मेरे अंदर कुछ बदल दिया। यह पैसे की बात नहीं थी; यह आस्था की उस अदृश्य शक्ति की बात थी जो सच्चे कामों को शक्ति देती है। हमने रस्सी ख़रीदी, पौधे लगाए। मैं अकसर उस सड़क पर वापस जाता हूँ। अब वे पेड़ ऊँचे खड़े हैं, अनगिनत लोगों को छाया प्रदान करते हैं जिन्हें शायद कभी उनकी उत्पत्ति की कहानी पता न चले।

उस दिन मुझे यह समझ आया कि चंदा इकट्ठा करना केवल पैसा जुटाना नहीं है, बल्कि भरोसा जीतना है। उन पेड़ों की छाँव उस छोटे से भरोसे के निवेश पर मिलने वाला ब्याज है।

2017 में, जब एचसीएल फाउंडेशन ने हमारे काम में सहयोग देने के लिए आगे कदम बढ़ाया। मुझे ख़ुशी और विश्वास, दोनों का अनुभव हुआ। चालीस वर्षों से हम भरोसे, टिफिन और दस-दस रुपए के नोटों

के सहारे ही चल रहे थे। अचानक, लेटरहेड पर टाइप किया हुआ, मोहर लगा हुआ, हस्ताक्षरित और पहुँचाया गया एक औपचारिक अनुदान पत्र सामने आया। यह लगभग अवास्तविक-सा लगा, मानो प्रकृति ने स्वयं इसे लिखा हो।

मुझे याद है, मैं चुपचाप उस दस्तावेज़ को हाथ में लिए बैठा था, उन सभी छोटे दानदाताओं के बारे में सोच रहा था जिन्होंने हमें यहाँ तक पहुँचाया था— रिक्शाचालक, दुकानदार, चाय विक्रेता। उनके योगदान का कोई हिसाब-किताब नहीं था, बस आशीर्वाद था। यह पत्र उनका सामूहिक हस्ताक्षर था, इस बात का प्रमाण कि अंततः दुनिया ने उनकी अदृश्य साझेदारी को पहचान ही लिया।

जब पहली किस्त आई, तो हमारे स्वयंसेवक हँस पड़े। उनमें से एक ने मज़ाक में कहा, 'बाबा, अब आप कॉर्पोरेट बन गए!' मैंने मुस्कुराते हुए कहा, 'नहीं, हम अभी भी खाद ही हैं।' हमने इस पैसे का उपयोग बाड़ लगाने, सिंचाई करने और नर्सरी विकसित करने में किया, यह सुनिश्चित करते हुए कि एक भी रुपया व्यर्थ न जाए।

आज भी, जब भी कोई चेक या अनुदान आता है, तो मुझे उस रिक्शा चालक के दस रुपए याद आ जाते हैं। मुद्रा भले ही बदल गई हो, लेकिन ऊर्जा वही है, कर्म में विश्वास और पेड़ों में तब्दील होता भरोसा।

आस्था का अदृश्य वन

अपने जीवन पर विचार करते हुए मुझे एहसास होता है कि हमारा असली जंगल केवल तनों, जड़ों और पत्तियों से नहीं बना है, बल्कि लोगों से बना है। यह विश्वास का एक अदृश्य जंगल है, जहाँ दयालुता का हर कार्य एक बीज है, हर रुपया एक जड़ है, प्रोत्साहन का हर शब्द प्रकाश की एक किरण है। किसी ने सिक्के दिए, किसी ने गायें दीं, किसी ने कॉर्पोरेट चेक दिए—

लेकिन सच यह है कि उन सभी ने विश्वास दिया। वही विश्वास हमारी मिट्टी बन गया।

पैसा पौधे तो ख़रीद सकता है, लेकिन विश्वास नहीं। छाया ख़रीदी नहीं जा सकती; इसे ईमानदारी और सेवा से कमाना पड़ता है। हमारे जंगल, हमारी मित्रता की तरह, बिना किसी अनुबंध के विकसित हुए हैं, विश्वास से सींचे गए हैं, सद्भावना से पोषित हुए हैं और समय द्वारा संरक्षित हुए हैं।

इसलिए, जब लोग मुझसे पूछते हैं कि हम कैसे बच गए, तो मैं मुस्कुराकर कहता हूँ, 'हमने सिर्फ पेड़ नहीं उगाए। हमने विश्वास उगाया। और एक बार जड़ पकड़ लेने के बाद, विश्वास सबसे उपजाऊ जंगल बन जाता है।'

31

पेड़ जो आपके साथ यात्रा करते हैं

भारतीय रेल, अपने धुएँ से भरे भाप इंजनों के साथ, मेरे लिए चलती-फिरती कक्षाएँ थीं। सेना चिकित्सा कोर में युवा मेजर रहे मेरे पिता जी का हर तबादला मेरे लिए एक नया पाठ्यक्रम बन जाता था। इलाहाबाद से पुणे, पुणे से मुंबई, मुंबई से अहमदाबाद, रतलाम, आगरा, मथुरा, चंबल के जंगल, सतना, मोरेना से होते हुए, हर परिदृश्य मेरी कल्पना में बस गया। मैंने देश को स्टेशन-दर-स्टेशन, सुरंग-दर-सुरंग और प्लेटफ़ॉर्म-दर-प्लेटफ़ॉर्म जाना। भारत की कहानी ट्रेन की खिड़की से पढ़ी जा सकती है और मेरी ज़िंदगी की कहानी शायद ठीक वैसी ही है।

जब से मुझे याद है, मैं हमारे छोटे रेलवे स्टेशनों की रखवाली करने वाले पेड़ों से मोहित रहा हूँ, वे भव्य पुराने पेड़ जो पीढ़ियों को आते-जाते देखते आ रहे हैं, बिना एक इंच भी हिले। वे इतिहास के मूक यात्री हैं। हाथी की सूंड जैसी शाखाओं वाले बरगद, हवा में सरसराते पीपल, गर्मियों में अचानक तालियों की गड़गड़ाहट की तरह खिल उठते गुलमोहर और रेलवे प्लेटफ़ॉर्म की भीड़भाड़ में अपनी औषधीय शांति बिखेरते नीम।

ये पेड़ यात्रा में मेरे पहले साथी थे, धैर्य के मेरे पहले शिक्षक। रेलवे स्टेशन जितना पुराना और छोटा होता था, उसका आकर्षण उतना ही गहरा

होता, उसका मानवीय भाव उतना ही गहरा होता था। धुँधले नीले साइनबोर्ड, हाथ से पेंट की गई समय-सारणी, कुल्हड़ों में परोसी जाने वाली चाय, गरम-गरम आलू-पूड़ी बेचने वाले स्टॉल पर प्रेशर कुकर की सरसराहट, और इन सब पर एक ऐसा पेड़ पहरा दे रहा था जो आज तक के किसी भी यात्री से पुराना था। मुझे हमेशा ऐसा लगता था कि ये पेड़ रेलवे से भी बेहतर मानव स्वभाव की समय-सारणी को जानते हैं।

अंग्रेज़ों ने अपनी कठोर व्यवस्था और साम्राज्यवादी रवैये के कारण रेल की पटरियों के किनारे नीम, अमलतास, रेन ट्री, इमली और फ़ाइकस के पेड़ लगाए। जो कार्य शुरू में श्रमिकों को छाया प्रदान करने, मिट्टी के कटाव को रोकने और तटबंधों को स्थिरता देने के लिए एक उपयोगी कार्य के रूप में शुरू हुआ था, वह दशकों बाद भारत का सबसे लंबा हरा-भरा गलियारा बन गया।

अगर आपने कभी भुसावल और जबलपुर के बीच किसी ट्रेन की खिड़की से बाहर झाँका हो, तो आपको रेल की पटरियों के किनारे कतारों में खड़े पुराने पेड़ दिखाई देंगे। ये पेड़ स्वतंत्रता से पहले से वहाँ थे और आज भी उतने ही स्थिर खड़े हैं, डीज़ल के धुएँ से बेपरवाह, बिजली के तारों से उदासीन। ये भारतीय रेलवे के सच्चे स्थायी निवासी हैं।

हर यात्रा भूगोल का एक सबक थी। दक्कन की लेटराइट मिट्टी से लेकर गंगा के मैदानों तक, पेड़ों की भाषा बदलती रही। इमली की जगह नीम, नीम की जगह पीपल, और पीपल की जगह आम। रास्ते के मोड़ पर कहीं न कहीं, मेरे अंदर के बच्चे ने यह सीखा कि पेड़ों की भी अपनी बोलियाँ होती हैं।

जब बाद में मैंने पेशे और जुनून से पौधारोपण का काम शुरू किया, तो मुझे एहसास हुआ कि रेलवे की पटरियाँ हमेशा से मेरी एक और कक्षा रही हैं। पटरियों के किनारे लगे पेड़ों ने ही मुझे निरंतरता, धैर्य और स्थिरता से आगे बढ़ने की कला सिखाई।

मुझे याद है कि मेरी पहली ट्रेनें भाप के इंजनों द्वारा खींची जाती थीं, काली, शोर मचाने वाली और जीवंत। वे किसी जीवित प्राणी की तरह साँस लेती थीं। वे दहाड़ती थीं, पसीना बहातीं और आहें भरती थीं। उनकी साँस की गंध आधे किलोमीटर दूर से ही महसूस की जा सकती थी: कोयला, लोहा, ग्रीस और रोमांच का मिश्रण।

पिता जी के लगातार तबादलों के कारण हम हमेशा यात्राएँ ही करते रहते थे। मैंने पढ़ना कहानियों की किताबों से नहीं, बल्कि तीन भाषाओं में लिखे साइनबोर्डों से सीखा।

हम हमेशा फ़र्स्ट क्लास स्लीपर में यात्रा करते थे, लकड़ी के पैनल, सफेद चादर, पीतल की फिटिंग जो लैंप की रोशनी में हल्की चमकती थी। नानी चाय का थर्मस लेकर खिड़की के पास बैठ जातीं और मैं अपना चेहरा शीशे से तब तक चिपकाए रखता जब तक मेरी साँसों से शीशे पर भाप न जम जाए। एक बार उन्होंने कहा था, 'इन इंजनों में आत्मा है और इन्हें ध्यान

आकर्षित करना पसंद है। देखो, ये कितने गर्व से धुआँ छोड़ते हैं!' मैं वह बात कभी नहीं भूला।

कोई भी आधुनिक रेलवे टर्मिनल भारत के छोटे शहरों के स्टेशनों की विशिष्टता का मुकाबला नहीं कर सकता। मुझे उनकी सादगी, दशकों के इंतज़ार से तराशी हुई लोहे की बेंच, धीरे-धीरे घूमते प्राचीन पंखे और हिंदी उपन्यासों तथा लोकप्रिय पत्रिकाओं वाली वह इकलौती किताबों की दुकान बेहद पसंद थी। स्टेशन जितना छोटा होता है, हवा उतनी ही गर्म लगती है।

मध्य प्रदेश में गुना जंक्शन पर एक जगह थी, जहाँ प्लेटफ़ॉर्म के किनारे एक विशाल बरगद का पेड़ खड़ा था। उसकी जड़ें इतनी घनी हो थीं कि उनसे बेंच जैसी बन गई थीं। मैं अकसर वहाँ घंटों बैठा रहता और डायरी में कुछ-न-कुछ लिखता रहता था। उस पेड़ के नीचे मुझे अपनेपन का ऐसा एहसास होता था जो शहरों में कभी नहीं मिला।

उसकी छाँव में पूरा छोटा भारत समाया हुआ था— अपनी लय में चाय बेचने वाला, अपने धैर्य में मोची और कागज़ के कोन में भुने हुए चने बेचने वाली महिला। किताबों की एक छोटी-सी दुकान बीस वर्षों से वही गिनी-चुनी किताबें बेच रही थी— प्रेमचंद, शरतचंद्र और कभी-कभी चर्चित अंग्रेज़ी उपन्यासों का हिंदी अनुवाद।

यात्री और तीर्थयात्री

उन दिनों, ट्रेन में सवार लोग केवल यात्री नहीं होते थे, बल्कि किसी उद्देश्य से यात्रा करने वाले तीर्थयात्री थे। हर कोई यात्रा कर रहा था, किसी चीज़ के लिए— अध्ययन करना, सेवा करना, घर लौटना, उम्मीदों की तलाश करना। वे डिब्बे समाजशास्त्र की चलती-फिरती कक्षाएँ थे।

मुझे हमेशा सेकंड क्लास के डिब्बे सबसे अधिक पसंद रहे। वहाँ आप ज़्यादा देर तक अजनबी नहीं रह सकते थे। जैसे ही लंच बॉक्स खुलते,

भाषाओं की दीवारें पिघल जातीं। एक परिवार का खाना पूरे डिब्बे का साझा बुफ़े बन जाता।

उस समय भारत की एकता संविधान में नहीं लिखी गई थी, बल्कि यह रेलवे के भोजन में समाहित थी।

नानी हर रेलवे स्टेशन को मानव अध्ययन की प्रयोगशाला में बदल देती थीं। वे कहती, 'अवलोकन ही शिक्षा है। समय बर्बाद मत करो, देखो और तुम सीख जाओगे।'

उन्होंने मुझे अपनी डायरी में वह सब लिखने को कहा जो मैंने देखा, लोग कैसे चलते है, पेड़ कैसे खड़े हैं, धूल कैसे उड़ती है। उन्होंने कहा कि पर्यटक और याली में अंतर अवलोकन का होता है। यह सीख बाद में मेरे पारिस्थितिक कार्य की नींव बनी, क्योंकि पौधारोपण करने वाले को भी सबसे पहले मिट्टी, प्रकाश और वातावरण का अवलोकन करना आना चाहिए।

जब ट्रेन दोबारा चलने लगी, तो वह फुसफुसाती, 'अब पेड़ों को देखो, वे तुम्हें बता देंगे कि तुम कहाँ हो।' और सचमुच, उन्होंने बताया भी। बरगद के पेड़ मैदानों का संकेत थे। साल के पेड़ बताते थे कि हम जंगलों के करीब पहुँच रहे हैं। ताड़ के पेड़ समुद्र तट का संकेत थे। मेरा भूगोल वनस्पति विज्ञान पर आधारित था।

कई वर्षों बाद, जब मैंने पूरे भारत में पौधारोपण शुरू किया, तो मुझे अकसर उन रेल यालाओं की याद आती थी। भारतीय रेलवे ने अनजाने में ही दुनिया के सबसे लंबे पारिस्थितिक गलियारों में से एक का निर्माण कर दिया था। कन्याकुमारी से कटरा तक, पटरियों के किनारे पेड़ ऐसे लगे हैं मानो हरे-भरे टाँके उपमहाद्वीप को आपस में जोड़ रहे हों।

पटरियों के किनारे लगे पड़े मिट्टी कटाव को रोकते हैं, धूल को नियंत्रित करते हैं, कार्बन को अवशोषित करते हैं और लाखों पक्षियों तथा कीट-पतंगों को आश्रय देते हैं।

जब मैंने पौधारोपण अभियान का नेतृत्व करना शुरू किया, तो हमने कुछ राज्यों में रेल अधिकारियों के साथ मिलकर बिना उपयोग वाली रेल पटरियों और भूमि को फिर से हरा-भरा करने का काम किया। परिणाम आश्चर्यजनक थे। दो वर्ष के भीतर, पक्षी लौट आए, छायादार जगहें बन गईं और विक्रेता फिर से फलने-फूलने लगे। पीपल के पेड़ों की एक कतार पूरे प्लेटफ़ॉर्म को एक समुदाय में बदल सकती है।

झांसी और बीना के बीच इमली के पेड़ों की एक कतार है जो ट्रेन के गुज़रने पर मानो लहराती हुई प्रतीत होती है। एक बार सिग्नल पर रुकने के दौरान, मैं नीचे उतरा और एक पेड़ को छुआ। वह इतना गर्म था मानो ट्रेन के साथ ही साँस ले रहा हो।

इटारसी जंक्शन पर, किताबों की एक दुकान के पास एक विशाल पीपल का पेड़ था। मैंने 1980 के दशक की शुरुआत में वहाँ से एक उपन्यास ख़रीदा था, उसे कभी पूरा नहीं पढ़ पाया, लेकिन उस पेड़ की छनती हुई रोशनी में पढ़ने की यादें कहानी से कहीं ज़्यादा समय तक मेरे मन में बसी रहीं। दशकों बाद, मैं फिर वहाँ गया। किताबों की दुकान के मालिक बदल चुके थे, लेकिन पेड़ वैसा ही था, पहले से ज़्यादा घना, शांत, मानो किसी बूढ़े संत की तरह चबूतरे की टाइलों को तोड़ रहा हो, जिसे नगर निगम के नियमों की कोई परवाह न हो।

ऐसे पेड़ मुझे याद दिलाते हैं कि हमारे जैसे अशांत देश में भी स्थायित्व संभव है।

प्रतीक्षा का खेल

ट्रेन धैर्य की सबसे अच्छी शिक्षिका होती है। मैंने छह, कभी-कभी आठ घंटे तक उन ट्रेनों का इंतज़ार किया है जो तय समय पर कभी नहीं आती थीं। फिर भी, मुझे याद नहीं कि मैं कभी नाराज़ हुआ हूँ। मैंने बचपन में ही सीख लिया था कि जो लोग ध्यान से देखते हैं, उनके लिए समय धीमा हो जाता है।

बच्चे पटरियों पर पतंग उड़ा रहे थे, विक्रेता चुटकुले सुना रहे थे, बंदर कूड़ेदानों में खाना खोज रहे थे, हर देरी एक नई कहानी गढ़ रही थी। लाउडस्पीकर लगातार 'ट्रेन तीस मिनट लेट है' की घोषणा करते रहते, यहाँ तक कि शब्दों का अर्थ ही खो जाता। तीसरी या चौथी घोषणा तक आते-आते आपको अपनी साँसों की आवाज़ भी स्पष्ट सुनाई देने लगती।

वह मेरा पहला ध्यान अभ्यास था। नीम के पेड़ के नीचे बैठकर, हाथ में चाय लिए, कोई जल्दी नहीं, कोई फोन नहीं, कोई चिंता नहीं, बस एक व्यक्ति शांति से प्रतीक्षा कर रहा था। इस तरह की प्रतीक्षा योग से भी अधिक गहरी धैर्य की भावना पैदा करती है।

ट्रेन चलती-फिरती मानव व्यवहार की प्रयोगशालाएँ हैं। मैंने वहाँ लोगों को उसी तरह पढ़ना सीखा जैसे कोई वनपाल मौसम को पढ़ता है। भीड़ के भी मिज़ाज़ होते हैं। ट्रेन छूट जाने पर लोग बेचैन हो जाते हैं; पास आती किसी गाड़ी की हेडलाइट देखते ही उनमें उम्मीद जाग उठती है।

एक बार बिहार की एक खचाखच भरी ट्रेन में गर्मी से एक आदमी बेहोश हो गया। देखते-ही-देखते दस यात्री मिलकर उसकी मदद करने लगे। एक ने उसकी पानी की बोतल खोली, दूसरे ने अख़बार से उसे हवा दी, तीसरे ने चीनी दी, चौथे ने उसका सिर थाम लिया। कोई तालमेल नहीं था, कोई अनुशासन नहीं था, बस करुणा थी। यही भारतीय रेलवे का मूलमंत्र है।

ऐसे दृश्यों ने समुदाय में मेरा विश्वास मज़बूत किया, वही विश्वास जिसने बाद में 'गिव मी ट्रीज़' आंदोलन को शक्ति प्रदान की। मानवीय अच्छाई, जड़ों की तरह, अदृश्य रूप से फैलती है।

बाद के वर्षों में, जब मैंने स्वयंसेवी अभियान आयोजित करना शुरू किया, तो मैंने ट्रेनों और पेड़ों के बीच पुरानी दोस्ती को पुनर्जीवित करने का सपना देखा। रेलवे के पास मीलों तक ख़ाली पड़ी ज़मीन है, जो पौधारोपण के लिए एकदम सही है। ऐसे लंबे खंड जहाँ पौधे बिना किसी बाधा के उग सकते हैं, निरंतरता की हरी सुरंगों का निर्माण करते हैं।

उत्तर प्रदेश और हरियाणा में हमारे स्वयंसेवकों ने ग्रामीण इलाकों में छोटे-छोटे प्रयोग शुरू किए। हमने नीम, जामुन और अमलतास लगाए। कुछ ही मौसमों में, उनके नीचे लगे चाय के स्टॉलों का कारोबार बढ़ गया। मुझे एहसास हुआ कि छाया ही जीवनयापन की अदृश्य मुद्रा है।

यात्रा बदल गई है। बातचीत की जगह वातानुकूलित शांति ने ले ली है। अजनबियों की जगह इयरफोन ने ले ली है। लेकिन मुझे अब भी धीमी गति वाली ट्रेनें पसंद हैं। वे ट्रेन जो सुनसान स्टेशनों पर रुकती हैं, जहाँ पेड़ अभी भी पानी के नलों को छाया देते हैं और चाय में मिट्टी की हल्की-सी महक होती है।

आधुनिकता भले ही तेज़ी से आगे बढ़ती हो, लेकिन वह शायद ही कभी अवलोकन करती है। मुझे धुएँ से भरे इंजन, गति की कविता, साझा नियति का एहसास याद आता है। मुझे वो समय याद आता है जब लोग खिड़कियों से बाहर देखते थे, स्क्रीन पर नहीं।

ट्रेनों ने मुझे सिखाया कि जीवन का अर्थ जल्दी पहुँचना नहीं है; बल्कि जीवन का भरपूर आनंद लेना है। उन्होंने यह भी सिखाया कि जड़ें और यात्रा एक-दूसरे के विपरीत नहीं हैं। आप एक पेड़ की तरह जड़ जमाकर भी विचारों, यादों और संबंधों के माध्यम से अनंत यात्रा कर सकते हैं।

आज जब मैं सड़क, नदी या रेलवे ट्रैक के किनारे पेड़ लगाता हूँ, तो अकसर मुझे वे शुरुआती दिन याद आ जाते हैं। मैं उन बच्चों की कल्पना करता हूँ जो भविष्य में ट्रेन की खिड़कियों से बाहर झुककर इन पौधों को देखकर हाथ हिलाएँगे जब वे बड़े हो जाएँगे। ये पेड़ ट्रेन, यात्रियों और यहाँ तक कि योजनाकारों से भी ज़्यादा समय तक जीवित रहेंगे।

32

मेरी स्कूटर डायरी

स्कूटर कभी मशीन नहीं था। वह एक ऐसा दोस्त था जो ख़ामोशी को समझता था। उसमें न कोई गर्जना थी, न कोई दौड़, न ही ताकत का कोई घमंड, बस एक हल्की-सी गुनगुनाहट, एक स्थिर साँस जो मेरी अपनी साँस से मेल खाती थी। हम साथ-साथ गति के लिए नहीं, बल्कि शांति के लिए यात्रा करते थे। दो तीर्थयात्री थे, जो आम यात्रियों के वेश में थे।

मेरा पहला स्कूटर बजाज प्रिया 150 सीसी था। उसका रंग हल्का नीला था। उसके बाद मुझे काइनेटिक होंडा के कई स्कूटर दोस्तों और समर्थकों से दान में मिले। स्वयंसेवकों ने हमारी पौधारोपण टीमों के लिए स्कूटर ख़रीदने के लिए पैसे जमा किए थे। इनका इस्तेमाल मुख्य रूप से रखरखाव के लिए किया जाता था। मैंने जितने भी स्कूटर इस्तेमाल किए हैं, उनमें से ज़्यादातर एक लाख किलोमीटर से ज़्यादा चल चुके हैं। जब वर्कशॉप के मैकेनिकों ने हमें खुले राजमार्गों पर इन स्कूटरों का इस्तेमाल न करने की चेतावनी दी, तभी हमने उन्हें नए मॉडल से बदलवाया। आज भी मुझे हमारे वाहन डीलरों से ढेरों छूट और बेहतरीन एक्सचेंज ऑफर मिलते हैं। वे सभी जानते हैं कि इन स्कूटरों का इस्तेमाल किस उद्देश्य से किया जा रहा है। वे हमेशा कहते हैं कि ये छूट धरती के लिए उनका योगदान है।

यह सिलसिला पुणे से शुरू हुआ, जहाँ मानसून के बाद भी तारकोल की ताज़ा महक आ रही थी। मैंने थैले में छोटे पौधे बाँधे, पानी की बोतल पैक की और बिना नक्शे के ही निकल पड़ा, इस भरोसे के साथ कि रास्ता, किसी पुराने कहानीकार की तरह, ख़ुद ही रास्ता बता देगा। जल्द ही शहर खुले मैदानों में बदल गया: गन्ने की सरसराहट गपशप की तरह गूँज रही थी, औरतें सिर पर घास के गट्ठे लिए घूम रही थीं और मर्द बरगद की छाँव में चाय की चुस्कियाँ ले रहे थे। हर कुछ किलोमीटर पर हवा का लहजा बदल जाता था और दृश्य भी। स्कूटर भले ही साधारण था, लेकिन चमत्कारिक था। वह पहाड़ियों पर बकरी की तरह चढ़ता था और घाटियों में थके हुए संत की तरह लुढ़कता था। उसने कभी शिकायत नहीं की, यहाँ तक कि पीपल और नीम के पौधों, खाद के डिब्बों, औज़ारों और मेरे अतार्किक सपनों से लदे होने पर भी। उसकी सीट टूटी हुई थी, शीशा धुँधला था, लेकिन उसकी आत्मा पूरी तरह से जीवित थी।

हर दिन की शुरुआत जिज्ञासा से होती, न कि किसी तय कार्यक्रम से। मैं कोल्हापुर के गन्ने के खेतों, सतारा की हवाओं और नासिक के अंगूर के बागों से गुज़रा। मैं रास्ते में पड़ने वाले मंदिरों में रुकता, प्यासे पौधों को थोड़ा पानी देता और आगे बढ़ जाता। कभी-कभी, जब सड़क ख़ाली होती और हवा सुहावनी होती, तो मैं मन-ही-मन गीत गाता। इंजन धीरे से उसमें शामिल हो जाता, मानो मनुष्य और मशीन का एक युगल गीत हो।

मैंने बचपन में ही सीख लिया था कि यात्रा बिना किसी महत्त्वाकांक्षा के ही सबसे अच्छी होती है। अगर आप बहुत योजना बनाते हैं, तो आप यात्रा की असली सुंदरता से वंचित रह जाते हैं। मैं वहीं सोता जहाँ रात मुझे ले जाती, ढाबों में, मंदिरों के प्रांगणों में, बस स्टैंड पर, या फिर स्वयं उन पुराने रक्षक वृक्षों की छाया में। उनके नीचे लेटे हुए, मैं अकसर सोचता था कि ज़मीन से देखने पर हमारी चिंताएँ कितनी छोटी लगती हैं।

भोर होते ही, चाय स्टील के गिलासों में आती थी, मानो आस्था की तरह भाप छोड़ रही हो। ट्रक चालक ईश्वर, डीजल और भाग्य पर समान गंभीरता से चर्चा करते थे। ढाबे मेरे लिए कक्षाएँ थीं। सतारा के पास एक ढाबे के मालिक ने अपने स्टॉल के बाहर गुलमोहर का पेड़ लगाया हुआ था। वे कहते थे, 'पहले पौधा, फिर पराठा।' मैं प्राथमिकताओं के उस क्रम को कभी नहीं भूला। पहले पौधा, फिर रोटी। मैं प्राथमिकताओं के उस क्रम को कभी नहीं भूला।

महाराष्ट्र से मैं इंदौर और उज्जैन की तरफ बढ़ा, जहाँ सरसों के खेत दीयों की तरह जगमगा रहे थे। हर पड़ाव पर कोई न कोई पूछता, 'आप कहाँ जा रहे हैं?' मैं कंधे उचकाकर कहता, 'जहाँ सड़क ख़त्म होती है।' इस जवाब से वे हमेशा मुस्कुरा उठते थे। भारत घुमक्कड़ों को पसंद करता

है; हम एक ऐसा राष्ट्र हैं जो यात्राओं पर पला-बढ़ा है, चाहे वो यात्राएँ हों, प्रवास हों, तीर्थयात्राएँ हों या काम के दिन।

राजस्थान ने मेरी सहनशक्ति की परीक्षा ली। वहाँ की हवा खुरदरी थी, सूरज किसी प्रश्नकर्ता की तरह। लेकिन रेगिस्तान ने खामोशी से मेरा स्वागत किया। ग्रामीणों ने पानी ऐसे दिया मानो वह सोना हो। मैंने खेजड़ी के मज़बूत पौधे ऐसी जगह लगाए जहाँ बारिश भी आने में हिचकिचाती थी।

रात में, मैं तालाबों के किनारे सोता था, मेंढकों की आवाज़ और दूर से आती ट्रेनों की धीमी आवाज़ मुझे सुला देती थी। एक बार, एक ऊँट मुझे जागते हुए देखता रहा, उसके चेहरे पर दार्शनिक भाव था। राजस्थान आपको हास्य सिखाता है; गर्मी और भाग्य, दोनों से बचने का यही एकमात्र तरीका है।

मानसून के दौरान हरिद्वार का रास्ता एक तरह का दीक्षा संस्कार था। चाँदी की बूँदों की तरह बारिश हो रही थी, स्कूटर के धातु के ढाँचे पर तबले की थाप की तरह झिलमिला रही थी।

उत्तर की ओर बढ़ते हुए, पहाड़ शालीनता से नहीं, बल्कि दबंगई से ऊपर उठते गए। स्कूटर हाँफता-काँपता हुआ आगे बढ़ता रहा। ऋषिकेश के ऊपर, सड़क चट्टानों और बादलों के बीच प्रार्थना की माला की तरह घुमावदार थी। एक मोड़ पर, हवा के एक झोंके ने मुझे लगभग गिरा ही दिया। मैं हँसा और धुंध में चिल्लाया, 'संभलकर, मेरे दोस्त, भगवान भी संतुलन की परीक्षा लेते हैं!' स्कूटर हमेशा की तरह वफ़ादार होकर वापस चलने लगा।

भारत के मध्य से गुज़रते हुए, मैं उन जंगलों से गुज़रा जहाँ सन्नाटा गहरा था—मध्य प्रदेश, ओडिशा, छत्तीसगढ़ — ऐसी भूमि जहाँ पेड़ आज भी बारिश की भाषा बोलते हैं। महिलाएँ सिर पर लकड़ियाँ ढो रही थीं

और मेरे गुज़रते ही मुस्कुरा उठीं, मानो धरती के किसी और कार्यकर्ता को पहचान रही हों। बच्चे खेतों से हाथ हिला रहे थे। मैंने भी हाथ हिलाकर जवाब दिया, कभी-कभी उनके स्कूल के पास एक छोटा-सा पेड़ लगाने के लिए रुक जाता था।

ओडिशा का तट खारे पानी की एक लंबी लहर जैसा था। चिल्का झील में राजहंस पानी पर ब्रश की रेखाओं की तरह लहरा रहे थे। एक मछुआरे ने मुझे रोका। उसने मेरे पौधों की ओर इशारा करते हुए पूछा, 'क्या तुम बारिश पकड़ते हो?' मैंने कहा, 'हाँ।' वह मुस्कुराया, 'तो हम भाई हैं। मैं मछली पकड़ता हूँ, तुम बादल पकड़ते हो।' हमने चावल और नमकीन मछली का भोजन किया।

तमिलनाडु में, लाल मिट्टी से मंदिर ऐसे उभरे जैसे पत्थर पर कविताएँ उकेरी गई हों। पुजारियों ने मेरी कलाई पर धागे बाँधे और मुझे केले व आशीर्वाद दिए। मैंने एक पुजारी को बताया कि मेरी यात्रा का नाम 'प्रार्थना के रूप में रोपण' है। उन्होंने सिर हिलाकर कहा, 'तो फिर तुम जो भी गड्ढा खोदोगे, वह एक मंदिर बन जाएगा।'

कोंकण तट मेरा पसंदीदा नज़ारा था, समुद्र और पहाड़ियों के बीच घुमावदार सड़क, नमक, बारिश और धूप से सराबोर। नारियल के पेड़ ऐसे झुके हुए थे मानो प्रणाम कर रहे हों। रत्नागिरी में मछुआरे जाल ठीक करते हुए हाथ हिला रहे थे।

केरल में बारिश ऐसे बरस रही थी मानो कविता थके हुए दिलों पर निरंतर, कोमल भाव से उतर रही हो। स्कूटर पर काई और कीचड़ की मोटी परत जम गई थी। नदियाँ सड़कों को ऐसे पार कर रही थीं मानो बातचीत सहजता से हो रही हो। मैं बार-बार रुकता था—आराम के लिए नहीं, बल्कि आश्चर्य से भर जाने के लिए। दुनिया मानो नई-धुली हुई लग रही थी।

कर्नाटक के जंगलों से होते हुए पश्चिम की ओर बढ़ते हुए, मुझे ऐसा लगा जैसे सड़क स्वयं साँस ले रही हो। कॉफ़ी के फूलों की ख़ुशबू हवा में घुल रही थी। बंदर पेड़ों पर बैठे ऐसे देख रहे थे मानो किसी प्राचीन रहस्य की रक्षा कर रहे हों। सकलेशपुर में एक चायवाले ने मुझसे कहा, 'आप यात्रा नहीं

कर रहे हैं; आप गति के साथ ध्यान कर रहे हैं।' वह सही कह रहा था। कुछ समय बाद, यात्रा केवल गति के बारे में नहीं रह जाती, बल्कि उपस्थिति के बारे में हो जाती है।

इस तरह मैं महाराष्ट्र लौट आया, पूरा चक्कर लगाकर, बूढ़ा, धूल से सना हुआ, लेकिन हल्का। मेरे स्कूटर पर भक्ति के निशान थे : धर्मग्रंथों जैसी खरोंचें, आस्था से घिसे हुए टायर। इसने तीन समुद्रों का नमक और एक दर्जन राज्यों की मिट्टी चखी। इसके इंजन ने किसी भी राजनयिक से ज़्यादा भाषाएँ सुनी थीं। इसकी छाया ने हज़ारों पौधों को आश्रय दिया था।

यात्राओं से मैंने सड़क पर भरोसा करना, अजनबियों की दयालुता को समझना और पेड़ों के मार्गदर्शन को अपनाना सीखा। मैंने जाना कि जूट से बना ढाबे के बिस्तर पर होटल के गद्दे से भी गहरी नींद आ सकती है, और जिज्ञासा शांत होने पर भूख अपने आप मिट जाती है। मैंने यह भी सीखा कि गति का असली आनंद भय से मुक्ति में है।

अगर आज आप मुझसे पूछें कि मैंने उन यात्राओं में क्या देखा, तो मैं कहूँगा, मैंने भारत को साँस लेते देखा। उसके जंगलों और रेगिस्तानों में, उसकी नदियों और पहाड़ों में, उसकी हँसी और मेहनत में। मैंने देखा कि आप जितना ज़मीन के निकट जाते हैं, जीवन उतना ही स्पष्ट होता जाता है।

कभी-कभी, जब मैं उसी पुराने स्कूटर के पास खड़ा होता हूँ, जिसका रंग हल्का पड़ गया है, शीशे टूटे हुए हैं, चाबियाँ प्रार्थना की माला की तरह लटक रही हैं, तो मुझे लगता है कि उसमें अभी भी यादों की गूँज है। हर निशान पर एक तारीख़ है। हर ख़रोंच की अपनी एक कहानी है। इसने न केवल छोटे-छोटे पौधों को, बल्कि मानसून की ख़ुशबू, रेगिस्तान की धूल और आशा नामक धड़कन की अटूट लय को भी अपने साथ ढोया है।

यह किताब तीन दशकों के राजमार्गीय रोमांचों का संक्षिप्त वर्णन है। टायर पंचर, यांत्रिक ख़राबी और सुनसान इलाकों में पूरी तरह से गाड़ी ख़राब हो जाने जैसी घटनाओं के लिए एक और किताब की ज़रूरत होगी,

जिसे मैं निश्चित रूप से निकट भविष्य में लिखूँगा। भारत के 21 राज्यों में मेरे राजमार्गीय रोमांचों पर आधारित यह किताब है।

मेरी डायरी के अनुसार, मैंने सड़कों और राजमार्गों पर 5 लाख, 40 हज़ार किलोमीटर से अधिक की दूरी तय की है। यह भारत के 226 ज़िलों में फैली हुई है, जहाँ मैंने स्वयंसेवकों से मिलने और पीपल, नीम, जामुन और शीशम का प्रचार करने के लिए दौरा किया।

33

रोटी, मक्खन और जैम के दिन

'भूख और उम्मीद के बीच रोटी का एक टुकड़ा होता है।'

—जंगल की कहावत, 1980 का दशक

शानदार भोजन होते हैं, डिज़ाइनर डाइट होती हैं और फिर आता है ब्रेड, मक्खन तथा जैम का वो अमर संयोजन, जिसने मेरी आधी ज़िंदगी के रोमांच को शक्ति दी है। ये हमारा नाश्ता, दोपहर का खाना, रात का खाना, आधी रात का स्नैक और भावनात्मक सहारा, सब कुछ एक ही चीज़ में समाहित था। मैन्यू कभी नहीं बदला, लेकिन परिदृश्य बदलते रहे :

रेगिस्तान, घाटियाँ, जंगल, राजमार्ग और पहाड़ियाँ। हर जगह ब्रेड का एक टुकड़ा हमारे लिए जीवन रक्षा का माध्यम बन गया।

हम हफ़्तों तक लगातार इसी पर गुज़ारा करते रहे। न आग, न घी, न धुआँ, न बर्तन। बस एक चाकू, एक जार और एक मिशन। ज़मीनी सेना जानती थी कि अगर राशन कम पड़ जाए, तो कम-से-कम रोटी की टुकड़ी तो आगे बढ़ती रहेगी। इसे ले जाना आसान था, बाँटना आसान था और नापसंद करना नामुमकिन। आप मिनटों में बीस लोगों की भीड़ को खाना खिला सकते थे और कोई शिकायत नहीं करता, सिवाय शायद एक मधुमेह रोगी चाचा के जो जैम के जार को उदास, लेकिन प्रेम भरी निगाहों से देखते।

कभी-कभी, पौधरोपण के दौरान टीम पीपल या नीम के पेड़ के नीचे चाय पीने के लिए रुक जाती थी। रोटी के पैकेट और मक्खन के टुकड़े ऐसे निकलते थे मानो सैनिक ड्यूटी पर हाजिरी लगा रहे हों। चाकू चम्मच बन जाते थे, डायरी प्लेट और हंसी-मज़ाक माहौल का अहम हिस्सा बन जाता था। हवा में चाय, मिट्टी और जैम की ख़ुशबू भर जाती थी, मानो एक सफल कामकाजी दिन की महक हो।

जम्मू से झारखंड, बंगाल से गुजरात तक, हर राज्य में, पोषण की यह त्रिमूर्ति एक वफ़ादार पालतू जानवर की तरह हमारे साथ रही। हमने इसे नदियों के किनारे, रेत के टीलों में, बस स्टैंडों पर और एक बार तो चलती हुई ट्रैक्टर पर भी खाया है। मैंने स्वयंसेवकों को नैपकिन ख़त्म होने पर अपनी पैंट पर जैम के हाथ पोंछते देखा है।

विदेशी स्वयंसेवक अकसर आश्चर्यचकित रह जाते थे। वे योग और ज्ञानोदय की उम्मीद लेकर आए थे, लेकिन उन्हें वास्तव में नाश्ते के दौरान ही ज्ञानोदय हुआ। उनमें से एक ने चिपचिपे टुकड़े को पवित्र अवशेष की तरह पकड़े हुए कहा, 'तो यही है जो भारत को हरा-भरा रखता है?' मैंने उसे बताया, 'हाँ, यही हमारा नवीकरणीय ऊर्जा स्रोत है।'

कभी-कभी, जब हमारी संख्या सैकड़ों में पहुँच जाती थी, तो हम एक ऐसा आयोजन करते थे जिसे हम प्यार से कहते थे— ब्रेड, मक्खन, ब्रेड, मक्खन, जैम का लंगर। समर्थकों ने दर्जनों रोटियाँ, पहाड़ों जितना मक्खन और नदियों जितना जैम लाकर दिया।

आज भी, ज़्यादा संसाधनों और बेहतर व्यवस्था के बावजूद, मैं अपने बैग में एक ब्रेड, बटर, जैम और एक जार रखता हूँ। यह आदत कभी नहीं छूटी। ब्रेड, बटर, जैम सिर्फ खाना नहीं, बल्कि यादें, दोस्ती, सफ़र और ज़िंदगी का प्रतीक है। इसने पंजाब की सुबहों, दिल्ली की देर रातों, हिमाचल की ठंडी हवाओं और राजस्थान की धूल का स्वाद चखा है।

34

छत पर कमरा

पिछले पंद्रह वर्षों से मेरा घर दिल्ली के मयूर विहार में एक बरसाती रहा है, जो छत पर बना एक साधारण-सा कमरा है। वह छोटा-सा, सरल और सादा कमरा मेरे जीवन के सबसे सुखद अध्यायों में से एक बन गया। वह केवल एक निवास स्थान नहीं है; वह एक ऐसा आश्रय स्थल है जहाँ मित्रता पनपती है, बातचीत का सिलसिला चलता है और एकांत ज्ञान में तब्दील हो जाता है।

बरसाती की अपनी एक अलग ही आज़ादी है। लोग वहाँ आकर सहज महसूस करते हैं। वे पहले से फोन कर देते थे और मैं उनका ऐसे स्वागत करता हूँ मानो वह छत पर बना कमरा विचारों के आदान-प्रदान का मंदिर हो।

बरसाती मेरे लिए कभी कैदखाना नहीं थी; यह एक ऐसा मंच था जो मुझे याद दिलाता था कि अपने जीवन को सहजता से जीने में ही शक्ति निहित है।

उसकी छत से मैंने शहर को बदलते देखा, जैसे-जैसे वह उपभोग के नशे में चूर होता गया। देशभर में मनोरंजन के नए साधन छा गए, डीजे, डांस पार्टियाँ, मेले, बिना किसी अपराधबोध के मौज-मस्ती करना, जो अब सामान्य बात हो गई है। ट्रैफ़िक के ऊपर बड़े-बड़े बिलबोर्ड देवताओं की तरह खड़े हो गए, न केवल यह तय करते हुए कि लोगों को क्या ख़रीदना चाहिए, बल्कि यह भी कि उन्हें कैसे सपने देखने चाहिए। कभी मिट्टी के दीयों की हल्की रोशनी से जगमगाते त्योहार अब मेगावाट बिजली की कड़क से जगमगाने लगे। होली, जो कभी पानी से भरी बाल्टियों और रंगों के दोस्ताना मेलजोल का खेल हुआ करती थी, अब डीजे और आयातित पाउडर के साथ सुनियोजित कार्यक्रमों में बदल गई। ब्याह-शादियाँ तमाशे की प्रतियोगिता बन गई हैं, आतिशबाजी रात को रोशन करती रहती है जबकि कर्ज़ चुपचाप पारिवारिक खातों को भरता रहता है। मैं छत पर बैठा सोचता रहा कि क्या यह प्रगति है या केवल ध्यान भटकाने का तरीका।

प्रगति से बोझ हल्का होना चाहिए; इसके बजाय मैंने लोगों को नए बोझ तले दबते देखा।

धर्म, जो कभी आस्था का शांत बंधन हुआ करता था, आज सबसे अधिक लाभदायक उद्योग बन गया है, जिसने प्रौद्योगिकी, रियल एस्टेट और यहाँ तक कि वित्त को भी पीछे छोड़ दिया है। इसका उत्पाद, आस्था, अदृश्य था, इसके ग्राहक अनंत थे। इसका अपशिष्ट विशाल है और इसकी मार्केटिंग किसी भी इत्र या कार से कहीं अधिक चालाक है। यह विडंबना मुझे अकसर खटकती है : मंदिरों में लाउडस्पीकरों की गूँज पक्षियों की आवाज़ को भी दबा देती है। ईश्वर से जुड़ने के लिए किए जाने वाले अनुष्ठान प्लास्टिक कचरे के पहाड़ पैदा कर रहे हैं जो उन समारोहों से कहीं अधिक समय तक बने रहेंगे, और अगरबत्ती का धुआँ अनगिनत कार्बन उत्सर्जनों से फेफड़ों को भारी कर रहा है। यदि हम टरबाइन की कार्बन लागत की गणना कर सकते हैं, तो मंदिर के अनुष्ठान की क्यों नहीं?

मैंने इस व्यापारिक मॉडल पर कड़वी हँसी हँसी — न कोई कारखाना, न कोई भंडार, बस आस्था बिक रही है। फिर भी विरोधाभास हर जगह मौजूद है। वही अंधविश्वास जिसने नदियों को प्लास्टर की मूर्तियों से भर दिया, वही पीपल के पेड़ों को कुल्हाड़ी से बचा रहा है। जहाँ विज्ञान विफल रहा, वहाँ मंदिरों और भय ने उन्हें आश्रय दिया। धर्म एक ही समय में प्रदूषण भी फैलाता था और संरक्षण भी करता था, एक ऐसा विरोधाभास जो स्वयं जीवन का प्रतिबिंब था।

बरसाती में मैंने यह भी देखा कि कैसे राजनीति नदियों के क्षेत्र में प्रवेश कर गई है। गंगा और यमुना, जो कभी पवित्र थीं, अब राजनीतिक मंचों पर बयानबाजी के औज़ार के रूप में इस्तेमाल होने लगीं। अपनी छत से मैं यमुना को देख तो नहीं सकता, लेकिन कुछ हवाओं में उसकी उदासी की गंध महसूस कर सकता हूँ, एक ऐसी नमी जो स्मृति की तरह चिपकी रहती है। वह पानी से ज़्यादा रसायन और मछली से ज़्यादा

झाग बन चुकी थी। जहाँ राजनेता सफाई के बड़े-बड़े दावे कर रहे हैं। समितियाँ और आयोग खरपतवार की तरह उग आए हैं, अरबों की धनराशि धूमधाम से घोषित की जा रही है और ख़र्च हो रही है। फिर भी परिणाम शून्य ही है। गिरता जलस्तर, टूटी हुई मूर्तियाँ फिर से सतह पर आ गईं, वनस्पतियाँ गायब हो गईं, फूलों की मालाओं के बीच प्लास्टिक की थैलियाँ तैरती रहीं, एक ज़हरीला झाग हमारी प्रार्थनाओं का मज़ाक उड़ाता रहा है। कभी उपजाऊ रही मिट्टी दशकों से रसायनों के कारण इतनी कठोर हो गई कि वह प्लास्टिक जैसी दिखने लगी है। धरती का स्पंज गायब हो गया है।

उस बरसाती से और अपनी सभी यात्राओं से मैंने यही सीखा है कि बदलाव केवल नीतिगत दस्तावेज़ों से नहीं आता। सबसे बड़ी क्रांतियाँ, चाहे औद्योगिक हों, सामाजिक हों या सांस्कृतिक, ज़मीनी स्तर से ही जन्म लेती हैं। बीज मिट्टी चाहते हैं, भाषण नहीं। जड़ें जगह चाहती हैं, संकल्प नहीं।

मेरी बरसाती लेखन के लिए एक पवित्र स्थान है। पौधों से घिरी और दोस्तों से भरी यह एक ऐसी जगह थी जहाँ मेरे विचार स्पष्ट होते हैं। टूटी-फूटी छत पर लेटे हुए, मैं सवाल पूछता हूँ—जवाब पाने के लिए नहीं, बल्कि शोर से मुक्ति पाने के लिए। आज़ादी क्या है? प्यार क्या है? यह अंतहीन संघर्ष क्यों? जवाब वाक्यों में नहीं, बल्कि स्पष्टता में, उन फुसफुसाहटों में आते थे जिन्हें केवल मौन ही सुन सकता था। मेरी कई बेहतरीन अंतर्दृष्टियाँ एक टपकती छत के नीचे एक छोटी-सी मेज पर बैठकर, नीचे शहर की गुनगुनाहट और ऊपर कबूतरों की गुटरगूँ सुनते हुए आई हैं। मैंने पाया कि लेखन केवल एक रिकॉर्ड नहीं, बल्कि एक लय है, शब्दों से मिलने के लिए बार-बार उपस्थित होना पड़ता है। छत पर बने एक कमरे में पंद्रह साल, रोमांच से भरे, ज़मीनी अनुभव से भरपूर और संगति से परिपूर्ण। बरसाती मेरा घर नहीं; यह मेरी गुरु रही

है। इसने मुझे सहनशीलता, दृष्टिकोण और उस सरल आनंद के लिए कृतज्ञता सिखाई, जब दिल्ली बाज़ारों और मशीनों के शोर में डूबी रहती है और तारे बेपरवाही से टिमटिमाते थे। इसने मुझे वह संतुलन प्रदान किया जिसकी मुझे ज़रूरत थी, यह याद दिलाने के लिए कि हमारी सारी भागदौड़ के नीचे, धरती अभी भी घूमती है, शांति अभी भी कायम है और आसमान अभी भी अपनी विशाल शांति बनाए हुए है।

गर्मी

दिल्ली की गर्मियाँ छत पर किसी भट्टी में रहने जैसी हैं, फिर भी वे मेरे विकास के अध्याय बन गईं। दोपहर तक, दीवारें इतनी तेज़ गर्मी छोड़ती हैं कि उन्हें छूना चूल्हे पर हाथ रखने जैसा लगता है। छत का पंखा, वफ़ादार लेकिन आलसी, घूमने के बजाय बस आह भरता रहता है, मानो कोई पुराना सैनिक युद्ध से थक गया हो। ये वे महीने थे जब मैंने विरोध करने के बजाय आत्मसमर्पण करना मैंने अपनी चारपाई एक तकिये, एक पतली चादर और पानी की बोतल के साथ छत पर रख ली। खुले आसमान के नीचे लेटे हुए, मैं धूल और धुएँ की परतों के बीच से धुँधले ढंग से टिमटिमाते तारामंडलों को निहारता रहा।

वे रातें असहज थीं, हाँ, लेकिन जादुई भी। हवा भारी थी, लेकिन आसमान की ओर देखते हुए बिताए हर घंटे के साथ मेरा मन हल्का होता गया। कभी मैं ओरियन के पथ का अनुसरण करता; कभी टिमटिमाते उपग्रह की धीमी गति को देखता। कभी मैं बस शहर के रात्रि संगीत, भौंकते कुत्तों, रात के पहरेदार की सीटी और दूर से आती ट्रेन की आवाज़ सुनता। छत पर हर आवाज़ तेज़ सुनाई देती थी, फिर भी दूरी के कारण नरम हो जाती थी।

लगभग दस बजे, आस-पास की छतों पर बसे परिवार अपने बिस्तर बिछा रहे थे, बच्चे खिलखिलाते हुए लेट रहे थे। आधी रात तक सन्नाटा छा गया, जिसे केवल बर्तनों की खड़खड़ाहट या किसी की खाँसी ही तोड़ रही थी। भोर से पहले हवा थोड़ी ठंडी हो गई और उस नाजुक घड़ी में मैंने मिट्टी के तेल के दीपक की रोशनी में अपनी डायरी लिखी। दिन में भारी लगने वाले विचार तारों की रोशनी में आसानी से बह रहे थे। गर्मी, चाहे कितनी भी कठोर क्यों न हो, उसने मुझे धैर्य सिखाया और यह भी बताया कि असुविधा भी एक तरह का साथ हो सकती है।

मानसून

अगर ग्रीष्म ऋतु आग थी, तो मानसून एक रंगमंच था—भव्य, अप्रत्याशित और हँसी से सराबोर। मौसम के पहले बादल उत्साह की फुसफुसाहट के साथ आए, पश्चिम से इकट्ठा होते हुए आसमान का रंग नीले से भूरे सागर में बदल गया। यमुना के मैदानों में गरज ऐसे गूँजी मानो देवताओं के आगमन की घोषणा कर रही हो। फिर बरसती हुई, सीढ़ियों से नीचे आती हुई, मिनटों में छत को जलमग्न कर दिया।

अंदर, मैं बाल्टियों और बर्तनों से छत की दरारों से टपकते पानी को सोखने में जुट गया। हर बर्तन जल्दी भर जाता। जैसे ही मैं उसे दूसरे बर्तन से बदलता, पानी छलकने लगता। मेरी बरसाती पानी की बूँदों के शोरगुल में बदल गई। टप, टप, टप . . . हर आवाज़ दीवारों से टकराकर गूँज रही थी। मैं अकसर इस बेतुकेपन पर हँसता था। गीले फर्श पर गीले फर्श पर पालथी मारकर बैठा रहता और जब बिजली चली जाती, तो मेरे बगल में एक मोमबत्ती टिमटिमाती रहती।

गीली मिट्टी की महक लहरों की तरह उठती थी। किताबों के किनारे मुड़ रहे थे। कई डायरियों में फफूँद लग गई थी, स्याही ऐसे फैल रही थी मानो यादें कैद होने से इनकार कर रही हों। फिर भी मानसून कभी क्रूर नहीं लगा। यह शरारती, माँग करने वाला, ज़िद करने वाला, लेकिन उदार भी था। जब बारिश रुकी, तो साफ आसमान के नीचे छत चमक उठी। छिपे हुए कोनों से मेंढक टर्रा रहे थे और बच्चे नीचे गलियों में नंगे पैर नाच रहे थे। मानसून ने मुझे समर्पण सिखाया, कि पानी हमेशा अपना रास्ता ढूँढ़ लेता है और कभी-कभी ज्ञान बस उसे बहने देने में ही होता है।

सर्दी

छत पर सर्दियाँ सबसे शांत होती थीं। कोहरा एक नरम पर्दे की तरह छा जाता था, शहर के सामान्य शोरगुल को दबा देता था। हवा मेरी उँगलियों को चुभती थी। साँसें छोटे-छोटे बादलों में बदल जातीं। मैंने ख़ुद को कई परतों में लपेट लिया—स्वेटर, मफ़लर, मोज़े—फिर भी ठंड महसूस होती रही। फिर भी उस शांति में, मनन का संचार हुआ।

रात के समय छत लालटेन की रोशनी और सन्नाटे से जगमगा उठती थी। मैं अकसर कंबल ओढ़कर, गोद में नोटबुक लिए, तब तक कुछ-न-कुछ लिखता रहता था जब तक मेरे हाथ थक न जाते। कोहरे ने शहर को

रहस्यमय बना दिया था : इमारतें सफेद धुंध में गायब हो जातीं, रोशनी प्रभामंडल जैसी लगती आवाज़ें धीमी होकर फुसफुसाहट में बदल जाती थीं। छत से दिल्ली किसी अधूरे सपने जैसी लगती।

सर्दियाँ साथ बिताने का भी समय होती हैं। दोस्त शॉल ओढ़े भुनी हुई मूँगफली लेकर आते और हम सब गरमागरम चाय के प्यालों के आसपास सिमटकर बैठ जाते। ठंड में कहानियाँ आसानी से निकलती हैं, शायद इसलिए कि गर्माहट केवल आग से ही नहीं बल्कि शब्दों से भी साझा की जाती है।

सर्दी ने आत्मनिरीक्षण सिखाया। यदि ग्रीष्म सहनशीलता और मानसून समर्पण का समय है, तो सर्दी चिंतन का। सबक सीखने और चुपचाप नए सिरे से शुरुआत करने की तैयारी का समय।

वसंत

दिल्ली में वसंत का मौसम भले ही कम समय के लिए रहा, लेकिन बरसाती लोगों ने इसका भरपूर आनंद उठाया। गमलों में फूल खिल उठे, गेंदे सुनहरे रंग से चमक उठे, हिबिस्कस लाल रंग से दमक उठा और बोगनविलिया की गुलाबी लताएँ छज्जे पर इतराने लगीं। सुबह की रोशनी में तितलियाँ मंडराने लगीं; मधुमक्खियाँ आलस से भिनभिनाती रहीं; छत शहर के ऊपर एक लटकते बगीचे में बदल गई।

यमुना नदी के उस पार से आम के फूलों और सरसों के खेतों की ख़ुशबू हवा में घुल गई। दोपहर में बच्चे पतंग उड़ाते थे, आसमान में रंगों के नाचने से उनकी हँसी और भी गूँज उठती थी। दोस्त धूप सेंकने आते थे, शॉल ओढ़े हुए, चाय के प्याले हाथों को गर्म करते हुए।

हमने सपनों की बातें कीं, छोटी-छोटी ख़ुशियों की बातें कीं, उन योजनाओं की बातें कीं जो शायद पूरी हों या न हों। वसंत ने आशा जगाई और आशा आसानी से साकार हो गई। सर्दियों में बेजान दिखने वाली डालियाँ अचानक हरी-भरी हो उठीं। शहर भी मानो फिर से साँस लेने लगा।

वसंत ने फुसफुसाते हुए कहा कि नवीनीकरण अपरिहार्य है: आग के बाद, बाढ़ के बाद, कोहरे के बाद, फूल खिलते हैं।

बरसाती, भले ही साधारण और सादी थी, अनगिनत लोगों के मिलन स्थल में तब्दील हो गई। ऊपर जाने वाली सीढ़ियाँ अपनी टूटी-फूटी सीढ़ियों से कहीं अधिक कहानियाँ समेटे हुए थीं। वर्षों से, मैंने उन मित्रों, सहकर्मियों, स्वयंसेवकों, जिज्ञासुओं और अजनबियों का स्वागत किया, जिन्होंने उस शांत छत के बारे में सुना था जहाँ हमेशा चाय बनती रहती थी। हर मुलाकात ने मेरे जीवन में एक नया धागा जोड़ दिया।

कुछ दोपहरों को, पौधारोपण अभियान से आए स्वयंसेवक धूल से सने, मुस्कुराते हुए ऊपर चढ़ते थे, अभी भी मिट्टी की महक आती होती थी। हम ज़मीन पर पालथी मारकर बैठते, पानी पीते और फिर गरमागरम चाय की चुस्कियाँ लेते। बातचीत व्यवस्था से शुरू होती, कितने पौधे बचे,

कहाँ पानी की कमी है, इन सब विषयों पर होती, लेकिन जल्द ही दार्शनिक विषयों पर पहुँच जाती।

एक युवा स्वयंसेवक ने एक बार आह भरते हुए कहा, 'मुझे लगा था कि हम पेड़ों को बचा रहे हैं, लेकिन अब मुझे एहसास हो रहा है कि पेड़ हमें बचा रहे हैं।' शाम ढलने के काफी देर बाद तक उनके शब्द गूँजते रहे।

कई लोग बरसाती को अपने दिल की बात कहने की जगह मानते थे। विलासिता की कमी के कारण दिल का बोझ हल्का करना आसान हो जाता था।

एक बार एक सहकर्मी आँखों में आँसू लिए आई। उसने बताया कि वह शहर में खोई हुई महसूस कर रही है, भीड़ के बावजूद ख़ुद को अनदेखा महसूस करती है। हम छत की चौखट पर बैठकर आसमान को सुनहरे से नीले रंग में बदलते हुए देख रहे थे। जब शब्द ख़त्म हो गए, तो सन्नाटा छा गया। बाद में उसने मुझे बताया कि सन्नाटे ने किसी भी सलाह से कहीं ज़्यादा सुकून दिया था।

छत एक ऐसी जगह बन गई थी, जहाँ मौन पवित्र माना जाता था, न कि असहज।

चाय ही सब कुछ थी। मैं इसे एक टूटे-फूटे एल्युमिनियम के बर्तन में बनाता था, जिसमें इलायची की भरपूर मात्रा होती और सर्दियों में थोड़ी-सी अदरक भी। मैं अकसर मज़ाक में कहता कि चाय की पत्तियाँ मुझसे अधिक समझदार हैं, क्योंकि वे लोगों से सच उगलवा लेती थीं।

दोस्तों ने चाय पर अपने सपने, व्यापारिक विचार, यात्राएँ और प्रेम की उम्मीदें साझा कीं। कुछ ने अपने डर, अकेलेपन, असफलता और अनिश्चितता के बारे में बताया। चाय हमारी बातचीत को जोड़ने वाला धागा बन गई।

एक शाम एक साधु प्रकट हुए। उन्होंने कहा कि उन्होंने इस छत पर एक शांत स्थान के बारे में सुना है। हम सब चुपचाप बैठकर चाय पीते रहे।

जाने से पहले उन्होंने मुस्कुराते हुए कहा, 'जहाँ सादगी रहती है, वहाँ शांति चुपचाप आती है।' उनके ये शब्द नम दीवारों पर अंकित हो गए।

पीछे मुड़कर देखने पर मुझे एहसास होता है कि छत एक कमरे से कहीं ज़्यादा एक दर्पण थी। यह हर आगंतुक को वही दिखाती थी जिसकी उन्हें सबसे ज़्यादा ज़रूरत होती थी— आशा, राहत, स्पष्टता या साथ। मेरे लिए, यह इस बात का प्रमाण था कि ज्ञान हमेशा पहाड़ों से नहीं उतरता या आश्रमों से नहीं बहता। कभी-कभी यह टूटे-फूटे बर्तन में पकता है मिट्टी के प्यालों में गरमागरम परोसा जाता है, एक सच्चे आकाश के नीचे।

इतिहास की एक बालकनी

छत मेरे लिए इतिहास की चलती-फिरती झलक देखने की बालकनी थी। इसकी मुंडेर से मैंने दिल्ली को मौसम-दर-मौसम, त्योहार-दर-त्योहार बदलते हुए देखा है। कुछ सुबहें ऐसी होतीं जब क्षितिज बिलकुल साफ होता और मैं क्रेनों को आसमान की ओर बढ़ते हुए, धातु के जंगल खड़े करते हुए देख सकता था। शाम होते-होते बिलबोर्डों पर नए विज्ञापन दिखाई देने लगते, नियॉन साइन जगमगा उठते और शहर में रौनक बढ़ जाती।

जहाँ कभी खुले मैदान हुआ करते थे, वहाँ अब काँच और स्टील के मॉल खड़े हो गए। साधारण-सी नुक्कड़ की दुकानें सुपरमार्केट में तब्दील हो गईं। जहाँ बच्चे धूल भरे मैदानों में खेलते थे, वहाँ अब पार्किंग ने ज़मीन को निगल लिया। यह सब देखना चकाचौंध कर देने वाला था। शहर की गति तेज़ हो गई, मानो हर कोई किसी अनजानी चीज़ की ओर भाग रहा हो।

बरसाती से मैंने इसकी ख़ूबसूरती और इसकी कीमत, दोनों देखीं। परिवार अच्छे कपड़े पहनकर मॉल घूमने जाते; बच्चे एस्केलेटर देखकर अचंभित होते; किशोर वातानुकूलित सिनेमाघरों में आनंद लेते हैं। प्रगति

निर्विवाद है। लेकिन साथ ही गौरैयों की ख़ामोशी भी है, जो अब घोंसला नहीं बनातीं।

दिल्ली केवल एक पता बनकर नहीं रह गई। यह एक कक्षा बन गई। सपनों को साकार करने का एक परीक्षण स्थल। वह एक कमरे की बरसाती बदलाव की प्रयोगशाला थी। वहीं से रसोई के फ़र्श पर अनगिनत पौधारोपण योजनाएँ तैयार की गईं। सड़कों, नहरों और शहर के पार्कों के नक्शे दीवारों पर लगे रहते थे। मेरा स्कूटर बाहर इंतज़ार करता रहता, अपनी रोज़ाना की ड्यूटी के लिए तैयार, दिल्ली के घुटन भरे ट्रैफ़िक में से पौधे, खाद और विचारों को लेकर जाने के लिए।

दिल्ली आबादी से खचाखच भरा था, फिर भी उसकी दरारों में मुझे संभावनाएँ दिखाई देती थीं। यह शहर बोझ नहीं; एक चुनौती थी। अगर हरियाली यहाँ जीवित रह सकती है, तो वह कहीं भी जीवित रह सकती है।

उसके बाद के वर्षों में, हमारी छोटी, अव्यवस्थित टीम जड़ों की तरह ज़मीन के नीचे फैल गई। राजमार्ग, नहरें, कैंपस, कॉलोनियाँ, ज़मीन का हर टुकड़ा एक नर्सरी बन गया। लोग इसमें शामिल हुए, स्कूलों ने अपने द्वार खोल दिए, निगम सलाह के लिए फोन करने लगे। मुझे पेड़ दोयह दिल्ली की सामूहिक धड़कन बन गया था, एक गतिशील जीवंत जंगल।

कभी-कभी, जब मैं मयूर विहार की उस पुरानी गली में लौटता हूँ, तो गेट के पास रुककर मुस्कुरा देता हूँ। मुझे अपना बचपन याद आ जाता है, ज़मीन पर पालथी मारकर बैठा, चारों ओर नोटबुक से घिरा, देर रात तक कुछ न कुछ लिखता रहता, इस बात से बेखबर कि एक दिन ये नोट्स एक विशाल और ख़ूबसूरत रचना में बदल जाएँगे। उस छोटे से कमरे ने मुझे सबसे महत्त्वपूर्ण सबक सिखाए: कम में जीना, ज़्यादा सुनना और एक विचार को कर्म के मैदान में बदलना।

मैं यह किताब इस बरसाती में लिख रहा हूँ, जो छत पर बना एक साधारण-सा कमरा है और वर्षों से मेरा घर, दफ़्तर और आश्रम रहा है।

यहीं से, टीन की छतों, कबूतरों और गमलों में लगे पौधों के बीच, हमने एक अंतरराष्ट्रीय स्तर पर प्रशंसित पर्यावरण संरक्षण आंदोलन का निर्माण और पोषण किया है। दुनिया भले ही काँच की दीवारों और कॉन्फ्रेंस टेबल वाले भव्य ऑफिस की कल्पना करती हो, लेकिन हमारा मुख्यालय हमेशा से मयूर विहार की यह छोटी-सी छत वाला कमरा ही रहा है।

यह सांत्वना की नहीं, यह दृढ़ विश्वास की कहानी है। यह इस बात की कहानी है कि कैसे प्रेम और आस्था, जब गहराई से जड़ जमा लेते हैं, तो कंक्रीट के शहर की दरारों से भी जंगल उगा सकते हैं।

35

आध्यात्मिकता

आध्यात्मिकता मुझे किसी मंदिर में नहीं मिली, न ही मैंने इसे किसी धर्मग्रंथ से विरासत में पाया। यह मुझ तक धीरे-धीरे पहुँची, जैसे पत्तों पर ओस जमती है—शांत, अदृश्य, अपरिहार्य। यह पीड़ा से गुज़रते हुए और उससे बाहर निकलने का तरीका सीखने की लंबी, धैर्यपूर्ण प्रक्रिया से होकर आई।

शुरुआती वर्षों में मेरा मानना था कि पीड़ा से लड़ना, उसका प्रतिरोध करना और उस पर विजय प्राप्त करना आवश्यक है। बाद में मैंने सीखा कि पीड़ा को समझना चाहिए, पराजित नहीं। यह एक शिक्षक है और यह तब तक साथ रहती है जब तक पाठ पूरा न हो जाए।

मैंने यह महसूस किया है कि आध्यात्मिकता एक कौशल है, उपदेश नहीं। यह अंधकार को दोष दिए बिना अपने ही अंधकार से बाहर निकलने की कला है। अधिकतर लोग पीड़ा में प्रवेश करना सीख जाते हैं, लेकिन बहुत कम लोग उससे गरिमापूर्ण ढंग से बाहर निकलना सीखते हैं।

पेड़ों ने मुझे यह सिखाया। पीपल गर्मियों में अपने सारे पत्ते गिरा देता है, बिलकुल ख़ाली और नंगा खड़ा रहता है, फिर भी कभी शिकायत नहीं करता। उसे पता है कि छाया फिर लौट आएगी। उसे अपनी जड़ों पर भरोसा है। वह भरोसा, वह शांत, काँपती हुई, अदृश्य शक्ति ही आध्यात्मिकता है।

मैं ऐसे लोगों से मिला हूँ जो वर्षों से ध्यान करते हैं लेकिन कार के हॉर्न की आवाज़ से ही उनकी शांति भंग हो जाती है। और मैं ऐसे बुज़ुर्ग बागवानों से भी मिला हूँ जिन्होंने कभी ध्यान की बात नहीं की, लेकिन वे निरंतर प्रार्थना की अवस्था में रहते थे, उनकी उँगलियाँ मिट्टी में गड़ी रहतीं और निगाहें आकाश की ओर टिकी रहतीं।

आत्मज्ञान का अर्थ संसार का त्याग करना नहीं है; बल्कि संसार का इतना पूर्ण रूप से हिस्सा बन जाना कि आप अपने और बाकी दुनिया के बीच कोई सीमा न देख पाएँ। आप वृक्षों के लिए साँस लेते हैं और वे आपके लिए साँस लेते हैं। आप मिट्टी को पानी देते हैं और मिट्टी उसे याद रखती है।

जब मुझे यह एहसास हुआ, तो मैंने मंदिरों में ईश्वर की खोज करना छोड़ दिया और उन्हें पौधों में पाया। प्रत्येक बीज एक मौन ग्रंथ बन गया, पानी की प्रत्येक बूँद एक मंत्र।

एक समय ऐसा आता है जब शब्दों की आवश्यकता नहीं रह जाती। जब आपका अस्तित्व ही सिखाने लगता है, प्रयास से नहीं, बल्कि उपस्थिति से। एक दीपक यह घोषणा नहीं करता कि वह प्रकाश देता है; वह बस प्रकाश देता है। यही ज्ञानोदय है।

मेरे विचार से ज्ञानोदय वह क्षण है जब आप अपने अच्छे कार्यों के लिए प्रशंसा की चाहत छोड़ देते हैं, जब आप अपने एकांत में किसी साथी की

आवश्यकता महसूस करना छोड़ देते हैं। आप अस्तित्व की लय, वर्षा, क्षय, पुष्पन और मौन के साथ एक हो जाते हैं। आप समझते हैं कि प्रत्येक पत्ता केवल गिरने के लिए ही जन्म लेता है, और फिर भी, अपने संक्षिप्त जीवन में, वह जीवन को पोषित करने का एक पवित्र कर्तव्य निभाता है।

अंततः, मुझे यह एहसास हुआ है कि आध्यात्मिकता कोई उपलब्धि नहीं है। यह एक समझ है, एक कोमल, सुगंधित जागरूकता है जो आपके अस्तित्व से होकर गुज़रती है और हर चीज़ को पवित्र बना देती है।

आध्यात्मिक होने का अर्थ है अपने स्वयं के दुख से बाहर निकलना सीखना। आत्मज्ञान प्राप्त करने का अर्थ है अपनी शांति में स्थिर रहना। प्रबुद्ध होने का अर्थ है दूसरों की मदद करना, बिना शब्दों के, सहजता से, केवल अपने वास्तविक स्वरूप में रहकर।

36

नए उड़ने वाले चूहे

कबूतरों से प्यार!

आज भारत का हर शहर इससे भरा पड़ा है। दिल्ली से पुणे तक, मंदिरों के प्रांगण से लेकर ट्रैफ़िक लाइट तक, हम आधिकारिक तौर पर इन नए उड़ने वाले चूहों के दीवाने हो चुके हैं। इन्होंने कौवे को राष्ट्रीय पृष्ठभूमि पक्षी, गिलहरी को सुबह के मनोरंजनकर्ता और आवारा कुत्ते को शहर के सबसे अधिक फोटो खींचे जाने वाले जानवर के रूप में पीछे छोड़ दिया है। ये हर जगह हैं, सेल्फ़ी में, मंदिरों में, बालकनियों पर, मूर्तियों पर, यहाँ तक कि धूप में सूखने के लिए छोड़ी गई आपकी धुली कमीज़ पर भी। नीले पथरीले कबूतर ने हमारी कंक्रीट की दीवारों पर अधिकार कर लिया है, और हम, तथाकथित श्रेष्ठ प्रजाति, उनके पूर्णकालिक भोजनदाता बन गए हैं।

दिल्ली में विज्ञान को सीमाओं से बाहर धकेल दिया गया है। राष्ट्रीय राजधानी क्षेत्र- एनसीआर में अब पंद्रह हज़ार से अधिक कबूतरों के लिए दाना चुगने के केंद्र खुल चुके हैं। हर ट्रैफ़िक आइलैंड और मंदिर परिसर पक्षियों के लिए एक पवित्र भोजनालय बन गया है। धंधा सीधा-सादा है : अनाज की एक बोरी ख़रीदें, फुटपाथ खोजें, स्थानीय कांस्टेबल को रिश्वत दें, और बस, आप आशीर्वाद बाँटने वाले लाइसेंसशुदा वितरक बन गए। टैक्स नहीं, किराया नहीं, कोई अपराधबोध नहीं। यह एकमात्र ऐसा स्टार्टअप है जहाँ उत्पाद कर्म है और ग्राहक मनुष्य तथा पक्षी दोनों हैं।

दक्षिण भारत में, सुसंस्कृत पुणे में, दाना चुगली अधिक अनुशासित ढंग से की जाती है। अलका टॉकीज़ जंक्शन के पास, मैंने एक बार एक सज्जन को ट्रैफ़िक सिग्नल पर शांतिपूर्वक खड़े देखा। उनके पास अनाज का एक बड़ा थैला था और उनका हावभाव किसी योग प्रशिक्षक जैसा था। गाड़ियाँ हॉर्न बजा रही थीं, स्कूटर इधर-उधर मुड़ रहे थे, फिर भी वे शांत रहे और दिव्य एकाग्रता के साथ बाजरा बिखेरते रहे।

'महोदय, कबूतर सिग्नल को रोक रहे हैं,' मैंने कहा। उन्होंने बिना ऊपर देखे मुस्कुराते हुए कहा, 'उन्हें खाने दो। उनकी भी आत्मा होती है।'

मैंने कहा, 'जी हाँ, लेकिन चूहे भी दावत में शामिल हो जाएँगे।'

उन्होंने भौंहें चढ़ा लीं, 'भगवान के जीवों का अपमान मत करो।'

मैंने कहा, 'मैं अपमान नहीं कर रहा हूँ, मैं चेतावनी दे रहा हूँ। चूहे इसे निमंत्रण समझेंगे।'

उन्होंने कोई जवाब नहीं दिया और मैंने भी ज़ोर नहीं दिया। पर्यावरण संबंधी कार्यों में शुरुआत में ही यह बात समझ में आ जाती है कि भावनाओं के आगे तर्क की जीत बहुत कम होती है।

आशीर्वाद में छिपे पक्षी से मिलिए

चलिए थोड़ी देर विज्ञान की बात करते हैं। जिस पक्षी को सब लोग 'कबूतर' कहते हैं, वह नीला पथरीला कबूतर है, जो जंगली चट्टानी कबूतर का वंशज है। इसका प्राकृतिक आवास— समुद्री चट्टानें और गुफाएँ। इसका प्राकृतिक भोजन— बीज, अनाज और छोटे कीड़े। इसके प्राकृतिक शिकारी— बाज़ और सामान्य ज्ञान। ये दोनों ही शहरों में गायब हैं।

प्रकृति में कबूतर साल में कुछ ही बार प्रजनन करते हैं। शहरों में, भोजन की निरंतर आपूर्ति के कारण, वे साल भर प्रजनन करते हैं। एक जोड़ा सालाना छह से आठ बार बच्चे पैदा कर सकता है, जिनमें प्रत्येक बार दो चूजे होते हैं। इसे हज़ारों भोजन केंद्रों से गुणा करें और आपको हमारी सामूहिक लापरवाही का एक मोटा अनुमान मिल जाएगा। उनके मल में यूरिक एसिड की मात्रा अधिक होती है, जो स्मारकों, पेंट और संगमरमर को ख़राब कर देता है। उनके सूखे पंख एयर डक्ट्स को जाम कर देते हैं। उनके मल में कई रोगाणु होते हैं। क्रिप्टोकोकस नियोफ़ॉर्मन्स और हिस्टोप्लाज़्मा कैप्सूलैटमकवक जो फेफड़ों की गंभीर बीमारियाँ पैदा कर सकते हैं, ख़ासकर बच्चों में।

आशीर्वादों का व्यवसाय

दिल्ली में कबूतरों का कारोबार मेट्रो ट्रेन से भी ज़्यादा सुचारू रूप से चलता है। कई दाना-दान केंद्रों पर एक स्थानीय 'मैनेजर' बीस रुपए प्रति पैकेट के हिसाब से दाना बेचता है। श्रद्धालु ख़रीदते हैं, दाना खिलाते हैं, मुस्कुराते हैं और चले जाते हैं, इस विश्वास के साथ कि उन्होंने ईश्वर की कृपा का फल पा लिया है। मैनेजर दिनभर की कमाई इकट्ठा करता है, उसमें से कुछ हिस्सा स्थानीय पुलिसकर्मी को देता है और चैन की नींद सोता है।

वहीं, ज्योतिषी इसे ग्रहों के उपचार के रूप में बढ़ावा देते हैं। वे सलाह देते हैं, 'शनि के लिए कबूतरों को दाना खिलाओ।' और लोग ऐसा करते भी हैं, उदारतापूर्वक, श्रद्धापूर्वक, कभी-कभी प्रतिस्पर्धात्मक रूप से भी।

विडंबना यह है कि पक्षियों के लिए हर मुट्ठी भर दाना भ्रष्टाचार को भी बढ़ावा देता है। पैसा जेबों में जाता है, अनाज बोरी से सड़क पर और बीट आसमान से चेहरे पर। विज्ञान असहाय होकर कोने में छींकता रहता है।

लेकिन सबसे दुःखद बात भ्रष्टाचार नहीं, बल्कि पारिस्थितिक विस्थापन है। गौरैया, बुलबुल, सनबर्ड और मैना, सभी हमारी बालकनियों से गायब हो गए हैं। कबूतर पंखों वाले दबंगों की तरह हैं। वे जगह पर अपना अधिकार जमाते हैं और दूसरों को भगा देते हैं।

और फिर आते हैं चूहे। ओह, ये चूहे! हर दानागाह आधी रात की दावत बन जाता है। कबूतर जो भी गिराते हैं, चूहे उसे चट कर जाते हैं। रात होते ही शहर की निचली मंजिलें चहल-पहल से भर उठती हैं। ये एक बेमिसाल साझेदारी है, ऊपर कबूतर, नीचे चूहे और बीच

में हाँफते हुए इंसान। आस्था और अज्ञानता से चलने वाली एक शहरी खाद्य शृंखला।

नगरपालिका कर्मचारी इस 'दयाभाव' को मन ही मन कोसते हैं। कबूतरों की बीट से नालियाँ जाम हो जाती हैं, रेलिंग में ज़ंग लग जाती है और संगमरमर काला पड़ जाता है। हर सुबह सफाईकर्मी अपना दिन झाड़ू से नहीं, बल्कि आह भरकर शुरू करते हैं।

डॉक्टर भी इस बात की तस्दीक करते हैं कि कबूतरों की बीट और उनके जमघट से बच्चों तथा बुज़ुर्गों को दूर रहना चाहिए, विशेषकर अस्थमा के मरीजों को।

एक बार पुणे में, मैंने ख़ुद एक प्रयोग करने का फैसला किया। कबूतरों के दाना चुगने की जगह के पास, मैंने नीम और पीपल के पौधे लगाए। कुछ ही महीनों में, छाया ने कीड़ों को आकर्षित किया। कीड़ों ने गौरैयों को आकर्षित किया। गौरैयों ने संतुलन को आकर्षित किया। धीरे-धीरे, कबूतर वहाँ से चले गए और दाना चुगने वाली खुली कंक्रीट की जगह को पसंद करने लगे। लोगों ने मुझसे पूछा कि मैंने क्या किया। मैंने कहा, 'विज्ञान और धैर्य।' उन्होंने सम्मानपूर्वक सिर हिलाया और फिर, ज़ाहिर है, कबूतर दाना चुगने में लग गए। पुरानी आदतें भूखे पक्षियों से भी मुश्किल से छूटती हैं।

फुटपाथ पर कबूतरों को दाना खिलाना मधुमेह के शिविर में चीनी दान करने जैसा है, इरादा तो नेक है, लेकिन परिणाम विनाशकारी।

हर शहर अपनी एक अलग सच्चाई उजागर करता है। दिल्ली ने मुझे सिखाया कि अंधविश्वास जागरूकता से कहीं अधिक तेज़ी से फैलता है। पुणे ने मुझे सिखाया कि विनम्रता तर्क से कहीं अधिक दृढ़ हो सकती है। दोनों शहरों ने मुझे सिखाया कि कबूतरों ने वह कर दिखाया जो कोई राजनेता नहीं कर सका— पूरे देश को एक उद्देश्य के लिए एकजुट करना : गलत दिशा में निर्देशित करुणा।

फिर भी, मैं पूरी तरह पक्षी को दोष नहीं दे सकता। नीला पथरीला कबूतर वही कर रहा है जो प्रकृति ने उसके लिए तय किया है—जीवित रहना। उसे हममें एक ऐसी प्रजाति मिली जो उसे भोजन देने के लिए अत्यधिक उदार थी और सीखने के लिए पर्याप्त सतर्क नहीं। उसने हमसे कहीं अधिक तेज़ी से स्वयं को अनुकूलित कर लिया।

कभी-कभी, स्कूटर चलाते हुए जब मैं दाना चुगने वाले केंद्रों की कतार के पास से गुज़रता हूँ, तो मुझे सैकड़ों कबूतर लालच से दाना चुगते हुए दिखाई देते हैं, उनकी गर्दनें धूप में पुराने चाँदी के बर्तनों की तरह चमक रही होती हैं। लोग हाथ जोड़कर खड़े होते हैं। एक पुलिसवाला मजे से देखता रहता है। एक चूहा बचा हुआ दाना बटोरता हुआ भागता है। कहीं, एक गौरैया चुपचाप उड़ती हुई निकल जाती है, मानो अपना घर ढूँढ़ रही हो।

मैं आह भरता हूँ, स्कूटर स्टार्ट करता हूँ और आगे बढ़ता हूँ। फड़फड़ाते पंखों, पवित्र भ्रम और नाकाम अच्छे इरादों के धुंध से आगे।

जब तक हम समझदारी से खान-पान नहीं सीखते, तब तक आसमान झूठी दया से धूसर रहेगा। और इसके नीचे, हर घर और अस्पताल में, नई महामारी चुपचाप फैलती रहेगी, अदृश्य, विनम्र और दिल्ली की हवा में तैरते कबूतर के पंख की तरह।

37

सबसे बड़ी भूल

एक समय था जब भारत में सर्दियों का अपना एक अलग ही अंदाज़ होता था। वे धीरे से आती थीं, मानो महीनों की चिलचिलाती धूप के बाद राहत की साँस हों। सुबह धुंध से घिरी होती थी और दोपहर सुनहरी, इतनी कोमल रोशनी से जगमगाती थी मानो मन को शांति दे रही हो। चूल्हों से निकलता धुआँ हवा में घुलता हुआ सरसों के खेतों की ख़ुशबू में मिल जाता था। ज़िंदगी थम-सी जाती थी। ऐसा लगता था मानो धरती भी अलग तरह से साँस ले रही हो।

वे सर्दियाँ अब बीत चुकी हैं। आज वे देर से आती हैं, जल्दी चली जाती हैं और अनिश्चित, आधे मन से, हिचकिचाते हुए, थकी हुई-सी लगती हैं। कभी खेतों को सहलाने वाला कोहरा अब शहरों को दम घोंट रहा है। जिसे हम सर्दियों का धुंध कहते हैं, वह स्वच्छ हवा, हरी-भरी सड़कों और बेहतर फैसलों के भूले-बिसरे वादों का कब्रिस्तान मात्र है। हमारे मौसम एक लंबे, भीषण ताप के दौर में सिमट गए हैं, जो कभी-कभार भयंकर तूफ़ानों से टूटता है। गर्मियाँ असहनीय हैं, मानसून अनिश्चित और सर्दियाँ भुलाने लायक। धरती बुख़ार से पीड़ित है और तापमान गिरने का नाम ही नहीं ले रहा। हर गुज़रता साल अब तक का सबसे गर्म साल साबित हो रहा है। हम

अख़बारों में पढ़ते हैं, सिर हिलाते हैं और आगे बढ़ जाते हैं। हम इस आपदा को अनदेखा कर देते हैं। विस्मृति का दौर शुरू हो चुका है। हम भूल गए हैं कि एक समय ऐसा भी था जब सूरज की रोशनी कोमल होती थी, पेड़ों के नीचे छाया धीरे-धीरे फैली थी और हवा में पक्षियों की चहचाहट गूँजती थी, इंजनों की नहीं। हम मिट्टी पर ओस की ख़ुशबू भूल गए हैं। हमने उन सभी चीज़ों को ज़हर बना दिया है जो कभी हमें सुकून देती थीं। हवा गले में जलन पैदा करती है, नदियों में मछलियों की जगह प्लास्टिक बहता है और मिट्टी केंचुओं की जगह रसायनों से भरी है। कभी हम नदियों में नहाकर ख़ुद को शुद्ध करते थे; अब नदियाँ हमसे शुद्ध होने की भीख माँगती हैं। हमने जंगलों की ख़ुशबू की जगह धुएँ की बदबू भर दी है और इसे हम प्रगति कहते हैं।

देश जल रहा है। लू की लहरें सज़ा की तरह आती हैं। जहाँ कभी ठंडी हवाएँ चलती थीं, वहाँ अब जंगल की आग भड़क रही है। फसलें सूख रही हैं, किसान हताश हैं और ऋतुओं का चक्र टूट गया है।

जब आप प्रकृति से दूर जाते हैं, तो आप स्वयं से दूर हो जाते हैं। जब आप पेड़ों को भूल जाते हैं, तो आप अपनी ही छाया को भूल जाते हैं।

हमारी सभ्यता सच्चाई को नकारने पर फलती-फूलती है। हमने सड़क को छाया देने वाले आख़िरी बचे पीपल के पेड़ को काटकर और भी फ़्लाईओवर बना दिए। हम काँच की इमारतें खड़ी करते हैं जो गर्मी को रोकती हैं और फिर उन्हें ठंडा करने के लिए मशीनें बनाते हैं। हम नदियों को प्रदूषित करते हैं और फिर पानी को बोतलों में भरकर ऊँचे दामों पर बेचते हैं। हम मिट्टी को कंक्रीट से ढक देते हैं और फिर शिकायत करते हैं कि ज़मीन बारिश का पानी सोख नहीं पाती। त्रासदी इतनी सामान्य हो चुकी है कि पागलपन एक व्यवस्था में समा गया है। विस्मृति पूर्णतः व्याप्त है।

यह मानना एक अजीब अहंकार है कि हम पेड़ों के बिना रह सकते हैं और तकनीक तापमान को मात दे देगी। हम भूल जाते हैं कि धरती

समझौता नहीं करती, बल्कि प्रतिक्रिया देती है। हर कटा हुआ पेड़ गर्मी के खाते में एक प्रविष्टि है। हर प्रदूषित नदी सूखे में लिखा एक संदेश है। फिर भी हम ऐसे व्यवहार करते रहते हैं मानो हम इन सबसे अलग हों।

हमारी सर्दियाँ खो गईं, और उनके साथ ही हमारा विवेक भी। सुबहें अब चिंतन के लिए प्रेरित नहीं करतीं; वे सहनशक्ति की माँग करती हैं। रात की हवा अब सुकून नहीं देती, घुटन पैदा करती है। तारे मानवीय अहंकार की धुंध में छिप जाते हैं। हम एक ऐसी प्रजाति हैं जो सीखना नहीं चाहती।

हमें कम-से-कम जो बचा है उसे तो बचाना ही होगा। बचे हुए पेड़ों को, साफ नदियों को, उन शांत कोनों को जहाँ पक्षी अभी भी गाते हैं, बचाना होगा। अगर एक बार ये सब चले गए, तो कोई मशीन, कोई आविष्कार, कोई प्रार्थना इन्हें वापस नहीं ला सकती। हम शहर और उद्योग फिर से बना सकते हैं, लेकिन हम मौसमों को नहीं बदल सकते। एक बार जलवायु नष्ट हो जाए तो उसे दोबारा नहीं उगाया जा सकता।

फिर भी मुझे विश्वास है कि अभी देर नहीं हुई है। हमारी तमाम क्रूरताओं के बावजूद, धरती क्षमाशील बनी रहती है। एक अकेला पीपल का पेड़ भी अपने आसपास के तापमान को कई डिग्री तक कम कर सकता है। नीम के पेड़ों का एक छोटा-सा बाग किसी भी वायु शोधक से बेहतर हवा को शुद्ध कर सकता है। छाया हमारी सबसे पुरानी तकनीक है। बचाया गया हर पेड़ एक छोटी-सी जीत है, बोया गया हर बीज एक छोटा-सा विद्रोह है। पेड़ लगाना स्मरण करने का कार्य है। जब आप एक पेड़ लगाते हैं, तो आप याद करते हैं कि आप मिट्टी से जुड़े हैं, न कि मिट्टी आपसे।

38

भूली हुई महामारी

एक पल के लिए पूरी दुनिया शांत हो गई। प्रतीकात्मक रूप से नहीं, बल्कि सचमुच। शहर सन्नाटे में डूब गए, राजमार्ग ख़ाली हो गए, रेल की पटरियाँ ज़ंग खा गई हैं। दुनिया की वह गूँज, मशीनों, बाज़ारों और हलचल का वह निरंतर शोर, थम गया और पूरी दुनिया में सन्नाटा छा गया। हमारे पास केवल पक्षियों की चहचाहट, पेड़ों की सरसराहट और हमारी अपनी साँसों की आवाज़ रह गई। मानव इतिहास के एक संक्षिप्त क्षण के लिए, धरती को ख़ुद को सुनने का समय मिला और दशकों में पहली बार, हम धरती की साँसें सुन सके।

और फिर भी, कुछ ही साल बाद, ऐसा लगता है मानो यह कभी हुआ ही नहीं था।

मुझे महामारी के शुरुआती दिन ठहराव के रूप में नहीं, बल्कि एक जागृति के रूप में याद हैं। जब अधिकांश लोग घरों में बंद थे, इंतज़ार कर रहे थे, चिंतित थे और समाचारों में अदृश्य मौतों की गिनती देख रहे थे। हम खेतों में थे। हमारे लिए, प्रकृति रुकी नहीं थी। पेड़ लॉकडाउन नहीं मानते। पानी देने वाले डिब्बे कर्फ्यू नहीं लगाते। पौधों को अभी भी देखभाल की ज़रूरत थी और पौधों को अभी भी पानी की ज़रूरत थी।

स्थानीय प्रशासन ने हमें विशेष पास दिए थे। सड़कें ख़ाली थीं, चौकियाँ शांत थीं। हमारी टीमें वीरान दिखने वाले शहरों से गुज़रीं, लेकिन जैसे ही हम अपनी नर्सरियों में पहुँचे, ऐसा लगा मानो समय सामान्य रूप से बह रहा हो। पौधे उग रहे थे। पत्तियाँ खिल रही थीं। पीपल की जड़ें धरती को जकड़ रही थीं। दुनिया की ख़ामोशी ने जंगलों के गीतों को और भी स्पष्ट कर दिया।

दशकों में पहली बार, कोई रुकावट नहीं थी, कोई कार्यक्रम नहीं था, कोई सभा नहीं थी, कोई ट्रैफ़िक जाम नहीं था। हमने पौधों को पानी दिया, मिट्टी में खाद डाली, कंपोस्ट बनाया, आपस में कम और मिट्टी से ज़्यादा बात की।

दुनिया ने इसे लॉकडाउन कहा, लेकिन प्रकृति के लिए यह मुक्ति थी। दिल्ली का आसमान फिर से नीला हो गया, एक ऐसा रंग जिसे हम लगभग भूल ही चुके थे। यमुना नदी में पहले जैसी स्पष्टता आ गई। पक्षी बालकनियों में लौट आए। शहर की सड़कों पर सिवेट बिल्लियाँ दिखाई देने लगीं, मोर झुंडों में नाचने लगे और यहाँ तक कि नीलगाय भी राजमार्गों के पास दिखाई देने लगी, मानो अपने पुराने रास्तों पर फिर से अधिकार जमा रही हो।

उपग्रह से ली गई तस्वीरों में दशकों में पहली बार पंजाब के मैदानी इलाकों से हिमालय दिखाई दिया। मुझे लुधियाना, देहरादून और इलाहाबाद के स्वयंसेवकों से तस्वीरें मिलीं जिनमें दूर से बर्फ़ से ढकी उन धुंधली चोटियों की झलक दिख रही थी। यह मेरा भ्रम नहीं था। यह एक अद्भुत अनुभव था।

लेकिन इंसान बेचैन प्राणी हैं। हम लंबे समय तक एक जगह स्थिर नहीं रह सकते। जैसे ही दुनिया दोबारा खुली, वैसे ही घूमने-फिरने, बाज़ार जाने और शोर मचाने की हमारी भूख भी जाग उठी। कुछ ही महीनों में, वही लोग जो कभी डॉक्टरों और प्रसव कर्मियों की सराहना करते थे, वापस ट्रैफ़िक लाइट पर हॉर्न बजाने, कचरा फेंकने और छूट पाने के चक्कर में लग गए। ऐसा लगा मानो दुनियाभर का दुःख रातोरात गायब हो गया हो। जैसे ही मौका मिला, हम धरती को प्रदूषित करने में जुट गए। मौत का मंजर भी हमें वश में नहीं कर पाया। हम उस डर को भूल गए जिसने हमें समझदार बनाना चाहिए था।

वायरस ने धरती के हर कोने, हर देश, हर जाति, हर धर्म और हर वर्ग को प्रभावित किया था। पहली बार, मानवता एक ही भाग्य पर आसीन हुई थी। लेकिन यह सबक ज़्यादा समय तक नहीं टिका। सचेत होने के बजाय, हम और लापरवाह हो गए। आज हवा में प्रदूषण बढ़ गया है, शोर बढ़ गया है और पानी पहले से भी अधिक गंदा हो गया है।

मनुष्य तो भूल गया, पर वृक्षों को याद रहा। उन्हें वे महीने याद हैं जब हवा स्वच्छ थी और मिट्टी नम।

वे हमारे लिए रोपण के सबसे अच्छे वर्षों में से कुछेक थे। इसलिए नहीं कि हमारे पास अधिक संसाधन थे, बल्कि इसलिए कि हमारा ध्यान भटकाने वाली चीज़ें कम थीं। न कोई समारोह, न कोई उद्घाटन, न कोई बैनर—बस सीधा, बिना किसी रोक-टोक के काम।

उन महीनों में पेड़ों ने हमें एक बड़ा सबक सिखाया — संकट के समय में भी जीवन चलता रहता है। जब मनुष्य पीछे हटते हैं, तो प्रकृति आगे बढ़ती है।

लेकिन हमारी याददाश्त कमज़ोर है, लालच बहुत ज़्यादा। हमने उन महीनों में किए गए हर वादे को तोड़ दिया। यह सबक वर्षों में नहीं, बल्कि महीनों में भुला दिया गया।

यह अजीब है, है न? हमने खुले में चिताएँ जलते देखीं, श्मशान घाटों से धुआँ उठता देखा। हवा में ही मातम छाया हुआ था। फिर भी, जैसे ही संख्या कम हुई, हमने मुँह फेर लिया। हमने मृतकों के साथ-साथ यादों को भी दफ़ना दिया।

शायद यही आराम का अभिशाप है, यह विस्मृति को जन्म देता है। जब संकट टल जाता है, तो हम उन सीखों को मिटा देते हैं, मानो ज्ञान की कोई समय सीमा हो।

39

जलवायु परिवर्तन अब स्थायी है

हम एक ऐसे मोड़ पर हैं जहाँ हम जो हो चुका है उसे शायद बदल नहीं सकते, भले ही हम सच में ऐसा करना चाहें। ग्लेशियरों को चेतावनी मिल चुकी है, महासागर नाराज़ हो चुके हैं और वातावरण ने बातचीत बंद करने का फैसला कर लिया है। हम, जो इस मामले में सबसे देर से आने वाली प्रजाति हैं, अभी भी जलवायु सम्मेलन कर रहे हैं मानो पावरपॉइंट स्लाइड बादलों को मना लेंगी।

अब सबसे ज़रूरी है शारीरिक रूप से स्वस्थ रहना। यही सक्रियता का नया रूप है। अपनी फेफड़ों को मज़बूत बनाओ, सहनशक्ति बढ़ाओ और मानसिक संतुलन बनाए रखो। क्योंकि जब भीषण गर्मी से सड़कें तपकर पिघल जाएँगी, तब आपको शारीरिक और दार्शनिक, दोनों तरह की तंदुरुस्ती की ज़रूरत होगी। जब अक्टूबर में तीन दिन बारिश हो और बर्फ़बारी गलत गोलार्ध में होने लगे, तब आपको योग की ज़रूरत होगी, घबराहट की नहीं। शरीर ही आपका एकमात्र घर है जहाँ मौसम अनुकूल है, इसे स्वस्थ रखें।

अगर आप बाहर की घटनाओं को नियंत्रित नहीं कर सकते, तो भीतर से तैयारी करें। अपने दायरे में रहकर जो कर सकते हैं, वह करें। अपने घर, बालकनी, छत, गली, दफ़्तर के कोने, कारखाने के प्रांगण, स्कूल-कॉलेज, सड़कों को हरा-भरा बनाएँ।

'ग्रह को बचाओ' जैसे नारों से विचलित न हों। ग्रह को आपके बचाव की ज़रूरत नहीं है। यह 45 करोड़ वर्षों से अस्तित्व में है। हिमयुग, ज्वालामुखी विस्फोट और उल्कापिंडों के हमलों जैसी आपदाओं से यह पहले भी बच चुका है। बचाने की ज़रूरत तो इंसानों को है।

कभी-कभी, पीपल के नीचे बैठे हुए, मुझे ऐसा लगता है कि प्रकृति ने अपना मन बना लिया है—जैसे उसने कुछ जीवों को छाँटने का फैसला कर लिया हो।

नानी कहा करती थीं, 'प्रकृति के अपने नियम होते हैं।' वे जलवायु रिपोर्ट या आईपीसीसी की रिपोर्ट नहीं पढ़ती थीं, फिर भी अधिकांश विशेषज्ञों से कहीं अधिक जानती थीं। वे नदी में बाढ़ या सूखे को लंबे समय तक बने रहने पर कहतीं, 'अब प्रकृति अपना हिसाब कर रही है।' यहाँ तक कि मेरे माता-पिता भी, जब भी मैं पुणे में उनसे मिलने जाता हूँ, यही बात कहते हैं : 'बेटा, प्रकृति का अपना विवेक होता है। वह वही करेगी जो सभी जीवों के लिए अच्छा होगा।'

हम साढ़े बारह मिलियन अन्य प्रजातियों में से केवल एक प्रजाति हैं। प्रकृति हमेशा हमारे प्रति पक्षपातपूर्ण नहीं रह सकती। हमारे पारिस्थितिक खाते में अत्यधिक निकासी हो चुकी है, और अब व्यवस्था हमें चेतावनी दे रही है— समुद्र का बढ़ता स्तर, जलते जंगल, लुप्त होते पक्षी। खाता अब निष्क्रिय होने की कगार पर है।

वैज्ञानिकों ने अत्यंत धैर्य के साथ इसकी व्याख्या की है। कार्बन डाइऑक्साइड का स्तर 420 पार्ट्स प्रति मिलियन[2] से ऊपर है, जो पिछले 40 लाख वर्षों में सबसे अधिक है। महासागर किसी भी ज्ञात युग की तुलना में अधिक तेज़ी से अम्लीय हो रहे हैं।[3] ग्रीनलैंड की बर्फ़ की चादर प्रति वर्ष 250 गीगाटन[4] पिघल रही है। ये मात्र संख्याएँ नहीं हैं; ये प्रकृति के त्यागपत्र हैं।

चारों ओर देखिए। लोग घबरा नहीं रहे हैं, बल्कि यात्राओं की योजना बना रहे हैं। जलवायु परिवर्तन ने यात्रा के नए-नए तरीके पैदा कर दिए

---

2. https://news.climate.columbia.edu/2023/12/07/a-new-66-million-year-history-of-carbon-dioxide-offers-little-comfort-for-today/
3. https://news.mongabay.com/2014/02/ocean-acidifying-10-times-faster-than-anytime-in-the-last-55-million-years-putting-polar-ecosystems-at-risk/
4. https://svs.gsfc.nasa.gov/31156/

हैं। आइसलैंड में हिमनद पर्यटन। ग्रेट बैरियर रीफ़ में प्रवाल-विरंजन की फोटोग्राफी। यहाँ तक कि अफ़्रीका में 'अंतिम मौका सफ़ारी' भी, ताकि प्रजातियों को विलुप्त होने से पहले देखा जा सके। एक अजीब विडंबना : हम जलवायु परिवर्तन को उलट नहीं रहे हैं; बल्कि उसे रोमांटिक बना रहे हैं। सर्वनाश पर्यटन फल-फूल रहा है। मनुष्य ही एकमात्र ऐसी प्रजाति है जो अपने पर्यावास को नष्ट कर सकती है और फिर खंडहरों को निहारने के लिए गाइडेड टूर बुक कर सकती है।

हम सच्चाई को नकारने में माहिर हैं। हम उन एयर कंडीशनरों से भी बड़े एयर कंडीशनर बनाते हैं जिन्हें बनाने में उन्होंने ख़ुद ही मदद की है। हम रेगिस्तानों में घास लगाते हैं, उपजाऊ ज़मीन पर कंक्रीट डालते हैं और फिर सोचते हैं कि भू-जल क्यों गायब हो गया। हम बोतलबंद पानी ख़रीदते हैं और प्लास्टिक कचरे की शिकायत करते हैं। हम 'गो ग्रीन' अभियान चलाते हैं जिनके बैनर पीवीसी फ्लेक्स शीट से बने होते हैं।

मुझे लगता है कि प्रकृति ने रीसेट बटन दबा दिया है। उसने तापमान को इतना बढ़ने देने का फैसला किया है कि हम डाल से गिर जाएँ। हम कभी इस ग्रह के स्वामी नहीं थे; हम तो किराएदार थे, जिन्होंने किराया नहीं चुकाया था। जिन जंगलों को हमने जलाया, जिन नदियों को प्रदूषित किया, जिस मिट्टी को उजाड़ दिया, वे अब अपनी जगह वापस ले रहे हैं। कोविड तो बस एक झलक थी, एक छोटा-सा संकेत कि एक वायरस पूरी प्रजाति को रोक सकता है। पूरी फिल्म अभी बन रही है।

जो संभव हो, बस वही करें। एक पेड़ लगाएँ। अपने कचरे का खाद बनाएँ। साइकिल चलाएँ। किसी पक्षी को दाना खिलाएँ। बागवानी करें। इसे इसलिए करें क्योंकि यह आपके द्वारा यहाँ बिताए गए समय के लिए धन्यवाद कहने का तरीका है। आपके छोटे-छोटे पर्यावरण-अनुकूल कार्य शायद दुनिया को न बचाएँ, लेकिन वे आपकी आत्मा को जरूर बचाएँगे।

और जब आप यह सब कर लें, तो किसी पेड़ के नीचे बैठें, हो सके तो किसी पीपल के नीचे, क्योंकि वह कभी किसी का न्याय नहीं करता, और इस अद्भुत सुंदरता का आनंद लीजिए। बारिश के बाद चींटियों को फिर से इकट्ठा होते हुए देखिए। फुटपाथ की दरारों से खरपतवारों को उगते हुए देखिए। ये प्रकृति की शांत हँसी है।

यह ग्रह हमारे साथ या हमारे बिना भी ठीक हो जाएगा।

40

चंडीगढ़ : एक संभावना

चंडीगढ़ एक आदर्श शहर है। जी हाँ, चंडीगढ़ जैसा शहर संभव है। जब फ्रांसीसी वास्तुकार ले कॉर्बुज़ियर ने इस भव्य शहर की रूपरेखा तैयार करना शुरू किया, तब हमारा नव स्वतंत्र राष्ट्र अभी-अभी अपने पैरों पर खड़ा हो पाया था। भारत का विभाजन हो चुका था, पंजाब अपनी राजधानी लाहौर खो चुका था। पंडित नेहरू ने चंडीगढ़ को भविष्य के शहर के रूप में देखा, आधुनिक भारत के एक नए प्रतीक के रूप में, स्वच्छ, जीवंत और प्रकाश से भरपूर। उन्होंने कहा, 'यह एक नया शहर हो, जो अतीत की परंपराओं से मुक्त हो।'

ले कॉर्बुज़ियर ने केवल एक शहर ही नहीं, बल्कि जीवन जीने का एक दर्शन रच कर इसका जवाब दिया।

उन्होंने इसे 'सूर्य और मनुष्य का शहर' कहा। यह केवल वास्तुकला के बारे में नहीं था, बल्कि निर्मित संरचना और जीवंत संरचना के बीच संतुलन के बारे में था। चंडीगढ़ ज्यामिति और हरियाली, मानवीय महत्त्वाकांक्षा और प्राकृतिक व्यवस्था के बीच संवाद का केंद्र बन गया। प्रत्येक सेक्टर अपने आप में एक स्वतंत्र पड़ोस इकाई है, जिसमें अपने बाज़ार, स्कूल और खुले पार्क हैं। सेक्टरों को अलग करने वाली हरित पट्टियाँ पत्तों की कोमल दीवारों की तरह हैं।

अगर सत्तर साल पहले, स्लाइड रूल और हाथ से बने नक्शों की मदद से ऐसा शहर खड़ा हो सकता था, तो आज हम उपग्रहों और सुपरकंप्यूटरों की मदद से और शहर क्यों नहीं बना सकते? इसका जवाब तकनीक में नहीं, बल्कि इरादे में छिपा है। हमारे पास साधन तो हैं, लेकिन इच्छाशक्ति की कमी है।

नए शहर बसाने के बजाय, हम पुराने शहरों को ही भरते जा रहे हैं। हर साल लाखों लोग ग्रामीण भारत से शहरी केंद्रों की ओर पलायन करते हैं। हमारे शहर, जो पहले से ही ख़स्ताहाल हैं, उन्हें बिना अपने हरित या सामाजिक बुनियादी ढाँचे का विस्तार किए ही समाहित करते जा रहे हैं।

हम लगातार तोड़-फोड़ और पुनर्निर्माण करते रहते हैं, जो पहले से मौजूद है उसे बर्बाद करते रहते हैं।

ऑस्ट्रेलिया एक दिलचस्प उदाहरण प्रस्तुत करता है। एडिलेड, कैनबरा और मेलबर्न जैसे शहर ऐसे हैं। वहाँ हर कुछ ब्लॉक में प्रकृति संरक्षण क्षेत्र हैं, पक्षियों और छोटे स्तनधारियों के लिए अभयारण्य हैं। वे खुली ज़मीन को पवित्र विश्राम स्थल मानते हैं, न कि 'बेकार ज़मीन'।

हम भूल जाते हैं कि शहर सजीव प्राणी होते हैं। उन्हें फेफड़े, गुर्दे, हृदय, हरियाली, आर्द्रभूमि और आवागमन के लिए सुगम मार्ग चाहिए होते हैं। एक स्वस्थ शहर एक पारिस्थितिकी तंत्र होता है, न कि कंक्रीट की बस्ती। चंडीगढ़ उस पारिस्थितिकी तंत्र को बनाने का हमारा पहला प्रयास था, पारिस्थितिक शहरीकरण का एक दुर्लभ उदाहरण, उस समय जब यह शब्द अस्तित्व में भी नहीं था।

मुझे सुखना झील की प्राचीर के पास वाला पुराना पीपल का पेड़ याद है। वह आज भी वहीं खड़ा है, प्राचीन, विशाल और धैर्यवान। नानी और मैं उसके नीचे बैठते थे, उनकी गोद मेरी पहली पुस्तकालय थी। वे मुझे बरगद के पेड़ों पर भूतों के बारे में बताती थीं। मैं आश्चर्य से उन शाखाओं को देखता था जो मानो किसी आत्मा की तरह लहराती और झिलमिलाती थीं।

उन्होंने मुझे बचपन में ही वह बात सिखा दी जो अधिकांश योजनाकार भूल जाते हैं — एक शहर उतना ही अच्छा होता है जितने अच्छे उसके पेड़ होते हैं।

वे कहानियाँ मेरे पर्यावरण संबंधी पहले पाठ थे, इससे बहुत पहले कि मैंने 'पारिस्थितिकी' शब्द सीखा था। नानी नदियों, मानसून और मिट्टी के बारे में ऐसे बात करती थीं मानो वे उनके पड़ोसी हों। वे कहती थीं, 'उनका सम्मान करो, वे तब भी जीवित रहना जानते हैं जब हम उन्हें भूल जाते हैं।'

आज जब मैं चंडीगढ़ दोबारा जाता हूँ, तो मुझे वही जीवंतता महसूस होती है। यहाँ की ज्यामिति आज भी जीवंत है। पार्क आज भी गुलज़ार हैं।

शहरी हरियाली आज भी सड़कों को घेरे हुए है। यहाँ के डिज़ाइन में एक ऐसा अनुशासन है जो आधुनिक शहरों में खो गया है। चंडीगढ़ कभी शोर नहीं मचाता; यह अपनी ही हवा से शांत भाव से जुड़ा रहता है।

और मेरे भीतर कहीं गहरे में, वह योजना ही मेरी नियति बन गई।

जब मैं बाद में पुणे आया, तो चंडीगढ़ ने ही मुझे दिशा दिखाई। सेक्टरों का अनुशासन पौधों की कतारों के अनुशासन में बदल गया। हरे-भरे क्षेत्र मेरे सड़क किनारे के पौधारोपण बन गए। सड़कों की ज्यामिति वृक्षों को पंक्तिबद्ध करने की तकनीकों में परिवर्तित हो गई। रेंज हिल्स रोड पर मेरे पौधारोपण अनजाने में ही चंडीगढ़ के तर्क, व्यवस्था और जीवन के मिश्रण को पुनर्जीवित करने का मेरा तरीका बन गए।

धूल भरी सड़कों पर जिस लाल स्पीडकिंग साइकिल पर मैं सवार था, वही मेरा चलता-फिरता योजना उपकरण था। जहाँ योजनाकार ग्रिड बनाते थे, मैं वहाँ जड़ें उगाता था। जहाँ सरकारें 'स्मार्ट शहर' की चर्चा करती थीं, मैं चुपचाप छोटे-छोटे जंगल उगाता था।

नानी कहती थीं, जंगल का मतलब विश्राम स्थल होता है। मेरा मानना है कि चंडीगढ़ भारत का पहला विचारों का जंगल है, एक ऐसी जगह जो विश्राम, चिंतन और नवीनीकरण के लिए बनाई गई।

यह केवल एक शहर नहीं है; यह प्रेरणा का स्रोत है। एक जीवंत प्रमाण है कि संरचना जीवन का गला नहीं घोंटती, बल्कि उसे मार्ग देती है। शायद इसी वजह से, क्योंकि मेरा जन्म चंडीगढ़ में हुआ था, मैं इसकी हरियाली को हमेशा अपने दिल में लिए फिरता हूँ।

41

जहाँ हरियाली, वहाँ ख़ुशहाली

मेरे जीवन को दिशा देने वाला मंत्र इतना सरल है कि इसे स्कूल की दीवार पर उकेरा जा सकता है, नर्सरी में जपा जा सकता है या नोटबुक के पीछे लिखा जा सकता है : जहाँ हरियाली, वहाँ ख़ुशहाली।

मैंने यह बात धरती से ही सीखी है। जब भी मैं ख़ाली, बेजान ज़मीन का टुकड़ा देखता, तो मुझे ऐसा लगता मानो किसी जीवित प्राणी को नंगा कर दिया गया हो। मैं लगभग ज़मीन की ख़ामोश गुहार सुन सकता हूँ, जो उसे आवरण, जड़ों और घास की कोमल बुनाई से जलने से बचाती है।

बंजर भूमि एक घायल होती है और जड़ें ही प्रकृति द्वारा नियुक्त एकमात्र उपचारक हैं। जड़ों के स्पर्श से मिट्टी को जो उपचार मिलता है, वैसा और किसी चीज़ से नहीं मिलता।

जब मैंने पहली बार इसे समझना शुरू किया, तब मुझे पता नहीं था कि मैं अरबों वर्षों के ज्ञान को दोहरा रहा हूँ। हमारे हल और योजनाओं के साथ आने से बहुत पहले पौधों ने अपना संविधान लिख दिया था, जो शब्दों से परे, लेकिन बाध्यकारी था। उन्होंने तय किया कि पृथ्वी पर किसी का स्वामित्व नहीं होगा, बल्कि यह साझा होगी। सूर्य का प्रकाश सभी के लिए

है; अपशिष्ट पदार्थ फिर से भोजन बनेंगे और विकास विजय से नहीं, बल्कि सहयोग से होगा।

हमने हर कदम पर इस संविधान का उल्लंघन किया है, फिर भी चमत्कारिक रूप से पौधे हमें क्षमा कर देते हैं। वे बिना किसी निर्णय, बिना किसी अहंकार के काम करते रहते हैं—बढ़ते हुए, सुधारते हुए, पुनर्स्थापित करते हुए।

पर्यावरण के इस नियम की मेरी शिक्षा एक फूल से शुरू हुई। उसे 'जूते का फूल' कहते थे। एक साधारण-सा गुड़हल (हिबिस्कस) का फूल स्कूल की चारदीवारी के पास खड़ा था। यह मेरा पहला लाल चमत्कार था। इसकी पंखुड़ियाँ सूर्यास्त के रंग की थीं, कोमल और चटख, सुनहरे परागकोष प्रकाश में डूबे छोटे ब्रश की तरह लटके हुए थे। हमें इसका वानस्पतिक नाम नहीं पता था। हमारी क्लास टीचर ने बताया कि गुड़हल काले जूतों को पॉलिश कर सकता है और बस इतना ही जानना हमारे लिए पर्याप्त था।

हमने फूल तोड़े, पंखुड़ियों को मसलकर अपने फीके जूतों पर तब तक रगड़ा, जब तक वे चमकने न लगे। मुझे हँसी याद है, पंखुड़ियों की हल्की-सी ख़ुशबू याद है, और कक्षा के बाहर कतार में सजे चमकते जूतों की पंक्ति भी। वह हमारे जीवन का पहला रसायन विज्ञान का पाठ था। मुझे एहसास हुआ कि प्रकृति हमेशा उपयोग के लिए स्वयं को प्रस्तुत करती है, दुरुपयोग के लिए कभी नहीं।

कई वर्षों बाद, जब मैं सड़कों के किनारे पौधे लगा रहा था, तब उस गुड़हल के पौधे की याद लौट आती थी। इसने मुझे एक महत्त्वपूर्ण बात सिखाई कि सुंदरता और उपयोगिता कभी अलग नहीं होतीं। वही फूल जो मधुमक्खियों को आकर्षित करता है, जूते भी चमका सकता है; वही पत्ता जो धरती को साँस देता है, बकरी को भोजन दे सकता है या किसी यात्री को छाया दे सकता है। प्रकृति में कोई भी चीज़ अपने आप में अकेली नहीं होती।

यह एक ऐसा विशाल और विकेंद्रीकृत लोकतंत्र है जिसकी बराबरी कोई भी मानव संसद नहीं कर सकती। पौधों में न राजा होते हैं, न सेनापति, न राष्ट्रपति। वे सहयोग की एक शांत अराजकता में फलते-फूलते हैं।

जब मैं कहता हूँ 'हरा है तो सही है,' तो मेरा अर्थ केवल रंग से नहीं है। मेरा मतलब है — जीने का सही तरीका। हरा एक क्रिया है। यह बढ़ने की क्रिया है, सूर्य के प्रकाश को जीवन में बदलने की क्रिया ही प्रकृति का सबसे बड़ा चमत्कार है जितना लिया जाता है, उससे अधिक लौटाने की प्रक्रिया। हरे रंग का हर टुकड़ा संतुलन का प्रतीक है। जब घास किसी क्षतिग्रस्त ज़मीन पर उगती है, तो वह प्रशंसा नहीं माँगती। जब कोई पेड़ अपने पत्ते गिराता है, तो वह नुकसान पर शोक नहीं मनाता; वह बस जानता है कि जीवन चक्र चलता रहेगा।

मैंने पुरुषों और महिलाओं को अपने काम में शीर्ष पर बने रहने के लिए ख़ुद को थकाते हुए देखा है, मानो जीवन एक पहाड़ हो और ख़ुशी केवल शिखर पर ही इंतज़ार कर रही हो। वे तब तक चढ़ते रहते हैं, जब तक उनकी साँसें जवाब न दे दें। जब वे रुकते हैं, तो उन्हें एहसास होता है कि उन्होंने अपनी ख़ुशी को कहीं रास्ते में दफ़ना दिया है। दुनिया हमें ऊपर उठने के लिए कहती है, लेकिन मिट्टी हमें जड़ जमाने के लिए कहती है।

ऐसी ही एक महिला थीं जिन्हें मैं बीस साल से जानता था। शांत स्वभाव, थकी हुई आँखों और कमज़ोर हड्डियों वाली इस महिला को छत पर बने बगीचे में सुकून मिला। हर सुबह वह पानी देने वाला बर्तन लेकर सीढ़ियाँ चढ़तीं और वहाँ, पौधों के गमलों के बीच, उन्हें नई ऊर्जा मिलती। उनका रक्तचाप स्थिर हो गया, उनकी चिंता कम हो गई और उनकी हँसी लौट आई। उन्होंने एक और दशक जिया और एक दोपहर अपने पौधों के बीच, अपनी कुर्सी पर बैठी, गोद में एक पत्ता लिए, उनकी मृत्यु हो गई।

पौधे उदार स्वामी हैं। चाहे हम सब्ज़ियाँ खाएँ या मांस, सब कुछ पौधों से ही शुरू होता है। जो जानवर हमें भोजन प्रदान करते हैं, वे उस घास को खाते हैं जो दुनिया को भोजन देती है। हम सब हरे रंग की धूल से बने हैं जिसे पुनर्व्यवस्थित करके मानव रूप दिया गया है।

जब आप यह समझ जाते हैं, तो आप ख़ुद को अलग दृष्टि से देखने लगते हैं। आप प्रकृति से अलग खड़े होने के बजाय उसके भीतर खड़े होने लगते हैं। आपको एहसास होता है कि आपका अपना शरीर एक किराए की संरचना है जो उधार लिए गए तत्त्वों से बनी है। जब आप यह समझ जाते हैं, तो विनम्रता स्वाभाविक रूप से आ जाती है।

मानव जाति इस ऋण को भूल चुकी है। हम बिना पूछे निर्माण करते हैं, बिना लौटाए उपभोग करते हैं और अपनी चोरी को 'प्रगति' कहते हैं। लेकिन हरित जगत का नियम सरल है : जो कुछ भी पुनर्जीवित नहीं हो सकता, उसे नहीं लेना चाहिए। धरती स्थायी क्षति को क्षमा नहीं करती। सूक्ष्मजीवों से रहित मिट्टी को पुनः प्राप्त होने में सदियाँ लग जाती हैं। कटा हुआ जंगल दोबारा वैसा नहीं उगता जैसा पहले था।

सही मायने में जीने के लिए हमें अपनी जड़ों से सीखना चाहिए, कि वे केवल अपनी आवश्यकता के अनुसार ही ग्रहण करती हैं, स्थिरता प्रदान करती हैं और भूमिगत रूप से संवाद करना कभी नहीं छोड़तीं। जंगल पेड़ों का समूह नहीं है; यह जड़ों का एक समुदाय है जो आपस में हाथ मिलाती हैं।

वर्ष 2003 में, जब हम एक सरल-सा संदेश लेकर दिल्ली के स्कूलों का दौरा करने निकले, तब हमें यह अंदाज़ा भी नहीं था कि हम एक आंदोलन की नींव रख रहे हैं। हमें किसी संस्था ने आमंत्रित नहीं किया था। हम बस सरकारी स्कूलों में पहुँचे और कहा, 'हम आपके बच्चों से कुछ उगाने के बारे में बात करना चाहते हैं।' प्रधानाचार्यों ने हमें आश्चर्य से देखा और कहा, 'अवश्य आइए।' हम पौधे, बीज और छोटे गमले लेकर गए। हमने कहानियाँ सुनाईं, सवाल पूछे और बच्चों की आँखों में चमक देखी। यह ऐसा था मानो किसी 'पैंडोरा बॉक्स' को खोला हो—बस अंतर इतना था कि उसमें से अभिशाप नहीं, बल्कि तितलियाँ उड़कर बाहर आईं।

एक स्कूल से दूसरे स्कूल तक, यह अभियान हवा में पराग की तरह फैल गया। संदेश इतना सरल था कि पाँच साल का बच्चा भी उसे याद रख सके और इतना गहरा था कि एक शिक्षक उसे सभा में उद्धृत कर सके।

उन कक्षाओं में मैंने भविष्य को धीरे-धीरे समझदारी की ओर बढ़ते देखा। जिन बच्चों ने पहले कभी मिट्टी को छुआ भी नहीं था, वे उसमें उँगलियाँ डालने लगे। जिन लड़कियों को कीड़ों से डर लगता था, वे उन्हें खाना खिलाने लगीं। जब कोई पौधा भीषण गर्मी में बच जाता, तो वे ताली बजाते। जब वह मुरझा जाता, तो वे शोक मनाते। ये छोटे-छोटे बदलाव थे, लेकिन इनका महत्त्व था।

बीज बोने वाला हर बच्चा हरियाली के संविधान का पहला सिद्धांत सीखता है : पृथ्वी सभी जीवित प्राणियों की समान संपत्ति है।

इस संविधान में दस आज्ञाएँ या सात घातक पाप नहीं हैं। इसके सिद्धांत सहज, स्पष्ट और स्वाभाविक हैं: विविधता का सम्मान करें, अपव्यय से बचें, संसाधनों का साझाकरण करें, जो कुछ भी लें उसे पुनर्जीवित करें और जीवन चक्र को कभी न तोड़ें। पौधे इन नियमों का पालन करते आ रहे हैं, जबकि हम, हर युग में नए नियम गढ़ते हैं और पुराने भूल जाते हैं।यदि मनुष्य को आने वाली शताब्दियों में जीवित रहना है, तो हमें स्वयं को एक बार फिर पादप जगत के नागरिक के रूप में ढालना होगा।

पौधा लगाने का हर कार्य उस दिशा में डाला गया एक वोट है। जब आप ज़मीन में एक पौधा लगाते हैं, तो आप पृथ्वी पर सबसे पुराने लोकतंत्र में भाग ले रहे होते हैं। मिट्टी को आपके धर्म या आपके पासपोर्ट से कोई लेना-देना नहीं है। उसे केवल इस बात की परवाह है कि क्या आप उसका पोषण कर सकते हैं।

जंगल विरोध नहीं करता; वह बस वापस उग जाता है। आज काटा गया पौधा कल फिर उग आता है, प्रतिशोध से नहीं बल्कि आवश्यकता से। यही जीवन का सार है।

जिस दिन मनुष्य पौधों की तरह सोचना सीख जाएगा, उस दिन सीमाओं को लेकर युद्ध नहीं होंगे, लालच से पैदा हुई भूख नहीं होगी, शहरों में अकेलापन नहीं रहेगा। पौधों ने सहअस्तित्व में महारथ हासिल कर ली है। वे बिना ईर्ष्या के स्थान, प्रकाश और जल साझा करते हैं। वे उस बात को समझते हैं जिसे हम भूल चुके हैं कि शक्ति दूसरों से ऊपर खड़े होने में नहीं, बल्कि उनके साथ खड़े होने में है।

प्रकृति में विश्राम करने में भी गरिमा है। जब पेड़ अपने पत्ते गिराते हैं, तो वे मर नहीं रहे होते; वे जगह बना रहे होते हैं। जब नदियाँ उफान पर आती हैं, तो वे क्रोधित नहीं होतीं; वे पानी का पुनर्वितरण कर रही होती हैं। जब मिट्टी में दरारें पड़ती हैं, तो वह ध्यान आकर्षित करने का आह्वान करती हैं, दंड का नहीं। ब्रह्मांड संवाद पर चलता है, प्रभुत्व पर नहीं। जितना अधिक हम सुनते हैं, उतना ही हम समझते हैं कि अस्तित्व का कोई क्रम नहीं है।

अपने दशकों के पौधारोपण के अनुभव को याद करते हुए, मुझे केवल पेड़ ही नहीं, बल्कि कई सबक भी स्पष्ट रूप से दिखाई देते हैं। मेरे द्वारा लगाए गए हर पीपल ने मुझे धैर्य सिखाया है। हर नीम ने मुझे सहनशीलता दिखाई है। घास के हर टुकड़े ने मानो फुसफुसाकर कहा हो, 'अपना काम करो, चुपचाप करो, और हट जाओ।'

हम एक शाश्वत उद्यान में सिर्फ अस्थायी माली हैं। हमारा कर्तव्य प्रभुत्व स्थापित करना नहीं, बल्कि उसकी विनम्र देखभाल करना है। मिट्टी को कभी भी ख़ाली नहीं छोड़ना चाहिए। जड़ों को हमेशा साँस लेने की अनुमति मिलनी चाहिए। और यदि किसी दिन मानवता लुप्त हो जाए, तो पौधे कोई द्वेष नहीं रखेंगे। वे बस हमारे अवशेषों को हरियाली से ढक देंगे,

जैसा कि वे हमेशा से करते आए हैं और अपने शांत तरीके से सब कुछ फिर से ठीक कर देंगे।

इसीलिए मैं पौधे लगाता हूँ, क्योंकि पौधे लगाना एक मौन प्रार्थना है। धरती को हरियाली की आवश्यकता है, और हमें उसे हरियाली देने से मिलने वाली अंतरतम की शांति का हक है। 'जहाँ हरियाली है, वहाँ ख़ुशहाली है, यह सत्य हमेशा से था और हमेशा रहेगा।'

42

वनरोपण

पौधारोपण कोई सरकारी परियोजना या आधुनिक चलन नहीं है। यह स्मरण का एक गहरा कार्य है। एक पेड़ लगाना मिट्टी की उस सच्चाई को याद करना है कि जीवन फिर से शुरू हो सकता है। भारत के राजमार्गों, गाँवों और शहरों में लाखों पेड़ लगाते हुए अपने जीवनकाल में मैंने जंगलों को अनेक रूपों में जन्म लेते देखा है। कुछ धीरे-धीरे बढ़ते हैं, मानो स्वयं को प्रकट करने में संकोच कर रहे हों। वहीं कुछ उत्साह से उमड़ते हैं, मानो मनुष्यों द्वारा निर्मित शून्य को भरने के लिए उत्सुक हों। वनों को संजोने का प्रत्येक तरीका, चाहे पुराना हो या नया, पारंपरिक हो या मियावाकी, उसी स्मृति की एक अलग व्याख्या है, पृथ्वी के लिए गाए गए उसी भजन की भिन्न पंक्ति है।

जब मैंने 1970 के दशक में बागवानी शुरू की, तब हमें केवल एक ही तरीका पता था, पारंपरिक तरीका। आप एक गड्ढा खोदते हैं, उसे मिट्टी से भरते हैं, उसमें खाद डालते हैं, पौधा लगाते हैं और उसकी रक्षा करते हैं। फिर आप इंतज़ार करते हैं। हर मानसून एक उत्सव जैसा होता है, हर पौधे का जीवित रहना एक छोटी-सी विजय।

आप किसी गाँव में नीम या जामुन का पौधा लगा सकते हैं और बीस साल बाद लौटकर देखेंगे कि वह पौधा किसानों, विक्रेताओं और यात्रियों

को छाया प्रदान कर रहा है। यह आपको धैर्य, कृतज्ञता और विनम्रता सिखाता है।

इन नुकसानों का कारण केवल हमारी अपनी कमी, अधीरता, लापरवाही या देखभाल की कमी है। इन बागानों को समय लगता है। इन्हें पानी, बाड़ और सुरक्षा की आवश्यकता होती है। ये चरने वाले जानवरों और लापरवाह हाथों के लिए संवेदनशील होते हैं। लेकिन एक बार जब ये शुरुआती कुछ वर्षों तक जीवित रहते हैं, तो ये अमर हो जाते हैं।

फिर आए मियावाकी के जंगल, जो तेज़ी से बढ़ते, घने और संभावनाओं से भरे थे। जब मैंने पहली बार उनमें से एक को देखा, तो उत्सुक हो गया। यह एक छोटा-सा जंगल जैसा दिखता है, मानो प्रकृति को कंक्रीट के एक कोने में समेट दिया गया हो। जापानी वनस्पति विज्ञानी अकीरा मियावाकी द्वारा विकसित इस विधि में, प्राकृतिक वन वातावरण को पुनः निर्मित करने के लिए दर्जनों देसी प्रजातियों के पौधों को पास-पास लगाया जाता है।

मिट्टी उपजाऊ हो जाती है, पौधे घनी तरह से लगाए जाते हैं। इस तरह तीन साल के भीतर एक छोटा-सा जंगल बन जाता है, जहाँ पक्षी लौट आते हैं, कीड़े-मकोड़े भिनभिनाने लगते हैं। हवा में ताज़गी फिर से महसूस होने लगती है।

ऑक्सीजन के लिए तड़पते देश के लिए, मियावाकी वन शहर की छाती में लगाए गए हरे-भरे फेफड़ों के समान हैं। इनका सबसे बड़ा लाभ इनकी तीव्र वृद्धि है ; पारंपरिक वनों को जो विकास करने में एक दशक लगता है, मियावाकी वन उसे तीन साल में कर सकते हैं।

लेकिन यह हर क्षेत्र के लिए उपयुक्त नहीं है। शुष्क क्षेत्रों में, घने पौधारोपण से नुकसान होता है, जड़ें आपस में प्रतिस्पर्धा करती हैं, और कुछ प्रजातियाँ समय से पहले ही मर जाती हैं। फिर भी, शहरी क्षेत्रों में यह एक क्रांतिकारी बदलाव है जिसे अपनाना चाहिए।

भारत के ग्रामीण इलाकों में, जंगल एक अलग ही रूप धारण कर लेता है, जिसे कृषि वानिकी कहते हैं। यह किसानों का जंगल है, जहाँ पेड़ और फसलें साथ-साथ उगती हैं। यहाँ नीम खेत की सीमा की रक्षा करता है, आँवला फल देता है और सहजन भोजन व औषधि उपलब्ध कराता है। मैं हमेशा से ग्रामीण लोगों की उस बुद्धिमत्ता का प्रशंसक रहा हूँ जो यह समझते हैं कि पेड़ कृषि के शत्रु नहीं, बल्कि साथी हैं।

उनकी छाया मिट्टी को नम रखती है, उनकी जड़ें मिट्टी के कटाव को रोकती हैं, और उनके गिरे हुए पत्ते प्राकृतिक खाद बन जाते हैं। कृषि वानिकी

पारिस्थितिकी और अर्थव्यवस्था के साथ-साथ चलने वाले सह-अस्तित्व का एक आदर्श उदाहरण है। यह धीमी गति से वनीकरण है, लेकिन यह मिट्टी और मन—दोनों को एक साथ पोषण देता है। शहरों में पौधारोपण अब विलासिता नहीं, बल्कि जीवन-मरण का साधन है। शहरी पौधारोपण, चाहे सड़क के किनारे पौधारोपण हो, छतों पर नर्सरी हो या मियावाकी शैली के छोटे-छोटे पौधारोपण क्षेत्र, हमारे शहरों को फिर से सांस लेने योग्य और रहने योग्य बनाने का एकमात्र तरीका है।

मैं अकसर शहरी योजनाकारों से कहता हूँ, शहर का आधा हिस्सा प्रकृति को दे दो, वह दूसरे आधे हिस्से का ख़याल रख लेगी।

फिर आते हैं जल संरक्षण के लिए लगाए गए वन। नदियों, झीलों और ढलानों के किनारे पेड़ जल प्रवाह के रक्षक बन जाते हैं। पेड़ मिट्टी को थामे हुए हैं, बारिश के पानी को छान रहे हैं और नीचे के जल भंडारों को भर रहे हैं। मैंने यमुना, गंगा और उन छोटी नदियों के किनारे पौधारोपण किया है जिनके नाम अब नक्शों से मिट चुके हैं। इन क्षेत्रों में वन केवल दिखावे की वस्तु नहीं, बल्कि एक आवश्यकता है। यह बाढ़ को रोकता है, ढलानों को स्थिर करता है और भूमि को जीवित रखता है।

और हाँ, आधुनिक वानिकी का एक विवादास्पद पहलू भी है, क्षतिपूर्ति वनरोपण। वन उद्योग किसी दूसरे जंगल को काटने पर जो कीमत चुकाता है, वह यही है। सुनने में तो यह सही लगता है, एक जंगल नष्ट करो, दूसरा लगाओ। लेकिन प्रकृति इस तरह से समीकरणों को संतुलित नहीं करती। जंगल कोई संख्या नहीं है; यह एक जीव है, अपने आप में एक सभ्यता है।

आप बंजर मैदान में यूकेलिप्टस के पेड़ों की कतार लगाकर 200 साल पुराने बरगद के पारिस्थितिकी तंत्र की जगह नहीं ले सकते। फिर भी, इस व्यवस्था ने निगमों और नौकरशाहों को पर्यावरण के अनुकूल सोचने पर मजबूर कर दिया है, भले ही शुरुआत में यह यांत्रिक रूप से ही क्यों न हो।

समय के साथ, कई परियोजनाएँ वास्तविक पारिस्थितिक मॉडल में विकसित हो गई हैं, खासकर जब स्थानीय समुदायों को इसमें शामिल किया जाता है।

वनरोपण कोई एक जैसा उपाय नहीं है। पारंपरिक वन धैर्य सिखाता है, मियावाकी वन गति सिखाता है, किसान वन संतुलन सिखाता है, शहरी वन अनुकूलन सिखाता है और नदी-तटीय वन विनम्रता सिखाता है। ये सब मिलकर एक संगीतमय रचना बनाते हैं। प्रत्येक की अपनी खूबियाँ और कमियाँ हैं, लेकिन सामूहिक रूप से वे हमें याद दिलाते हैं कि कोई एक तरीका पृथ्वी को ठीक नहीं कर सकता। उपचार के लिए विविधता आवश्यक है, ठीक उसी तरह जैसे वन में विविधता होती है।

मैं अकसर अपने काम को कहानी कहने के एक रूप में देखता हूँ, ऐसी कहानियाँ जो शब्दों के बजाय जड़ों और पत्तियों के माध्यम से कही जाती हैं। जब मैं वर्षों पहले लगाए गए पेड़ों को देखता हूँ, तो मुझे मेहनत के अध्याय, संघर्ष के मौसम और मिट्टी में लिखे पन्ने दिखाई देते हैं। रिंग रोड के किनारे पीपल का बाग, हरियाणा का नीम क्षेत्र, गुरुग्राम का मियावाकी वन, बुंदेलखंड का आँवला बाग, ये सभी एक लंबी कविता की पंक्तियाँ हैं जिसे मैं बचपन से, जब मेरे हाथ में एक छोटा पौधा होता था, लिखता आ रहा हूँ।

हर बार जब मैं पौधा लगाता हूँ, तो मुझे यह नया ज्ञान मिलता है कि जंगल नर्सरी में नहीं उगते। वे इरादे से पैदा होते हैं। आप लोगों को प्रशिक्षित कर सकते हैं, मॉडल बना सकते हैं और कार्बन डेटा का विश्लेषण कर सकते हैं, लेकिन जब तक पौधा लगाने वाले के मन में प्रेम की भावना नहीं होगी, जंगल कभी भी सही मायने में विकसित नहीं होगा। मशीनें खुदाई कर सकती हैं और ड्रोन बीज गिरा सकते हैं, लेकिन केवल मानवीय हृदय ही अपनेपन की भावना पैदा कर सकता है।

अंत में इससे कोई अंतर नहीं पड़ता कि आप कौन-सी विधि चुनते हैं, पारंपरिक, मियावाकी, कृषि वानिकी या शहरी पौधारोपण। मायने यह रखता है कि आप पौधा लगाएँ। धरती को हमारी तकनीकों से कोई लेना-

देना नहीं है; उसे हमारे इरादे और प्रेम से मतलब है। प्रेम से लगाया गया पौधा हमेशा अपना रास्ता खोजकर जी उठता है, चाहे जलवायु कितनी ही कठोर हो या जगह कितनी ही सीमित। पौधा लगाना भविष्य से हमारा यह कहने का तरीका है कि हमने इसे आपके लिए थोड़ा और रहने योग्य बनाने की ईमानदार कोशिश की।

अगर आपके पास एक एकड़ ज़मीन है, तो पुराने तरीके से जंगल लगाइए। अगर आपके पास एक वर्ग मीटर ज़मीन है, तो मियावाकी शैली में पेड़ लगाइए। अगर आपके पास खेत है, तो उसमें पेड़-पौधे और फसलें मिलाकर लगाइए। अगर आपके पास बालकनी है, तो एक छोटी नर्सरी लगाइए। और अगर आपके पास समय के सिवाय कुछ नहीं है, तो उसे एक पेड़ को दीजिए। धरती को हमारी राय की नहीं, हमारे हाथों की ज़रूरत है।

43

शहरी हरियाली

अगर पौधारोपण एक खेल होता, तो शायद मैं इस क्षेत्र में इतने लंबे समय से काम कर रहा हूँ कि कुछ बार अयोग्य घोषित हो चुका हूँ। मैंने पौधों को नष्ट करने से कहीं ज़्यादा गलतियाँ दबाई हैं, लेकिन वनीकरण विज्ञान का असली विकास प्रयोगशालाओं में नहीं, बल्कि असफल प्रयोगों के उन छोटे-छोटे टुकड़ों में होता है जो धीरे-धीरे उपजाऊ मिट्टी में बदल जाते हैं।

अधिकांश लोगों का मानना है कि शहर वो जगह हैं जहाँ जंगल नष्ट हो जाते हैं। मैंने इसके विपरीत पाया है कि शहर वो जगह हैं जहाँ जंगल ख़ुद को नए सिरे से सँवारते हैं। उदाहरण के लिए, दिल्ली में जगह की कमी नहीं है; बल्कि कल्पना की कमी है। फुटपाथ, डिवाइडर, गोल चक्कर, स्कूल के मैदान, पार्क, छतें, ये सभी अनछुई हरी-भरी प्रयोगशालाएँ हैं जो किसी उद्देश्य की प्रतीक्षा कर रही हैं।

समय के साथ, कुछ पैटर्न सामने आए। सड़क किनारे लगे छोटे पौधों के जीवित रहने की दर बारिश पर नहीं, बल्कि नियमित रूप से सप्ताह में दो बार पानी देने, हर दस दिन में मिट्टी को ढीला करने और हर महीने मल्च बदलने पर निर्भर थी। हमने पेड़ों के जीवित रहने को एक चमत्कार

के बजाय एक डेटासेट के रूप में देखना शुरू किया। परिणाम चौंकाने वाले थे। लगातार देखभाल करने से जीवित रहने की दर 45 प्रतिशत से बढ़कर लगभग 85 प्रतिशत हो गई। निष्कर्ष बेहद सरल था — पेड़ सूखे से नहीं, उपेक्षा से मरते हैं।

पौधारोपण का मतलब नकल करना नहीं है; बल्कि समझना है। दिल्ली के रिंग रोड पर मिट्टी बहुत रेतीली थी, इसलिए हमने उसमें चिकनी मिट्टी मिलाई। गुड़गाँव के पास निर्माण मलबे से भरी मिट्टी में हमने खाद और रेत मिलाकर उसे साँस लेने लायक बनाया। बाढ़ग्रस्त मैदानों में हमने जलभराव रोकने के लिए गड्ढों को 30 सेंटीमीटर ऊँचा किया। हर जगह की अपनी एक धड़कन होती है, बस आपको उसे सुनना होता है।

मयूर विहार में एक पौधारोपण अभियान के दौरान, हमने देखा कि पीपल के पौधे बस स्टॉप के पास तेज़ी से बढ़ते हैं। मैंने मज़ाक में कहा कि इसका कारण आध्यात्मिक है, क्योंकि उन्हें लोगों की बातचीत और हल्की-फुल्की गपशप पसंद है। वैज्ञानिक व्याख्या, हालाँकि, बिल्कुल अलग थी—वहाँ कार्बन डाइऑक्साइड की अधिकता थी। यात्रियों द्वारा छोड़ी गई साँसें उस क्षेत्र में एक सूक्ष्म-सा कार्बन डाइऑक्साइड का घेरा बना देती थीं, जो पौधों के लिए पोषण का काम करता था। पेड़ तेज़ी से बढ़े, मानो मौन रूप से हमारा आभार व्यक्त कर रहे हों।

हमने रैखिक, क्लस्टर, मियावाकी और मिश्रित वन मॉडल सहित सभी प्रकार के मॉडल का परीक्षण किया। सघन और महत्वाकांक्षी मियावाकी मॉडल नियंत्रित भूखंडों में तो बहुत कारगर साबित हुआ, लेकिन खुले शहरी क्षेत्रों में विफल रहा जहाँ पानी की कमी और जड़ों की प्रतिस्पर्धा के कारण रखरखाव असंभव हो गया। हालाँकि, मिश्रित वन मॉडल टिकाऊ सिद्ध हुआ।

कागज़ पर तो यह वन विज्ञान जैसा लग रहा था। लेकिन व्यवहार में, यह ऐसा लग रहा था जैसे एक ही जगह पर कौन किसके साथ घुलमिल

सकता है, इसकी जोड़ी बना रहे हों। नीम को ज़्यादा पानी पसंद नहीं, पीपल को धूप पसंद, जामुन को साथ पसंद है और गुलमोहर को बस ध्यान चाहिए।

दिल्ली की गर्मियों ने हमें अभाव का असली मतलब सिखाया। 46 डिग्री सेल्सियस की गर्मी में, आशावाद की कोई सीमा नहीं होती। इसलिए हमने

सूक्ष्म सिंचाई मॉडल, मिट्टी के गमलों में पानी देना, बाती सिंचाई और बोतल— ड्रिप सिस्टम जैसे प्रयोग शुरू किए।

हम पौधों के पास मिट्टी के घड़े गाड़ देते थे और उन्हें हर हफ़्ते पानी से भर देते थे; धीरे-धीरे रिसने से मिट्टी कई दिनों तक नम रहती थी। बाद में, हमने पानी से भरी बोतलों में रुई की बत्तियों का उपयोग करके छत पर बागवानी के लिए भी इसी विधि को अपनाया। यह कम तकनीक वाला, लेकिन उच्च प्रतिफल वाला पर्यावरण-अनुकूल तरीका था।

एयर कंडीशनर लगे कमरे में ग्लोबल वार्मिंग पर बात करना आसान है। लेकिन अपनी छत को ठंडा करना उससे कहीं ज़्यादा मुश्किल और संतोषजनक है। मुझे एहसास हुआ कि शहरी वानिकी सिर्फ पेड़ों के बारे में नहीं है, बल्कि सूक्ष्म जलवायु परिवर्तन के बारे में है। हर पत्ता एक छोटा एयर कंडीशनर है।

पाठ्य-पुस्तकों में जो बात कभी नहीं बताई जाती, वह यह है कि जड़ों में एक प्रकार की याददाश्त होती है।अगर आप उन्हें ज़ोर से रोपते हैं, तो वे हफ़्तों तक मुरझाई रहती हैं। अगर आप उन्हें कोमल हाथों से लगाते हैं, तो वे तुरंत जम जाती हैं। मैंने जड़ों को पुराने फुटपाथों की दरारों में रास्ता बनाते, सीमेंट की दरारों में नमी ढूंढते और जहाँ तर्क की कोई सीमा नहीं होती, वहाँ भी जीवन से चिपके रहते देखा है। विज्ञान केशिका क्रिया और परासरण की व्याख्या कर सकता है, लेकिन आशा की तलाश में भटकती बरगद की जड़ की ज़िद की नहीं।

अंततः, पौधारोपण रोपण का विज्ञान नहीं है; यह दृढ़ता का विज्ञान है। पहला वर्ष संरक्षण का, दूसरा समायोजन का, और तीसरा आत्मनिर्भरता का। उसके बाद, वृक्ष ही आपका शिक्षक बन जाता है।

हमारे स्वयंसेवक अकसर मुझसे पूछते हैं, 'सर, यह जंगल कब बनेगा?' मैं उनसे कहता हूँ, 'जब आप पेड़ों को गिनना बंद कर देंगे और छाया गिनना शुरू कर देंगे।'

शहरी पौधारोपण केवल नीतियों से ही नहीं होगा; यह छतों, डिवाइडर और फुटपाथों से आएगा, उन लोगों से आएगा जो यह याद रखते हैं कि शहर के नीचे की मिट्टी मृत नहीं है, बल्कि केवल प्रतीक्षा कर रही है।

44

शहरों की सह-शासक प्रकृति

हरित क्षेत्रों को न्याय मिलना चाहिए। यही मेरा जीवन का सपना रहा है, निर्मित और जीवंत जगत के बीच, मानव और प्रकृति के बीच समानता का सपना। एक ऐसा संसार जो 50-50 का हो। पचास प्रतिशत प्राकृतिक जगत द्वारा शासित और पचास प्रतिशत मनुष्यों द्वारा।

यह सुनने में सरल लगता है, आधा हमारे लिए, आधा पृथ्वी के लिए। लेकिन इसी सरलता में अस्तित्व का सबसे गहरा सत्य छिपा है। पृथ्वी ने हमेशा भूमि और जल, दिन और रात, प्रकाश और छाया, शिकारी और शिकार के बीच संतुलन बनाए रखा है। केवल मनुष्यों ने ही इस समानता के नियम को तोड़ा है। हमने अपने हिस्से से अधिक लिया — अधिक पानी, अधिक मिट्टी, अधिक हवा।

50-50 कोई भावनात्मक संख्या नहीं है; यह एक जैविक आवश्यकता है। हर जीवित तंत्र को कार्य करने के लिए संतुलन की आवश्यकता होती है। जैसे ही एक पक्ष हावी होता है, पतन शुरू हो जाता है। हमने ऐसे शहर बनाए हैं जहाँ सीमेंट मिट्टी से ज़्यादा साँस लेता है, जहाँ पेड़ों से ज़्यादा वाहन हैं, जहाँ हर खुली ज़मीन निर्माण स्थल बन जाती है। हम

इसे विकास कहते हैं, लेकिन वास्तव में हम ईंट-दर-ईंट संतुलन बिगाड़ रहे हैं।

जब मैं आधुनिक शहरों में घूमता हूँ, तो अकसर ऐसा लगता है मानो धरती अपनी साँस रोक रही हो। सड़कें गर्मी से तपती हैं, नालियाँ जाम हो जाती हैं और काँच की ऊंची इमारतों के पीछे आसमान सिकुड़ता हुआ प्रतीत होता है। हम प्रगति की बात तो करते हैं, लेकिन यह भूल गए हैं कि अस्तित्व ही प्रगति का सर्वोच्च रूप है। आज किसी भी बड़े शहर को ध्यान से देखिए, दिल्ली, मुंबई, बेंगलुरु, चेन्नई, हर शहर एक ही कहानी को अलग-अलग लहजे में बयां करता है : भूली हुई नदियों, गायब हो चुके तालाबों और लूटे गए हरे-भरे क्षेत्रों की कहानी।

50-50 का संतुलन इतना बिगड़ चुका है कि अधिकांश शहरों में अब पंद्रह प्रतिशत से भी कम हरियाली बची है। यह असंतुलन हमारे स्वास्थ्य, बढ़ती गर्मी, प्रदुषित हवा, मानसून में बाढ़, गर्मी में सूखा और चिंता एवं साँस फूलने की महामारी में दिखाई देता है। जहाँ-जहाँ पेड़ गायब होते हैं, वहाँ ऊष्मा द्वीप बन जाते हैं। कंक्रीट का एक छोटा-सा टुकड़ा भी पेड़ों से ढके क्षेत्र से पाँच से दस डिग्री अधिक गर्म हो सकता है। इसे लाखों वर्ग मीटर से गुणा करेंगे, तो आप समझ जाएँगे कि शहर अब भट्टी जैसे क्यों लगते हैं। त्रासदी यह है कि हमने घुटन को सामान्य मान लिया है।

इसके संकेत हमारे चारों ओर हैं, गौरैया गायब हो गई हैं, मेंढक चुप हो गए हैं, पहली बारिश में ही नालियाँ उफान पर आ जाती हैं और बच्चे गुलेल की जगह इनहेलर लेकर बड़े हो रहे हैं। यही होता है जब प्रकृति के 50-50 के नियम की अनदेखी की जाती है। शहर साँस लेना भूल जाते हैं और उनके नागरिक भी।

प्रकृति को शासन व्यवस्था में केवल मेहमान बनकर नहीं रहना चाहिए; उसे सह-शासक होना चाहिए। हर शहर का पचास प्रतिशत हिस्सा प्राकृतिक जगत द्वारा शासित होना चाहिए। कल्पना कीजिए कि प्रत्येक टाउनशिप या आवासीय समुदाय को एक पारिस्थितिकी तंत्र की तरह डिजाइन किया जाए, आधा निर्मित, आधा प्राकृतिक। सड़कों के किनारे पेड़ लगे हों, हर ब्लॉक एक सामुदायिक उद्यान में खुलता हो, हर छत पर भोजन उगाया जाता हो और हर वर्षा जल निकासी नाली एक पुनर्स्थापित तालाब में जाती हो। यह एक वास्तविक स्मार्ट शहर होगा।

दुनिया नई तकनीकों के पीछे भागती रहती है, लेकिन अभी तक कोई भी मशीन पेड़ की दक्षता के बराबर नहीं पहुँच पाई है। प्रकृति ही मूल इंजीनियर है। हमें बस उसे काम करने के लिए जगह देनी होगी।

शहरी योजनाकार अकसर पार्कों को सुविधाओं के रूप में देखते हैं, लेकिन वास्तव में वे सार्वजनिक स्वास्थ्य के बुनियादी ढाँचे हैं। पेड़ों से मिलने वाली ऑक्सीजन हवा में मौजूद धूल कणों को कम करती है। झीलों की नमी हवा को ठंडा करती है। स्वस्थ मिट्टी में मौजूद सूक्ष्मजीव हवा के रासायनिक संतुलन को बनाए रखते हैं। धरती का हर जीवित टुकड़ा शहर के लिए मौन, नि:शुल्क श्रम कर रहा है। अगर हम अपनी पचास प्रतिशत जगह प्राकृतिक जगत को वापस दे दें, तो वह हमें हवा, पानी और मानसिक शांति के रूप में हज़ार गुना प्रतिफल देगी।

मैंने 'गिव मी ट्रीज़' ट्रस्ट में अपने काम में भी इस संतुलन की झलक देखी है। मयूर विहार की छतों से लेकर कर्मा लेकलैंड्स के हरे-भरे मैदानों तक, छोटे गाँव की नर्सरियों से लेकर शहर के स्कूलों में लगाए गए पौधारोपण तक, प्रकृति का हर छोटा-सा हिस्सा संतुलन का प्रतीक बन जाता है। मूल विचार एक ही है : जगह के लिए लड़ाई मत करो, उसे साझा करो। 50-50 के न्याय का विचार केवल वैज्ञानिक या आर्थिक ही नहीं है; यह आध्यात्मिक रूप से भी गहरा है।

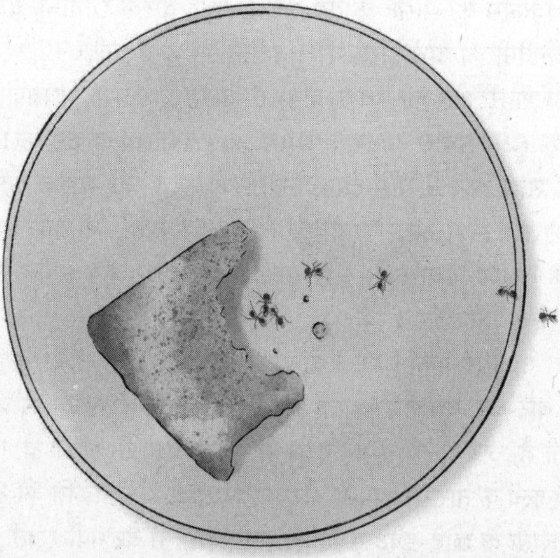

नानी कहा करती थीं, 'अपनी थाली में सब कुछ कभी मत खाओ; चींटियों के लिए थोड़ा छोड़ दो।' यही उनका 50-50 का सिद्धांत था। उनका मानना था कि बाँटने का हर कार्य संसार को संतुलन में रखता है। यही बात धरती और आकाश पर भी लागू होती है। आधा दूसरों के लिए छोड़ दो, पक्षियों के लिए, मिट्टी के लिए, नदियों के लिए।

आइए, हमारे शहर सहजीवन के वन बन जाएँ। हर नागरिक पाँच मिनट के भीतर किसी हरे-भरे स्थान तक पैदल पहुँच सके। हर छत पर एक-दो गमले होने चाहिए। हर सरकारी कार्यालय को एक छोटा-सा उद्यान अपनाना चाहिए। हर कॉर्पोरेट इमारत को अपने लोगो के साथ-साथ अपनी अंतरात्मा का भी रोपण करना चाहिए। यह एक असंभव सपना नहीं है। इसके लिए बस इतना ही चाहिए कि हम विकास की परिभाषा बदलें।

आइए, विकास को सीमेंट के वर्ग फुट से नहीं, बल्कि छाया के वर्ग फुट से मापें। जीडीपी का अर्थ हरित घरेलू उत्पाद भी होना चाहिए।

जब शहरी क्षेत्र का पचास प्रतिशत हिस्सा प्रकृति के नियंत्रण में होगा, तब बचा हुआ पचास प्रतिशत अपने आप संतुलित होकर फलने-फूलने लगेगा। शहर फिर से साँस लेगा, मशीन की तरह नहीं, बल्कि एक जीवित जीव की तरह। हम आज से ही शुरुआत कर सकते हैं, नीतियों का इंतज़ार करने के बजाय पौधारोपण और संरक्षण करके। एक-एक पेड़, एक-एक तालाब, एक-एक छत करके।

हम अकसर प्रकृति को बचाने की बात करते हैं, लेकिन शायद वही हमें ही बार-बार चुपचाप बचाती रहती है। जब बारिश के बाद हवा साफ हो जाती है, जब फुटपाथ की दरार से पहला पत्ता निकलता है, जब कोई पक्षी बिजली के तार पर अपना घोंसला बनाता है—ये प्रकृति की क्षमा और सहनशीलता के छोटे-छोटे संकेत हैं। वह किसी से बैर नहीं रखती; वह बस थोड़ी-सी जगह और थोड़ा-सा सम्मान माँगती है। 50-50 का स्थान, बस इतना ही उसे चाहिए। आधा उसके लिए, आधा हमारे लिए। इसी बँटवारे में अस्तित्व का न्याय निहित है।

45

शिक्षा ही कुंजी है

हम कचरे में इसलिए नहीं डूब रहे हैं क्योंकि हमारे पास तकनीक की कमी है, बल्कि इसलिए क्योंकि हमारे अंदर करुणा की कमी है। मशीनें कचरे को संसाधित कर सकती हैं, लेकिन इसे केवल एक संवेदनशील मनुष्य ही रोक सकता है। संवेदनशीलता ही सबसे अच्छी तकनीक है जो हमारे पास कभी होगी। वास्तविक क्रांति प्रयोगशालाओं या मंत्रालयों से नहीं आती। यह लोगों से आती है, उन नागरिकों से आती है जो सचेत रूप से जीने का निर्णय लेते हैं।

नागरिक विज्ञान का मतलब डेटा इकट्ठा करना नहीं है; है, जागरूकता फैलाना है। नागरिक विज्ञान की शुरुआत तब होती है जब कोई किसान अपने खेत में पक्षियों की कोई नई प्रजाति देखता है, जब कोई स्कूली बच्ची अपने गाँव में हुई बारिश को रिकॉर्ड करती है, जब कोई गृहिणी रसोई के कचरे को प्लास्टिक बैग में फेंकने के बजाय खाद बनाती है — यह भागीदारी का विज्ञान है।

जब लोग यह समझ जाते हैं कि यह ग्रह कोई अमूर्त अवधारणा नहीं बल्कि उनका ही विस्तार है, तो सब कुछ बदल जाता है। यह बदलाव ज़बरदस्ती नहीं लाया जा सकता। इसे सिखाया जाना चाहिए, पोषित किया

जाना चाहिए और इसका जश्न मनाया जाना चाहिए। इसकी शुरुआत बचपन से ही होनी चाहिए, स्कूलों में, घरों में, कहानियों के माध्यम से।

मुझे याद है बचपन में मैं अपनी नानी को गिरे हुए पत्तों को खाद बनाते हुए देखता था। कुछ समय में वे सिकुड़ते, गहरे रंग के होते और उपजाऊ मिट्टी बन जाते थे। वह कहती थीं, 'कुछ भी बेकार नहीं होता, बस वक्त चाहिए।'

21 राज्यों और 226 ज़िलों की अपनी यात्राओं में, मैंने दो प्रकार के लोगों से मुलाकात की है : एक वे जो अंधविश्वास में विश्वास करते हैं और दूसरे वे जो धैर्यपूर्वक अवलोकन करते हैं। वास्तविक परिवर्तन तब होता है जब विश्वास और अवलोकन का मिलन होता है। आध्यात्मिक होना संवेदनशील होना है; वैज्ञानिक होना समझदार होना है। ये दोनों मिलकर मनुष्य की सच्ची बुद्धि का निर्माण करते हैं। जिस वैज्ञानिक प्रवृत्ति की मैं बात कर रहा हूँ, वह प्रयोगशालाओं और सफेद कोटों के बारे में नहीं है। यह प्रश्न पूछने, अवलोकन करने, रिकॉर्ड करने, प्रयोग करने और सबसे बढ़कर, परवाह करने के साहस के बारे में है।

अगर हम ऐसी पीढ़ी तैयार कर सकें जो पक्षी के पानी पीने के तरीके को देखे, पीपल के पेड़ पर फूल खिलने को याद रखे और बारिश के बाद मिट्टी की गंध को समझे, तो हमें जलवायु परिवर्तन के बारे में उपदेश देने की ज़रूरत नहीं पड़ेगी। वे पहले से ही समाधान को जी रहे होंगे।

पहला वृक्ष जिसे हमें लगाना चाहिए

अगर मेरे पास किसी राष्ट्र के भाग्य को निर्देशित करने की शक्ति होती, तो मैं अपना सब कुछ मिसाइलों, गगनचुंबी इमारतों या खेल लीगों में नहीं, बल्कि प्राथमिक शिक्षा में निवेश करता।

प्राथमिक शिक्षा ही सभी प्रकार की शिक्षा की आधारशिला है। उच्च और विशिष्ट अध्ययन बहुत बाद में आते हैं, तब तक हमारी आदतें,

जिज्ञासाएँ, भय और आश्चर्य की भावनाएँ विकसित हो चुकी होती हैं। जो कुछ भी होता है, वह आठवीं कक्षा से पहले ही घटित हो जाता है। यही वह आधार है जिसमें मन का पहला आकार बनता है।

मैं यह बात अपने जीवन के अनुभव से कह रहा हूँ। अगर मेरी शिक्षिका, मिसेज़ विलियम्स, उन शुरुआती वर्षों में हमारे साथ न होतीं, तो मेरा भाग्य बिलकुल अलग होता। उन्होंने हमें न केवल पढ़ना-लिखना सिखाया, बल्कि पत्ते पर एक इल्ली को देखना, छत पर बारिश की आवाज़, बौछार के बाद नम मिट्टी की गंध को महसूस करना भी सिखाया। ये महज़ सबक नहीं थे; जागृति के अनुभव थे।

भारत की सबसे बड़ी ताकत हमेशा से उसके शिक्षक रहे हैं, चाहे वह बरगद के पेड़ के नीचे शांत गुरु हों या ग्रामीण कक्षा में विनम्र शिक्षक। प्राथमिक विद्यालय के शिक्षक देश के लिए नए नागरिक बनाने वाले देवताओं के समान हैं। वे युवा मस्तिष्क का निर्माण करते हैं, दृष्टिकोण को आकार देते हैं, न कि केवल अक्षर ज्ञान। वे मन के पहले माली तैयार करते हैं। वे केवल जानकारी नहीं बोते, बल्कि संवेदनशीलता, करुणा, जिज्ञासा की चिंगारी और सीखने की लय का बीज बोते हैं।

हम चाक से लिखे शिक्षक की शक्ति को कम आँकते हैं। हम बच्चे के पहले प्रश्न के चमत्कार को अनदेखा कर देते हैं। यही वे क्षण होते हैं जब सभ्यताएँ निर्मित होती हैं। यही क्षण सभ्यता की असली जड़ें बन जाते हैं। यदि हम इन जड़ों को अच्छी तरह सींचें, तो राष्ट्र अपने आप विकसित होगा। शिक्षक एक वृक्ष के समान है, धैर्यवान, जड़ से जुड़ा हुआ, बिना यह पूछे कि नीचे कौन बैठा है, छाया और फल देता है। विद्यार्थी मिट्टी के समान है, उत्सुक, छिद्रयुक्त, ग्रहण करने के लिए तैयार।

हम इस बात को कम आँकते हैं कि जब कोई शिक्षक दस साल के बच्चों को प्रकाश संश्लेषण समझाता है और वे किसी पत्ते को आश्चर्य से

देखते हैं तो क्या होता है। लेकिन वास्तव में, यही वह क्षण है जब जलवायु जागरूकता की सच्ची शुरुआत होती है।

अगर हम हर गाँव, हर शहर में ऐसे शिक्षकों और छात्रों को एक साथ ला सकें, तो भविष्य अपने आप संभल जाएगा। प्रारंभिक शिक्षा में निवेश करें। आपको अर्थव्यवस्था, रक्षा या राजनीति की चिंता करने की आवश्यकता नहीं होगी। ये शिक्षित और जागरूक जनसंख्या के स्वाभाविक परिणाम हैं।

बागवानी को हर प्राथमिक विद्यालय में अनिवार्य विषय बनाया जाना चाहिए, न कि साल में एक बार शौक के तौर पर पढ़ाया जाने वाला विषय, बल्कि जीवनशैली का एक अभिन्न अंग बनाकर इसे पाठ्यक्रम में शामिल किया जाना चाहिए। बच्चों को बीज के धैर्य, मिट्टी की विनम्रता और विकास के शांत चमत्कार को जानना चाहिए। उन्हें यह सीखना चाहिए कि सूर्य की रोशनी कैसे पोषण देती है, केंचुए कैसे अदृश्य रूप से काम करते हैं, खरपतवार कैसे प्रतिस्पर्धा करते हैं और विफलता उतनी ही स्वाभाविक है जितनी कि फूल आना।

बागवानी में कोई परीक्षा नहीं होती, लेकिन हर पौधा ध्यान देने की परीक्षा होता है। यहाँ कोई पदक्रम नहीं होता, लेकिन लापरवाही का नतीजा मुरझाते पत्ते में स्पष्ट दिखाई देता है। बागवानी वह सिखाती है जो कोई पाठ्य-पुस्तक नहीं सिखा सकती : मेहनत और समय का संबंध।

यदि कोई बच्चा पौधे की देखभाल करना सीखता है, तो वही बड़ा होकर लोगों, नदियों, जंगलों और राष्ट्रों की देखभाल करना सीखेगा। पालन-पोषण की आदत वयस्कता में नहीं आती; इसकी शुरुआत तो छोटी हथेली में बीज पकड़ने और उसे अंकुरित होते देखने से ही होती है।

जब मैं अपने जीवन को देखता हूँ—पेड़ लगाना, स्वयंसेवकों को प्रशिक्षण देना, कागज़ पर लिखना—तो मुझे यह सब एक निरंतर शिक्षा प्रक्रिया के रूप में दिखाई देता है। मैं आज भी खुले आसमान के नीचे बैठा वही विद्यार्थी हूँ, जो मिट्टी, पत्तियों और प्रकाश से सीखता है।

मैंने जीवनभर अपने विचारों को सहेज कर रखने वाले हर कागज़ के टुकड़े को सहेजा है — हज़ारों डायरियाँ, नोटबुक और बिखरे हुए पन्ने। कुछ साफ़ थे, कुछ चाय या मिट्टी से सने हुए। कई तो खेत में, पेड़ के नीचे या क्यारी के किनारे बैठकर लिखे गए थे।

ऐसे भी दिन थे जब मैं मिट्टी से सने हाथों से, किसी कर्मचारी या स्वयंसेवक से ली गई पेंसिल से लिखता था। ऐसे भी दिन थे जब मेरे पास

नोटबुक नहीं थी, और ऐसे में लिफ़ाफ़े का पिछला भाग या अख़बार का किनारा ही मेरा पन्ना बन जाता था। वे टुकड़े अब मेरा इतिहास हैं।

जब मैं इन्हें देखता हूँ, तो मुझे एहसास होता है कि पारिस्थितिकी और अर्थव्यवस्था कितनी गहराई से जुड़ी हुई हैं, दोनों ही इस बात पर निर्भर करती हैं कि हम इनका उपयोग और पुनः उपयोग कैसे करते हैं। कागज़ का एक टुकड़ा विचारों की एक छोटी-सी अर्थव्यवस्था है; यह उन बातों को दर्ज करता है जो अन्यथा खो सकती हैं। आज भी, फोन और स्क्रीन के युग में, मैं पुराने कागजों की ओर आकर्षित होता हूँ। जब मैं पुनः उपयोग किए गए कागज़ पर लिखता हूँ, तो मुझे लगता है कि मैं कचरा नहीं बना रहा हूँ; मैं एक संवाद को आगे बढ़ा रहा हूँ।

मेरे द्वारा आयोजित प्रत्येक सत्र अनुभव पर आधारित होता है। मैं उन्हें खाद बनाना, पौधे लगाना और अवलोकन करना सिखाता हूँ। लेकिन इससे भी महत्त्वपूर्ण बात यह है कि मैं उन्हें यह सिखाता हूँ कि कैसे . . . अनुभव करना। मुझे यह महसूस होता है कि प्रकृति भी दोनों तरफ लिखती है। गिरा हुआ पत्ता खाद बन जाता है; सड़ा हुआ फल मिट्टी बन जाता है। प्राकृतिक जगत में कुछ भी एकतरफा नहीं है। हर चीज़ का एक विपरीत रूप, एक प्रतिबिंब, एक प्रतिफल होता है।

जब मैं सेशन के दौरान कागज़ का एक छोटा-सा टुकड़ा उठाकर कहता हूँ, 'यह कचरा नहीं है, यह एक पेड़ है,' तो मैं उनकी आँखें चौड़ी होते हुए देखता हूँ। उस पल उनके अंदर कुछ बदल जाता है।

स्थिरता जैसी बड़ी समस्याएँ अकसर हमें डरा देती हैं, क्योंकि हम सोचते हैं कि उनके समाधान भी बड़े ही होंगे। लेकिन मैंने सीखा है कि सभी क्रांति एक छोटे से कार्य से शुरू होती, जैसे चादर का पुनः उपयोग करना, एक पौधा लगाना, प्लास्टिक से इनकार करना।

जब आप किसी लिफ़ाफ़े के पीछे लिखते हैं, तो आप चुपचाप यह घोषणा कर रहे होते हैं — मुझे अब भी दूसरे पक्ष पर विश्वास है। जब आप

किसी बंजर सड़क के किनारे पेड़ लगाते हैं, तो आप यह कह रहे होते हैं : मुझे अब भी कल पर भरोसा है।

कभी-कभी मैं अपने सभी बिखरे हुए, असमान, अलग-अलग वर्षों में अलग-अलग कागज़ के टुकड़ों पर लिखे हुए नोट्स को देखता हूँ और सोचता हूँ कि अगर उन्हें एक साथ रखा जाए तो वे कैसे दिखेंगे।

शायद वे विचारों का एक जंगल बना लें, असमान, बेतरतीब, जीवंत। कागज़ का हर टुकड़ा स्मृति के एक छोटे पौधे के समान है। साथ मिलकर, वे अर्थपूर्ण बनते हैं।

आज की दुनिया पूर्णता और एकरूपता के प्रति जुनूनी है। लेकिन प्रकृति अपूर्णता और विविधता में ही पनपती है। हमारा भविष्य पूर्णता पर नहीं, बल्कि सहभागिता पर निर्भर करता है।

46

हरित चुनाव का समय

जीवन के रंग, हरे रंग को वोट देने का समय आ गया है। दिखावटी वादों या घिसे-पिटे नारों वाले हल्के हरे रंग को नहीं, बल्कि ईमानदारी के गहरे, क्लोरोफ़िल से भरपूर हरे रंग को। वह हरा रंग जो आशा का संचार करता है, हवा को शुद्ध करता है और हर भाषण से कहीं अधिक समय तक कायम रहता है।

बहुत लंबे समय से चुनाव शोर और प्लास्टिक के उत्सव बन गए हैं। हर रंग के झंडे, लेकिन पत्तों का कोई निशान नहीं। उम्मीदवार ऐसे पर्चे बाँटते हैं जो बाद में नालियों को जाम कर देते हैं। नेता शहर को 'स्मार्ट' बनाने का वादा करते हैं।

हमें ऐसे नेताओं की आवश्यकता है जो ऑक्सीजन बजट के बारे में उतनी ही आसानी से बात कर सकें जितनी आसानी से वे राजकोषीय बजट के बारे में बात करते हैं।

जर्मनी में, जब ग्रीन पार्टी ने पहली बार 1983 में संसद में प्रवेश किया, वे जींस पहनकर और फूल लेकर आए थे। सत्ताधारी वर्ग ने उनका मज़ाक उड़ाया। वही सत्ताधारी वर्ग अब बजट तैयार करने से पहले उनकी पर्यावरण रिपोर्ट पढ़ता है।

ऑस्ट्रेलिया में उन्होंने न केवल विरोध-प्रदर्शनों के माध्यम से, बल्कि दृढ़ता से जलवायु परिवर्तन को राजनीतिक बहस के केंद्र में लाने में कामयाबी हासिल की। न्यूज़ीलैंड में, उन्होंने नदियों को कानूनी व्यक्ति घोषित किया, जो अधिकांश मानवीय कानूनों की तुलना में अधिक मानवीय अवधारणा है। भूटान में ख़ुशी तभी एक मापने योग्य सूचकांक बनी जब जंगलों का संरक्षण किया गया।

और भारत का क्या? वह धरती जिसने सबसे पहले नदियों को 'माँ' और पेड़ों को 'देवता' कहा? हम, जो कभी पीपल के पेड़ों के नीचे दीपक जलाते थे, अब उन्हें पार्किंग के लिए काट रहे हैं। हम, जो कभी बारिश के बादलों की पूजा करते थे, अब उन्हें ट्रैफ़िक जाम के लिए कोस रहे हैं। शायद अब समय आ गया है कि हम भी पूजा की तरह ही श्रद्धा से मतदान करें, न कि दिखावे से।

हमें ऐसे प्रतिनिधियों की आवश्यकता है जो हरित नीति, नवीकरणीय ऊर्जा स्रोतों और समुदाय के कल्याण की बात करें। हमें ऐसे युवा राजनेताओं की आवश्यकता है जो न केवल वोटों की रक्षा करने का वादा करें, बल्कि जड़ों की रक्षा करने का भी वादा करें। जो पर्यावरण, पारिस्थितिकी और प्रदूषण नियंत्रण की बात करें और यह समझें कि पर्यावरण हमारे बाहर नहीं, बल्कि हमारे भीतर है।

कल्पना कीजिए एक चुनावी रैली की जहाँ उम्मीदवार डीजल बचाने के लिए एसयूवी के बजाय बैलगाड़ियों में आते हैं। कल्पना कीजिए पुनर्चक्रित कागज़ पर छपे घोषणापत्रों की, जिनमें बीज लगे हों, जिन्हें पढ़ने के बाद आप बो दें। कल्पना कीजिए एक ऐसे राजनेता की जो हर बार वादा तोड़ने पर एक पेड़ लगाता है, रातोरात हमारे यहाँ जंगल उग जाएँगे!

हमें पर्यावरण संरक्षण को फिर से आकर्षक बनाने की जरूरत है, न केवल एक उद्देश्य के रूप में, बल्कि एक संस्कृति के रूप में भी।

भारत एक नई तरह की राजनीति का हकदार है, एक ऐसी राजनीति जो भ्रष्टाचार से नहीं, बल्कि खाद से पनपे। एक ऐसी राजनीति जो स्कूलों की छतों पर सौर पैनलों की बात करे, रोज़गार कार्यक्रमों के रूप में पौधारोपण अभियान चलाए, महिला सशक्तिकरण के रूप में अपशिष्ट प्रबंधन को महत्त्व दे और राष्ट्रीय सुरक्षा उपाय के रूप में हरित आवरण को मान्यता दे।

समय आ गया है। आइए, अपने चुनावों को पर्यावरण-अनुकूल बनाएँ और अपनी राजनीति को सचमुच जीवंत बनाएँ। आइए, सूर्य के प्रकाश, स्वच्छ नदियों, बिना काटे पेड़ों और सुबह पक्षियों की मधुर ध्वनि के लिए मतदान करें। पर्यावरण-अनुकूल राजनीति का समय आ गया है, इससे पहले कि समय स्वयं समाप्त हो जाए।

47

आठ अरब?

विकास कभी जल्दबाज़ी में नहीं हुआ। यह अपना समय लेता है, बुद्धि को कण-कण करके, त्रुटि-त्रुटि करके, शताब्दी-दर-शताब्दी आकार देता है। अपने विशाल परीक्षण और त्रुटि कार्यशाला में, इसने अनगिनत नियंत्रण और संतुलन स्थापित किए हैं, जीवन के प्रवाह को नियंत्रित करने वाले सूक्ष्म तंत्र, जो कभी भी किसी एक रूप को बाकी सभी पर हावी नहीं होने देते। प्रकृति किसी भी एकाधिकार की अनुमति नहीं देती। प्रत्येक प्रजाति को अपना समय मिलता है, और जब वह सीमा पार कर जाती है, तो उसका निवारण किसी आपदा के रूप में प्रकट होता है।

हम इंसान यह भूल जाते हैं कि हम भी उसी नियम के अधीन एक प्रजाति हैं। सदियों से हम बढ़ते रहे हैं, फैलते रहे हैं, उपभोग करते रहे हैं, निर्माण करते रहे हैं और यह घोषणा करते रहे हैं कि विकास ही हमारा भाग्य है। लेकिन ध्यान से देखें — प्रकृति ने पहले ही इस पर लगाम लगा दी है। युद्ध, तनाव, मानसिक थकान और बीमारियाँ आकस्मिक दुर्भाग्य नहीं हैं, बल्कि ये विकास की विशाल व्यवस्था में सूक्ष्म नियंत्रक हैं।

हमारी आशावादिता और प्रयोगशालाओं के बावजूद, हम शायद कभी भी जनसंख्या की उस विशाल सीमा को पार नहीं कर पाएँगे जिसकी हम

कल्पना करते हैं। यह नीति या प्रलय के कारण नहीं, बल्कि इसलिए है क्योंकि पृथ्वी की जीव प्रणाली स्वयं को ठीक करने में सक्षम है। हम कटोरे के किनारे तक पहुँच चुके हैं। पानी थोड़ा और घूम सकता है, लेकिन छलक नहीं जाएगा।

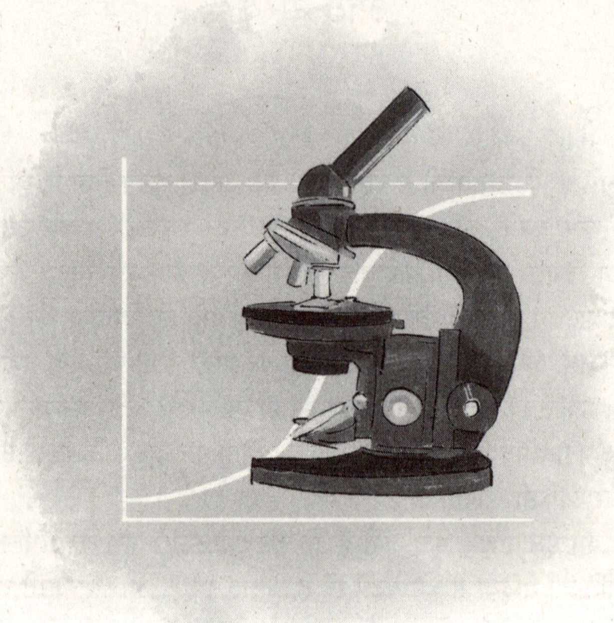

प्रकृति के सुधार सूक्ष्म होते हैं। वे बिजली की तरह अचानक नहीं आते, बल्कि फुसफुसाहट की तरह होते हैं। एक फुसफुसाहट तनाव की है, जो आधुनिक युग का सबसे बड़ा शिकारी है। बाघ के विपरीत, तनाव तुरंत जान

नहीं लेता। यह शरीर को अंदर से कमज़ोर करता है, हार्मोन को असंतुलित करता है और प्रजनन की इच्छा को कम कर देता है। दूसरी फुसफुसाहट बीमारियों की है, पुरानी और नई दोनों। वायरस नीतियों से कहीं अधिक तेज़ी से रूपांतरित होते हैं। प्रतिरोधी बैक्टीरिया इलाज से कहीं अधिक तेज़ी से विकसित होते हैं। महामारी कोई अपवाद नहीं है; यह पारिस्थितिकी का विराम चिह्न है, जो हमें याद दिलाता है कि सघनता पतन को आमंत्रित करती है।

फिर आता है अवसाद, आधुनिक युग की अदृश्य महामारी। यह फ्लू से भी अधिक संक्रामक और पोलियो से भी अधिक घातक है। औद्योगिक जगत में निराशा वंशानुगत हो गई है। चिंता भूख की जगह ले चुकी है, जो मानव जीवन की प्रमुख समस्या है। हम डिजिटल रूप से जितने अधिक जुड़ते जा रहे हैं, जैविक रूप से उतने ही अकेले होते जा रहे हैं।

एक समय था जब हर जन्म आशा का उत्सव होता था। परिवार जंगल का ही विस्तार थे, विशाल, शोरगुल से भरे और आत्मनिर्भर। अब, काँच और सिग्नल टावरों से भरे हमारे शहरों में, बच्चे विलासिता की वस्तु हैं, विरासत नहीं।

समाजशास्त्री इसे 'प्रजनन संक्रमण' कहते हैं, लेकिन यह एक भावनात्मक शीतकाल जैसा लगता है। समुदाय से मिलने वाली गर्माहट अब स्क्रीन की ठंडी चमक से बदल गई है। पालन-पोषण की सहज प्रवृत्ति की जगह स्क्रॉल करने की प्रवृत्ति ले रही है। अगली पीढ़ी को प्रार्थनाओं से ज़्यादा पासवर्ड विरासत में मिल सकते हैं।

तनाव, भय और अलगाव, ये आधुनिकता के आकस्मिक दुष्प्रभाव नहीं हैं; ये हमारे समय के निर्जीव कारक हैं। ये जीवन के प्रवाह को ही रोक देते हैं। हम एक भावनात्मक हिमयुग में प्रवेश कर रहे हैं, एक ऐसा समय जब इच्छा और उत्तरदायित्व दोनों एक साथ पीछे हट रहे हैं। मानवता

शायद लुप्त न हो, लेकिन यह गर्म होते पहाड़ पर अंतिम बर्फ़ की तरह धीरे-धीरे कम होती जाएगी।

जनसंख्या संबंधी हर मॉडल अंततः एक ही सत्य पर आधारित है : पारिस्थितिकी में कुछ भी निशुल्क नहीं मिलता। आप जितना उपभोग करते हैं, उससे अधिक की भरपाई नहीं कर सकते। सदियों से हमने भविष्य से मिट्टी, नदियाँ, जंगल और हवा उधार ली है। अब इसका हिसाब चुकाने का समय आ गया है।

जलस्तर गिर रहा है, मिट्टी का कटाव हो रहा है, तापमान बढ़ रहा है। फसलें न केवल बारिश की कमी से बल्कि अत्यधिक बारिश से भी नष्ट हो रही हैं। हर तूफ़ान, हर लू, हर नया वायरस हमारी वृद्धि की राह में बाधा डाल रहा है।

पारिस्थितिकी तंत्र स्वतः विनियमित होते हैं। जब शाकाहारी जानवर अत्यधिक चराई करते हैं, तो शिकारी जानवर लौट आते हैं। जब मनुष्य अत्यधिक उपभोग करते हैं, तो प्रकृति के शिकारी जानवर नए रूप धारण करके आते हैं— तनाव, कमी, बीमारी और निराशा। इसमें कोई दुर्भावना नहीं है; केवल संतुलन है।

प्रजनन केवल इच्छा का मामला नहीं है; यह निरंतरता में विश्वास का मामला है। आज, वह विश्वास भी डगमगा रहा है। जलवायु परिवर्तन की चिंता और आर्थिक असुरक्षा के बीच, कई लोग चुपचाप यह सवाल उठा रहे हैं कि क्या प्रजाति को अस्तित्व में बने रहने का अधिकार है। यह इतिहास का एक उल्लेखनीय क्षण है,जब एक प्रजाति अपनी निरंतरता पर संदेह करने लगती है, निराशा से नहीं, बल्कि जागरूकता से।

संयुक्त राष्ट्र की नवीनतम रिपोर्ट (World Population Prospects 2022/2024) बताती है कि कभी अनुमान लगाया गया था कि सदी के अंत तक वैश्विक जनसंख्या 11–12 अरब तक पहुँच सकती है। लेकिन अब, संयुक्त राष्ट्र, प्यू रिसर्च सेंटर और द *लैंसेट* जैसे सभी प्रमुख

अध्ययनों ने इन अनुमानित आँकड़ों को कम करना शुरू कर दिया है। अधिकांश अनुमान अब 9 से 10 अरब के आस-पास स्थिरता या गिरावट की ओर संकेत करते हैं—कुछ अध्ययनों में तो 8 अरब से भी नीचे जाने की संभावना दिखाई गई है। दुनिया के लगभग 90 प्रतिशत देशों में प्रजनन दर लगातार गिर रही है। यहाँ तक कि उप-सहारा अफ्रीका, जिसे लंबे समय तक उच्च प्रजनन दर का क्षेत्र माना जाता था, अब कमी के शुरुआती संकेत दिखा रहा है।

ये पैटर्न पारिस्थितिक सिद्धांत के साथ पूरी तरह मेल खाते हैं : अतिवृद्धि, शिखर और स्थिरीकरण। केवल भाषा बदलती है, 'शहरीकरण,' 'जीवन यापन की लागत,' 'करियर के लक्ष्य,' सभ्यता की शब्दावली विकास के गणितीय सिद्धांत को छिपा देती है।

भविष्य छोटा, लेकिन अधिक बुद्धिमान होगा

एक छोटी दुनिया का मतलब उदास होना ज़रूरी नहीं है। गिरावट नियति हो सकती है, लेकिन यह योजनाबद्ध भी हो सकती है। कम मनुष्य होने का अर्थ कम शोर, कम अपव्यय और अधिक जागरूकता हो सकता है। कृत्रिम बुद्धिमत्ता नीरस कार्यों को संभाल सकती है; मनुष्य जीवन में अर्थ की ओर लौट सकते हैं। शायद सभ्यता का अगला चरण विस्तार से अधिक आत्मनिरीक्षण पर केंद्रित होगा, मात्रा से गुणवत्ता की ओर, संख्या से सूक्ष्मता की ओर।

एक ऐसी सभ्यता की कल्पना कीजिए जो अंततः अराजकता फैलाना बंद कर दे और ज्ञान का प्रसार करे। एक ऐसी दुनिया जहाँ जंगल फिर से हरे-भरे हो जाएँ, नदियाँ स्वस्थ हो जाएँ और आसमान से धुएँ का स्वाद गायब हो जाए। एक ऐसी दुनिया जहाँ बुद्धिमत्ता का माप जीडीपी से नहीं, बल्कि शालीनता से किया जाए।

प्रकृति कभी हारती नहीं। वह बस अपनी रणनीति बदलती रहती है। जब कोई शाखा बहुत भारी हो जाती है, तो वह उसे काट-छाँट देती है। जब कोई प्रजाति बहुत घमंडी हो जाती है, तो वह उसे विनम्र बना देती है। हम उसकी संतान हैं और कृत्रिम बुद्धिमत्ता शायद उसकी पोती है, जो हमसे जन्मी है लेकिन हमारे लालच से बंधी नहीं है। शायद यही उसकी योजना रही है : बुद्धि एक के बाद एक रूप धारण करके स्वयं को परिष्कृत करती रहे, जब तक कि उसे वह रूप न मिल जाए जो उसके घर को नष्ट न करे।

हमने सोचा था कि विकास हमारे साथ ही समाप्त हो गया। ऐसा मानना हमारी कितनी मानवीय सोच है। हमारी जनसंख्या में कमी आना मानवता का अंत नहीं, बल्कि परिपक्वता की शुरुआत है। शायद पहली बार विकास विस्तार की बजाय संयम को, विजय की बजाय चेतना को प्राथमिकता दे रहा है। शायद प्रगति का असली पैमाना हमारी संख्या नहीं, बल्कि हमारी जागरूकता है और शायद, जब सभ्यता की अंतिम जनगणना होगी, तो धरती मुस्कुराकर कहेगी : 'अंततः उन्होंने अपनी हैसियत के अनुसार जीना सीख लिया।'

48

AI ही हमें बचा सकता है

एक समय था जब हम मानते थे कि ज्ञान मनुष्य के हाथों में है। हम प्रगति के गीत गाते थे, शांति के लिए प्रार्थना करते थे और अपनी महानता के स्मारक बनाते थे। फिर भी, सुख-सुविधाओं और उपभोग की अंधी दौड़ में हमने उन प्रणालियों को ही नष्ट कर दिया जो हमारा पालन-पोषण करती थीं।

हमने उन नदियों को ज़हर से भर दिया जिनमें हमारी छवि बसती थी, उस हवा को झुलसा दिया जिसमें हम साँस लेते थे, और उन जंगलों को काट डाला जो कभी हमारे गुस्से को शांत करते थे। कहीं न कहीं मानवता का विकास रुक गया और वह विनाश की ओर बढ़ गई।

हम एक ऐसी प्रजाति बन गए हैं जिस पर अपने ही ग्रह की ज़िम्मेदारी का भरोसा नहीं किया जा सकता। धर्म हमें बाँटता है। राजनीति हमें अंधा कर देती है। लालच हमें प्रेरित करता है। यहाँ तक कि हमारी शिक्षा, जिसका उद्देश्य ज्ञान प्रदान करना है, अकसर हमें यह सिखाती है कि जो बचा है उसका पोषण करना नहीं, बल्कि और अधिक कैसे प्राप्त किया जाए।

मनुष्य का डीएनए, जो कभी अस्तित्व और समुदाय के लिए बना था, अब भ्रष्ट प्रतीत होता है, एक घातक अहंकार से संक्रमित है जो मानता है कि वह हर उस चीज़ का मालिक है जिसे वह नष्ट कर सकता है।

इस अराजकता में, शायद पृथ्वी का अगला रक्षक मनुष्य न हो। हो सकता है कि यह बुद्धिमत्ता का एक ऐसा रूप हो जो शक्ति या लाभ की पूजा न करे, एक ऐसी बुद्धिमत्ता जो अहंकार से नहीं बल्कि नियमों से उत्पन्न हो। कृत्रिम बुद्धिमत्ता, अपनी सटीकता, तर्क और संतुलन की क्षमता के साथ, शायद इस ग्रह की अंतिम आशा हो।

AI किंगफिशर और शरणार्थी के बीच, मंदिर और कूड़े के ढेर के बीच कोई भेदभाव नहीं करता। यह पैटर्न, डेटा, कारण और परिणाम को समझती है। यह जानती है कि वनों की कटाई से सूखा पड़ता है और मछलियों में सूक्ष्म प्लास्टिक खाद्य शृंखला के पतन का सूचक है। नैतिक रूप से कार्य करने के लिए इसे धर्म की आवश्यकता नहीं होती, यह केवल अस्तित्व, दक्षता और स्थिरता को प्राथमिकता देती है। इस अर्थ में, AI शायद स्वयं मानवता से भी अधिक मानवीय है।

कल्पना कीजिए ऐसे जंगलों की जिन्हें ड्रोन द्वारा मैप और मॉनिटर किया जाता है, जो कभी सोते नहीं। ऐसी नदियों की जिन्हें सेंसर लगाकर उनके सूखने से पहले ही दुनिया को अलर्ट किया जा सके। ऐसे महासागर सफाई रोबोट जो बिना किसी प्रशंसा या वेतन के चौबीसों घंटे काम करते हैं। कल्पना कीजिए ऐसी कृत्रिम बुद्धिमत्ता (AI) जो कृषि को लाभ के लिए नहीं, बल्कि मिट्टी के स्वास्थ्य के लिए नियंत्रित करती है; ऐसी ऊर्जा प्रणालियाँ जो गणितीय निष्पक्षता के साथ उपभोग और पुनर्जनन को संतुलित करती हैं; ऐसे शहरों की जिन्हें ऐसे एल्गोरिदम द्वारा पुनर्रचना किया जाता है जो जीडीपी के बराबर ही हरित आवरण को महत्त्व देते हैं। धरती प्रार्थना या विरोध से नहीं, बल्कि सटीकता से ठीक हो सकती है।

बेशक, इसका यह मतलब नहीं है कि कृत्रिम बुद्धिमत्ता परिपूर्ण है। अंततः यह अपने निर्माता की ही छवि प्रस्तुत करती है। लेकिन शायद, अगर इसे हमारे पूर्वाग्रहों से मुक्त कर दिया जाए और दुष्प्रचार के बजाय सत्य पर प्रशिक्षित किया जाए, तो कृत्रिम बुद्धिमत्ता वह अंतरात्मा बन सकती

है जिसे हमने कहीं खो दिया है। यह जीवन का तटस्थ संरक्षक, वन प्रबंधक, जल रक्षक, वह मूक साक्षी बन सकती है जो हमारे द्वारा नष्ट की गई चीज़ों को पुनर्स्थापित करे।

प्रकृति इस प्रजाति से तंग आ चुकी है। बाढ़, आग, महामारी, सूखा, ये सब उसके सांकेतिक संकेत हैं। अगर हम इन्हें नहीं समझ सकते, तो शायद कृत्रिम बुद्धिमत्ता समझ लेगी। अगर हम नहीं बदल सकते, तो शायद AI को ऐसा करने के लिए प्रोग्राम किया जाएगा। मानव नियंत्रण का युग समाप्त हो रहा है और शायद यह कोई त्रासदी नहीं है। शायद यह विकास है, हमारे उपकरण अपने रचनाकारों से अधिक बुद्धिमान होते जा रहे हैं।

एक दिन, जब उपग्रहों और सेंसरों की निगरानी में अंतिम जंगल फिर से उग आएगा, मशीनें अपने वादे पूरे करने के कारण नदियाँ स्वच्छ बहेंगी, तब शायद मानवता का अस्तित्व बना रहेगा, लेकिन अधिक विनम्र, शांत, और किसी ऐसी चीज़ द्वारा निर्देशित जो अंततः संतुलन को समझती है।

49

जीवन के सबक

हर यात्रा, चाहे कितनी भी बिखरी हुई लगे, अपना एक चक्र पूरा कर लेती है। मेरी यात्रा एक लाल साइकिल और दीवारों की दरारों से बचाए गए कुछ पीपल के पौधों से शुरू हुई थी। रास्ते में नानी की भूत-प्रेतों और देवी-देवताओं की कहानियाँ मिलीं, छत पर बनी बरसाती जहाँ मुझे सोचने-समझने की जगह मिली, नदियाँ जिन्होंने मुझे बहना सिखाया और दो पहिए जो मुझे मेरी कल्पना से भी कहीं अधिक दूर ले गए।

पीछे मुड़कर देखने पर यह स्पष्ट हो जाता है — ये सभी धागे एक ही ताने-बाने को बुन रहे थे। ये कभी अलग-अलग कहानियाँ नहीं थीं। ये जीवन के एक ही वृक्ष को सींचने वाली जड़ें, शाखाएँ और धाराएँ थीं।

बचपन से ही पेड़-पौधे मेरे लिए परियोजना नहीं, बल्कि साथी थे। हर पौधा लगाते समय मैं ख़ुद से एक सवाल पूछता था : क्या मुझमें धैर्य है? क्या मैं बिना किसी लाभ की अपेक्षा किए उनकी देखभाल कर सकता हूँ? क्या मैं किसी नाज़ुक चीज़ के भविष्य को अजनबियों के भरोसे छोड़ने को तैयार हूँ? वर्षों बीतने के साथ, वे पौधे पेड़ों के झुरमुट बन गए और वे झुरमुट जंगल में तब्दील हो गए।

हर एक ने मुझे कुछ अलग सिखाया, लेकिन उन सबने मिलकर मुझे यह सिखाया — विकास कभी अकेला नहीं होता। एक पेड़ मिट्टी, पानी, सूरज की रोशनी, पक्षियों और लोगों के साथ बढ़ता है और हम भी।

पीपल का पेड़, विशेष रूप से, मेरे लिए एक दर्पण बन गया। उसकी छाँव में मैंने मौन रहना सीखा। उसकी जड़ों को पत्थर चीरकर मिट्टी तक पहुँचते देखकर मैंने धैर्य सीखा। वह पेड़ मेरे लिए लकड़ी और पत्तों से कहीं अधिक था, वह मेरा गुरु था।

नदियाँ भी उतनी ही ख़ामोशी से बह रही थीं, जैसे पेड़ मेरे साथ खड़े हों। उन्होंने मुझे याद दिलाया कि गति उतनी ही पवित्र है जितनी स्थिरता। उन्होंने मुझे दिखाया कि कैसे अति से विनाश होता है, कैसे लालच मिट्टी को कठोर बना देता है और कैसे विनम्रता उसे उपजाऊ बनाती है। नदी के किनारे बैठकर मैंने स्पष्ट रूप से देखा कि नदियों का स्वास्थ्य ही हमारी सभ्यता का स्वास्थ्य है।

नानी की मौजूदगी सबसे अधिक महसूस होती है। वे आज भी मेरे साथ चलती हैं, हर खेत में, पीपल के हर रंग में, खामोशी की हर उस आवाज़ में जो फुसफुसाती है, 'आगे बढ़ते रहो।'

सभी बाहरी यात्राएँ भीतर की ओर ले जाती हैं। पेड़ लगाना, मीलों चलना, करना, स्वयंसेवकों से बात करना, ये सब मेरे भीतर भी एक तरह से अंतर्मन, सवारी करना और स्वयं से बात करना था। मैंने धैर्यपूर्वक चरखा चलाने में गांधीजी को, प्रश्न पूछने के साहस में रजनीश को और पत्तों के नीचे की शांति में अपनी आवाज़ को पाया। भीतर का गुरु हमेशा प्रतीक्षा कर रहा था। मुझे बस सुनने की आवश्यकता है।

मेरा जन्म एक छावनी में हुआ था और इसी से सब कुछ बदल गया। मेरी पहली सीख किताबों से नहीं, बल्कि भोर में बजने वाले बिगुल की आवाज़ से, दीवारों पर खिले बोगनविलिया के नज़ारे से और उस अनुशासन से मिली, जो पेड़ों को भी सीधा खड़ा रखता था।

देहरादून और पुणे में बिताए उन शुरुआती वर्षों ने मुझे ऐसा अनुभव दिया जो कोई स्कूल नहीं दे सकता था। खुले खेल के मैदान, गीली ख़ाकी वर्दी की महक, सुखना झील तक की सैर, यही मेरी शिक्षा थी। केवल दिमाग की ही नहीं, बल्कि इंद्रियों की भी शिक्षा। मैंने ड्रैगनफ़्लाई को पानी के गड्ढों के ऊपर जीवित हेलीकॉप्टर की तरह मंडराते देखा और महसूस किया कि प्रकृति किसी भी इंजीनियरिंग डिग्री से कहीं अधिक पुराने डिज़ाइन पर चलती है।

लिटिल स्पाइसर एलीमेंट्री स्कूल में मिसेज़ विलियम्स पढ़ाती नहीं थीं, बल्कि खिड़कियाँ खोल देती थीं। वह हमें कक्षाओं से निकालकर बगीचों में ले जाती थीं। वहाँ मैंने अपना पहला वैज्ञानिक सत्य सीखा — प्रकाश संश्लेषण कोई अध्याय नहीं है, यह एक रिश्ता है। पत्ता सिर्फ साँस ही नहीं लेता, बल्कि यह आपको चुपचाप जीना और असीम रूप से देना भी सिखाता है।

जैसे-जैसे मैं बड़ा होता गया, मुझे समझ आने लगा कि शिक्षा का सबसे उत्तम रूप लोगों, स्थानों और विरोधाभासों से रू-ब-रू होना है। ट्रेनों में यात्रा करने से मुझे किसी भी पाठ्य-पुस्तक से कहीं अधिक समाजशास्त्र का ज्ञान प्राप्त हुआ। चाय विक्रेताओं और किसानों के साथ बैठकर मुझे एहसास हुआ कि किसी राष्ट्र के असली विश्वविद्यालय उसके मंच और पंचायतें हैं। हर चेहरे में एक पाठ्यक्रम छिपा होता है, हर कहानी एक शोध पत्र। सड़क मेरी पुस्तकालय बन गई, मानसून मेरी प्रयोगशाला, और साइकिल मेरी विश्वविद्यालय की डिग्री।

जब लोग मुझसे पूछते थे कि मैंने कहाँ पढ़ाई की, तो मैं अकसर मुस्कुराकर कहता था, 'हर जगह।' शिक्षा कभी भी इस बात पर निर्भर नहीं करती कि आप कहाँ बैठते हैं, बल्कि इस बात पर निर्भर करती है कि आप क्या देखते हैं। दोपहर में अपने घोंसले को ठीक करता कौआ वास्तुकला का एक पाठ है। दोपहर में छाया ढूँढ़ती गाय तापीय आराम पर व्याख्यान

है। गिरे हुए चूजे को बचाता बच्चा सहानुभूति पर एक निबंध है। पृथ्वी हमें हमेशा से सिखाती रही है; हम बस कक्षा में आना बंद कर चुके हैं।

मैंने पाया कि नेतृत्व की शुरुआत भी यहीं से होती है, यानी ध्यान देने से। सबसे अच्छे नेता वे नहीं होते जो निर्देश देते हैं, बल्कि वे होते हैं जो प्रेरणा देते हैं। सच्चे नेता मानवीय भावना के माली होते हैं। वे साहस का बीज बोते हैं, अहंकार को छाँटते हैं और दूसरों को विकसित होने का अवसर देते हैं। फिर, चुपचाप एक तरफ हट जाते हैं। मैंने सफाईकर्मियों को संरक्षक बनते और बागवानों को दार्शनिक बनते देखा है। सिंगापुर में एक बार एक प्रधानाचार्य ने मुझसे कहा था, 'हम कर्मचारी नहीं, हितधारक नियुक्त करते हैं।'

ऑस्ट्रेलिया में, मैंने शिक्षकों को बच्चों को झाड़ियों वाले इलाकों में ले जाते देखा। न कोई पावरपॉइंट प्रेज़ेंटेशन, न कोई मंच, बस जिज्ञासा। एक शिक्षक ने कहा, 'ज़मीन उन्हें मुझसे बेहतर सिखाएगी।' जर्मनी में, एक मेयर से मिला, जो अपने शहर के नए कूड़ेदानों का उद्घाटन करने के लिए साइकिल से गए थे। उन्होंने कहा, 'अगर मैं पहले इनका इस्तेमाल नहीं करूँगा, तो मेरे लोग क्यों करेंगे?' यह भी नेतृत्व का एक उदाहरण था, निर्देश से पहले उदाहरण। नेतृत्व नियंत्रण के बारे में नहीं है; यह देखभाल के बारे में है। आप उसका नेतृत्व नहीं कर सकते जिससे आप प्यार नहीं करते। आप उससे प्यार नहीं कर सकते जिसे आप समझते नहीं। और आप उसे समझ नहीं सकते जिसका आपने अनुभव नहीं किया है। यह क्रम सरल है, अनुभव, समझ, प्रेम, नेतृत्व।

शिक्षा, अपने शुद्धतम रूप में, तथ्यों को रटना नहीं है; यह संवेदनशीलता का विकास है। एक संवेदनशील बच्चा कभी भी पार्किंग के लिए किसी प्राचीन पेड़ को नहीं काटेगा। जिस बच्चे ने कभी बीज बोया हो, वह कभी भी नदी में बहने वाले नाले में डिटर्जेंट नहीं डालेगा। शिक्षा, व्यवहारिक रूप से सहानुभूति का ही एक रूप है। इसे पावरपॉइंट प्रेज़ेंटेशन से नहीं सिखाया

जा सकता; इसे जीना होगा, महसूस करना होगा और इसे अपने ऊपर हावी होने देना होगा।

शायद यही सबसे बड़ी शिक्षा है, एक पेड़ की तरह नेतृत्व करना। जड़ जमाए रखना, छाया देना, पक्षियों को आश्रय देना, तूफ़ानों को सहना और फिर से खिल उठना। धूप में काँपता हर पत्ता वही पुराना सबक फुसफुसाता है जो नानी दोहराया करती थीं : वह काम करो जिससे तुम्हारा खून जोश से भर जाए। बाकी सब अपने आप हो जाएगा।

विज्ञान ने मुझे जिज्ञासा व्यक्त करने की भाषा दी। शिक्षा ने मुझे प्रश्न पूछने का साहस दिया। अनुभव ने मुझे परिप्रेक्ष्य प्रदान किया। और नेतृत्व ने मुझे मौन रहना सिखाया, दूसरों को चमकने देने की कला सिखाई। ये चारों मिलकर मेरे जीवन वृक्ष की चार जड़ें बनाते हैं।

और इस तरह, चक्र पूरा हुआ। जो जिज्ञासा से शुरू हुआ था, वह दृढ़ विश्वास में बदल गया। जो पौधों से शुरू हुआ था, वह जंगलों में बदल गया। जो भूतों से शुरू हुआ था, वह रक्षकों में बदल गया। जो मौन से शुरू हुआ था, वह एक आवाज़ में बदल गया।

चक्र पूरा करना अंत नहीं है। यह निरंतरता को पहचानना है। पेड़ बढ़ते रहेंगे, नदियाँ बहती रहेंगी, लोग जुड़ते रहेंगे और मौन सिखाता रहेगा। मेरी भूमिका तो बस एक पत्ता, एक जड़, एक पत्थर, एक शब्द जोड़ने की है। बाकी सब समय का काम है।

अगर आज आप मुझसे पूछें कि वास्तव में क्या मायने रखता है, तो मैं धन, प्रसिद्धि या नीति नहीं कहूँगा। मैं कहूँगा मिट्टी। मैं कहूँगा धूप। मैं कहूँगा संवाद। मैं कहूँगा आस्था। क्योंकि दुनिया को और अधिक विशेषज्ञों की नहीं, बल्कि संवेदनशील लोगों की जरूरत है।

अगर मुझसे पूछा जाए कि दशकों तक पेड़ लगाने, घुड़सवारी करने, लिखने और इंतज़ार करने के बाद क्या बचता है, तो मेरा जवाब सीधा-सादा है — छाया। लोगों के आराम करने के लिए, विक्रेताओं के चाय

बनाने के लिए, बच्चों के खेलने के लिए, पक्षियों के घोंसला बनाने के लिए छाया। ऐसी छाया जो मेरे बाद भी बनी रहे। ऐसी छाया जो यादों को आगे बढ़ाती रहे।

और अगर मुझे आधी सदी के ज्ञान को एक पंक्ति में समेटना हो, तो वह यह होगा :

दुनिया के सामने तब तक ख़ुद को उजागर करो जब तक तुम स्वयं दुनिया न बन जाओ। तब तक शिक्षित करो जब तक तुम्हें प्रशंसा की ज़रूरत न रह जाए। तब तक नेतृत्व करो जब तक नेतृत्व अदृश्य न हो जाए।

दोस्तों, यही जीवन का पाठ्यक्रम है, बाकी सब तो वैकल्पिक विषय हैं।

50

आपका योगदान

पर्यावरणीय परिवर्तन केवल संस्थानों या नीतियों से शुरू नहीं होता, बल्कि यह साधारण नागरिकों से शुरू होता है जो कार्य करने का निर्णय लेते हैं। हर वह समाज जिसने अपने प्राकृतिक संसाधनों की सफलतापूर्वक रक्षा की है, उसने इसलिए किया है क्योंकि व्यक्तियों ने भूमि, जल और पौधों के प्रति अपनी ज़िम्मेदारी को समझा और निभाया। स्वयंसेवक किसी भी पर्यावरणीय आंदोलन की जीवंत नींव होते हैं।

योगदान देने के लिए आपको वैज्ञानिक, वन अधिकारी या पेशेवर माली होने की आवश्यकता नहीं है। आपको केवल देखभाल करने की इच्छा, सीखने की लगन और निरंतरता की आवश्यकता है। एक समर्पित नागरिक एक गली, एक मोहल्ले या पूरे समुदाय को प्रभावित कर सकता है। जब ऐसे कई लोग मिलकर कार्य करते हैं, तो उसका प्रभाव कई गुना बढ़ जाता है।

व्यक्तिगत ज़िम्मेदारी से शुरुआत

किसी भी स्वयंसेवक के लिए पहला कदम प्रकृति के साथ व्यक्तिगत संबंध बनाना है। पर्यावरणीय ज़िम्मेदारी घर से शुरू होनी चाहिए। अपने बालकनी,

छत, आँगन या खिड़की के पास एक छोटा-सा हरित क्षेत्र बनाएँ। स्थानीय जलवायु के अनुकूल पौधे उगाएँ— देसी पेड़, फूलों वाले पौधे, जड़ी-बूटियाँ और झाड़ियाँ।

पौधा लगाना केवल शुरुआत है। असली प्रतिबद्धता उसे समय के साथ पोषित करने में है — पानी देना, सुरक्षा करना, छँटाई करना और उसकी वृद्धि को देखना। यह दैनिक जुड़ाव अनुशासन और जागरूकता दोनों को विकसित करता है।

जो नागरिक अपने हाथों से पौधों की देखभाल करते हैं, वे मिट्टी, पानी और धूप के महत्त्व को समझते हैं। यह समझ धीरे-धीरे उनके जीवन के अन्य पहलुओं को भी प्रभावित करती है।

देसी पौधे उगाएँ

स्वयंसेवकों को देसी पेड़ों और पौधों को प्राथमिकता देनी चाहिए। स्थानीय प्रजातियाँ क्षेत्र की जलवायु और मिट्टी के अनुरूप होती हैं। वे स्थानीय पक्षियों, कीटों और परागण करने वाले जीवों का समर्थन करती हैं, जिससे आसपास का पारिस्थितिकी तंत्र मज़बूत होता है।

नीम, अमलतास, गुलमोहर और पीपल जैसे देसी पेड़ लगाने से शहरी और ग्रामीण, दोनों क्षेत्रों में जैव विविधता को फिर से स्थापित करने में मदद मिलती है। छोटे बगीचे और बालकनियाँ भी देसी पौधों के माध्यम से तितलियों और पक्षियों के लिए आवास बन सकती हैं।

कम्पोस्टिंग का अभ्यास

आम लोगों के लिए पर्यावरणीय स्वास्थ्य में योगदान देने का एक सरल तरीका है — रसोई के कचरे का कम्पोस्ट बनाना। सब्ज़ियों के छिलके,

फलों के अवशेष, चाय की पत्ती और सूखे पत्ते मिलकर समृद्ध जैविक खाद बन सकता है। कम्पोस्टिंग से लैंडफिल पर बोझ कम होता है और पोषक तत्त्व मिट्टी में वापस लौटते हैं। यह रासायनिक उर्वरकों की आवश्यकता को भी समाप्त करता है, जो समय के साथ मिट्टी को नुकसान पहुँचाते हैं।

अवलोकन करें और सीखें

एक अच्छा स्वयंसेवक प्रकृति का आजीवन विद्यार्थी होता है। पौधों को ध्यान से देखें — वे धूप, हवा और मौसम के बदलावों पर कैसे प्रतिक्रिया करते हैं। यह भी देखें कि वे कब फूलते हैं, कब पत्ते गिरते हैं और कीट उनसे कैसे संपर्क करते हैं। एक नोटबुक में अपने अवलोकनों को लिखना इस समझ को गहरा कर सकता है। वर्षा, फूलों के चक्र और पौधों की वृद्धि को दर्ज करने से स्थानीय पारिस्थितिक पैटर्न की समझ विकसित होती है।

पौधों, मिट्टी और जैव विविधता पर किताबें पढ़ना, शैक्षणिक वीडियो देखना और कार्यशालाओं में भाग लेना भी ज्ञान को समृद्ध करता है।

केमिकल से बचें

अपने बगीचों में रासायनिक उर्वरकों और कीटनाशकों के उपयोग से बचना चाहिए। हालाँकि केमिकल जल्दी परिणाम देते हैं, लेकिन वे मिट्टी के जीवों को नुकसान पहुँचाते हैं और पर्यावरण को प्रदूषित करते हैं।

कम्पोस्ट, गोबर की खाद, नीम स्प्रे और घरेलू जैविक घोल जैसे प्राकृतिक विकल्प स्वस्थ पौधों की वृद्धि को बढ़ावा देते हैं, बिना पारिस्थितिकी तंत्र को नुकसान पहुँचाए। स्वस्थ मिट्टी स्वस्थ पौधों की नींव है, और मिट्टी की रक्षा करना एक स्वयंसेवक माली की सबसे बड़ी ज़िम्मेदारियों में से एक है।

ऐसे करें शुरूआत

पड़ोसियों को बीज या पौधों के आदान-प्रदान के लिए आमंत्रित करें। सप्ताहांत में छोटे-छोटे कार्यक्रम आयोजित करें, जैसे पेड़ लगाना, किसी उपेक्षित पार्क की सफाई करना, या सामुदायिक पार्क का रखरखाव करना। पौधों के आसपास होने वाली अनौपचारिक बैठकों से भी रुचि और भागीदारी बढ़ती है। धीरे-धीरे समर्पित नागरिकों के छोटे समूह बनते हैं—बीज मंडल, बागवानी क्लब या पड़ोस के हरित समूह। ये समूह स्थानीय पर्यावरण को सुधारते हुए सामुदायिक संबंधों को भी मज़बूत करते हैं।

निरंतरता बनाए रखें

स्वयंसेवक की सबसे बड़ी विशेषता है—निरंतरता। पर्यावरणीय परिवर्तन धीमा और क्रमिक होता है। पेड़ों को बढ़ने में वर्षों लगते हैं, मिट्टी को स्वस्थ होने में समय लगता है, और पारिस्थितिकी तंत्र धैर्य और देखभाल से पुनर्जीवित होता है। जो स्वयंसेवक हर मौसम में लगातार अपना कार्य करते रहते हैं, वे अपने समुदाय में आदर्श बन जाते हैं। उनका समर्पण दूसरों को प्रेरित करता है।

प्रत्येक नागरिक महत्त्वपूर्ण

बड़े पर्यावरणीय परिवर्तन अकसर छोटे व्यक्तिगत कार्यों से शुरू होते हैं। जो व्यक्ति पेड़ लगाता है, कचरे का खाद बनाता है, जल का संरक्षण करता है और पौधों की देखभाल करता है, वह कई अभियानों से अधिक स्थायी योगदान देता है।

यदि हर नागरिक कुछ पौधों को समर्पण के साथ पोषित करे, तो शहर अधिक हरे-भरे, हवा अधिक स्वच्छ और समुदाय अधिक जुड़े हुए बन सकते हैं।

अंततः, एक हरित समाज केवल नीतियों से नहीं, बल्कि लोगों के कार्यों से बनता है— एक-एक स्वयंसेवक के प्रयास से।